LEISTUNG
SEHEN, FÖRDERN, WERTEN

LEISTUNG
SEHEN, FÖRDERN, WERTEN
Neue Wege für die Schule

herausgegeben von

Felix Winter, Annemarie von der Groeben und Klaus-Dieter Lenzen

2002

VERLAG JULIUS KLINKHARDT • BAD HEILBRUNN / OBB.

Gefördert vom
bmb+f
Bundesministerium für Bildung und Forschung

Die Deutsche Bibliothek – Cip-Einheitsaufnahme

Ein Titelsatz für diese Publikation ist bei
der Deutschen Bibliothek
erhältlich.

2002.6.Khg. © by Julius Klinkhardt.
Das Werk ist einschließlich aller seiner Teile urheberrechtlich geschützt.
Jede Verwertung außerhalb der engen Grenzen des Urheberrechtsgesetzes ist ohne Zustimmung des
Verlages unzulässig und strafbar. Das gilt insbesondere für Vervielfältigungen, Übersetzungen,
Mikroverfilmungen und die Einspeicherung und Verarbeitung in elektronischen Systemen.
Druck und Bindung:
WB-Druck, Rieden
Printed in Germany 2002
Gedruckt auf chlorfrei gebleichtem alterungsbeständigem Papier
ISBN 3-7815-1196-0

Inhalt

Vorwort der Herausgeber 7

Leistung bewerten: Orientierungen in schwierigem Gelände

Ludwig Huber
Leistung in der Schule. Rückblicke in die Geschichte – Fragen an die Gegenwart 11

Werner Sacher
Die Notengebung ist unzureichend 20

Rupert Vierlinger
Das Konzept der „Direkten Leistungsvorlage" 28

Hans Rauschenberger
Leistungserziehung als Leistungsdialog 39

Felix Winter
Chancen für pädagogische Reformen? Oder: Wie es sein könnte mit der Leistungsbewertung 48

Dieter Wunder
Wie kann man eine Änderung der Leistungsbeurteilung durchsetzen? 59

Leistung ins Gespräch bringen: didalogische Verfahren der Begleitung und Bewertung

Urs Ruf, Regula Ruf-Bräker
Von Ort zu Ort – Dialogisches Lernen durch fachliche Herausforderungen
und durch Austausch mit anderen 67

Ingrid Kaiser, Friedlinde Mann
Auf Schatzsuche – Lesetagebücher als Entdeckungsreise 91

Peter Böhning
„Vieles festigt sich im Bewusstsein" – Erfahrungen mit Lerntagebüchern in der Oberstufe 99

Beatrix Ahlswede-Stefanink
Journal Writing als Lernmethode – Wege der persönlichen Annäherung an eine Fremdsprache ... 107

Erika Altenburg
Schreibleistungen würdigen – auf dem Weg zu einer gerechteren Bewertung 113

Hartmut Glänzel, Winfried Uesseler
Lernen begleiten und Vereinbarungen treffen – Erfahrungen mit dem Konzept
Stadt-als-Schule Berlin 119

Günter Lange
Die Laufrichtung ändern – lektorieren statt korrigieren 127

Leistung neu sehen: Besonderes zur Geltung bringen

Katrin Höhmann
Besondere Lernleistungen in allen Altersstufen – Erfahrungen aus der Laborschule 135

Bettina Henn
Jahresarbeiten an der Rudolf-Steiner-Schule Bochum 141

Ida Hackenbroch-Krafft, Helga Jung-Paarmann, Hans-Hermann Schwarz, Andreas Stockey, Dieter Vohmann
Facharbeiten – besondere Lernleistungen vorbereiten, anleiten und bewerten 147

Karin Engstler
Versuche mit anderen Bewertungsformen – Pensenbuch und Portfolio 158

Barbara Rösel
Arbeit, die sich lohnt – Lese-Schreib-Portfolios im Englischunterricht 165

Felix Winter
Ein Instrument mit vielen Möglichkeiten – Leistungsbewertung anhand von Portfolios 175

Josef Thonhauser
Bewusstsein der eigenen Fähigkeit statt Rückblick auf übersprungene Hürden –
die Portfolio-Idee in der Lehrerbildung 184

Leistung öffentlich machen: präsentieren und wahrnehmen

Wolfgang Emer, Uwe Horst
Wie wir gearbeitet und was wir erreicht haben –
Projektarbeit reflektieren und zertifizieren 195

Gerlind Frink, Karolina Furmanczyk
Leistung kann sich sehen lassen – Leistungspräsentation als Leistungsmotivation 202

Irene Below
Gelebte Zeit in Worten, Fotos und Bildern –
Arbeiten von Kollegiatinnen und Kollegiaten für die Öffentlichkeit 210

Ulrike Trumpf
Wie viele Punkte hat eigentlich ein Marienkäfer? – Forscherzeit an einer Grundschule 218

Klaus-Dieter Lenzen
Schülerleistungen finden ein Publikum – Leistungspräsentation und szenische Darstellung 223

Verzeichnis der Autorinnen und Autoren 231

Vorwort der Herausgeber

Es tut sich etwas in den Schulen. Von einer neuen oder erweiterten Lernkultur wird nicht nur gesprochen, sie wird im Schulalltag auch praktisch sichtbar. Lernwege sind vielgestaltiger geworden. Verstärkt ist der Blick auf das Lernen der einzelnen Schülerinnen und Schüler gerichtet; sie sind heute angehalten, selbstständiger zu arbeiten. Sie führen kleine Recherchen durch, halten ihre Erkenntnisse in Lerntagebüchern fest, arbeiten in Gruppen an Projekten oder für sich im Rahmen von Wochenplan und Freiarbeit. Auf der Oberstufe vertiefen sich die Schülerinnen und Schüler in Facharbeiten. Aufführungen und andere Formen der Leistungspräsentation gehören zum Repertoire jeder „guten Schule". So entwickeln sich mit einer neuen Lernkultur in der Schule auch neue Formen, Leistungen zu erbringen und vorzustellen.

Gleichzeitig verschiebt und erweitert sich das gesellschaftliche Verständnis dessen, was als Leistung angesehen wird. Fähigkeiten zu selbstständigem, kritischem Denken und Urteilen werden wichtiger, Fähigkeiten zur Kommunikation und zur Arbeit in Gruppen werden dringend gebraucht, und das Denken in Zusammenhängen ist erforderlich, um komplexe Sachverhalte zu verstehen und beeinflussen zu können. Es werden engagierte Menschen benötigt und weniger solche, die nur Wissen reproduzieren und ein vorgegebenes Pensum abarbeiten.

Beide Entwicklungen legen nahe, über die Leistungen in den Schulen und ihre Bewertung neu nachzudenken: Die Reform des Lehrens und Lernens muss – das lässt sich mit einiger Gewissheit sagen – auch die Leistungsbewertung berühren. Und die gesellschaftlich begründete Veränderung der Leistungsorientierungen muss – das scheint ebenso zwangsläufig – zu neuen Formen der Leistungserbringung, -darstellung und -bewertung führen. Viele Lehrerinnen und Lehrern spüren dies schon heute deutlich: Es reicht nicht mehr aus, wenn am Ende eines Lernprozesses das erworbene Wissen in einem Test abgeprüft und lediglich in Form einer Note mitgeteilt wird. Die Leistungsbewertung muss – wie Andreas Flitner einmal gesagt hat – für die pädagogische Aufgabe zurückgewonnen werden. In der pädagogischen Arbeit wächst der Leistungsbewertung aktuell eine neue Bedeutung zu.

Konzepte für eine veränderte Leistungskultur sind inzwischen entwickelt worden; erste praktische Erfahrungen mit neuen Formen der Leistungsbewertung wurden gesammelt. Die Autorinnen und Autoren des vorliegenden Buches berichten – als Praktiker oder Theoretiker (oder als beides) – von ihrer Arbeit an der Erneuerung der schulischen Lernkultur und mit neuen Formen der Leistungsbewertung. Sie machen deutlich, dass es weniger darauf ankommt, Leistungen möglichst genau zu benoten und zu attestieren, sondern darauf, sie zu begleiten, sie im pädagogischen Dialog zu thematisieren und sie darzustellen: Leistung neu zu *sehen*, zu *fördern*, zu *werten*.

Sehen heißt dabei, die Leistungen, ihre Qualitäten – und auch ihre Schwächen – zur Kenntnis zu nehmen. Heißt hinzuschauen, was geleistet worden ist. Und nicht nur einer sollte das tun dürfen, sondern mehrere, vor allem auch Eltern. Nicht alle, aber viele Leistungen können öffentlich gemacht, wirkungsvoll präsentiert und von anderen wahrgenommen werden. Ausstellungen, Vorträge und auch Portfolios sind dafür geeignete Formen.

Fördern bedeutet, darauf hinzuarbeiten, dass jede Schülerin und jeder Schüler zu den besten Leistungen gelangt, die ihr bzw. ihm möglich sind. Fördern heißt beraten und unterstützen, heißt Dialog. Fördern heißt im Sinne einer neuen Lernkultur vor allem auch, den Schülerinnen und Schülern Mittel zu geben, die ihnen helfen, ihre eigene Arbeit zu steuern, zu kontrollieren und zu verbessern.

Werten heißt zuerst, das Gelungene wertzuschätzen, aber auch offen und inhaltlich über Mängel und Schwächen zu sprechen. Werten heißt genau hinschauen, Qualitäten erkennen und mitteilen, was man sieht.

In diesem dreifachen Sinn kann an Schulen eine neue Lern- und Leistungskultur entstehen. Das vorliegende Buch zeigt Konturen dieser Lern- und Leistungskultur und gibt erste Einblicke in ihre Praxis.

Der Herausgeberkreis
Annemarie von der Groeben, Klaus-Dieter Lenzen und Felix Winter

Leistung bewerten: Orientierungen in schwierigem Gelände

Ludwig Huber

Leistung in der Schule. Rückblicke in die Geschichte – Fragen an die Gegenwart

Vorbemerkung

Viele Pädagogen ergreift angesichts der sich so rasch ausbreitenden vergleichenden Leistungsmessungen wie ‚TIMSS, PISA, LAU, MARKUS usw.' (vgl. Ackeren/ Klemm 2000) tiefe Sorge um die künftigen Entwicklungsmöglichkeiten individueller Erziehung und Schulgestaltung. Ein relativ kleines Häuflein versucht der Bedrohung durch Entwicklung alternativer Formen der Leistungsausweise und -bewertungen zu widerstehen. Eine kurze historische Besinnung kann in dieser Situation vielleicht dazu dienen,
- sich zu erklären, wie es mit der ‚Leistung in der Schule' dahin gekommen ist, wo wir uns jetzt sehen;
- evtl. grundsätzliche Muster oder Strukturen oder Bedingungen des Verhältnisses von Schule und Leistung zu erkennen, die uns, wenn auch in neuer Gewandung, weiter beschäftigen;
- aber auch: Beispiele für bestimmte Handlungen und Entwicklungen zu finden, die je nachdem anregen oder warnen können – also gar aus der Geschichte zu lernen?
- in jedem Falle: sich die überdauernde Bedeutung unseres Themas für die Pädagogik bewusst zu machen.

Die Funktion des Beitrags ist sehr begrenzt: Er soll in dieser Dokumentation nur in einigen Thesen die Erinnerung an den langen Weg wecken, den die Pädagogik bezüglich Leistung schon hinter sich hat und aus ihr Fragen für die gegenwärtigen Bemühungen gewinnen und damit den Boden vorbereiten für die perspektivischen Ideen, die Felix Winter (in diesem Band) vorstellt. Originalität wird damit nicht beansprucht, keine neue Forschung vorgestellt. Viel eher beruft sich diese Erinnerung voller Respekt auf die ungemein gründlichen historischen und systematischen Darstellungen von z. B. Furck (1961), Klafki (1973) oder Flitner (1976) und vielen anderen, die hier nicht alle zitiert werden können.

‚Leistung' gehört zu Schule

Das Wort ‚Leistung', dessen ursprünglicher Sinn wohl mit ‚befolgen', dann ‚eine Schuldigkeit erbringen' wiedergegeben werden kann, ist erst spät, vielleicht erst im 20. Jahrhundert in die Sprache der Pädagogik aufgenommen worden. Die Sache aber, mögen sich auch die Ausdrücke und ihre Konnotationen vielfach gewandelt haben, ist alt: Immer ging es in Unterricht und Schule darum, dass Fähigkeiten und Kenntnisse erworben wurden (meist unter Mühe) und am Ende irgendwie bewiesen oder bewährt werden konnten oder mussten: vom Kithara-Spiel bis zum Fechten in der Adelserziehung, vom auswendigen Rezitieren Homers bis zum Gestalten und Halten einer Rede auf dem Forum, von Grammatikregeln bis zu Rechenformeln, vom Sticken über das Singen bis zum Aufschwung am Reck, vom Werkstück bis zum Abituraufsatz. Die Lernenden sollen mit Hilfe der Lehrenden in bestimmten Hinsichten ‚besser' werden können – sonst bräuchte man Unterricht nicht. Außerdem sollen sie dabei eine positive Grundeinstellung zu bestimmten Leistungen oder zu Leistung allgemein (Rang bestimmter Arten von Tüchtigkeit, Wert der Mühe; Vertrauen in die eigene Leistungsfähigkeit, Leistungsmotivation an sich ...) und natürlich Disziplin entwickeln. Und zum Beweise des Erfolgs mussten und müssen die Fortschritte ‚irgendwie' vorgeführt werden. Welche Leistungen entwickelt und geprüft werden mussten, darin manifestiert sich noch einmal verschärft der Kanon der Schule und mit ihm die Grenzziehung zur Fülle des Lebens draußen, das nicht Schule ist [und auch nicht Schule werden sollte (wenn man sich mit Hentig an die Parabel von König Midas und seinem Gold erinnert)]. Mit dem Kanon ist immer, besprochen oder nicht, die Frage aufgeworfen, was eingeschlossen und was ausgeschlossen wird (vgl. Tenorth 1994, S. 122ff.) Mit Prüfungen spitzt sie sich zu (und die jeweiligen Schüler stellen sie von Anfang an). So ergibt sich als erste Frage: *Was zählt als Leistung? Was nicht?*
Auch wenn die in der Schule kultivierten Tüchtigkeiten oder Leistungen, wie gesagt, immer nur ein Ausschnitt aus den Lebensvollzügen waren: Im historischen Rückblick zeigen sich doch Vielfalt und Wandel der Inhalte und Formen von Leistungen, und vor diesem Hintergrund allein erscheint schon deutlich, dass die Schule in dem, was als Leistung gilt, immer mehr verarmt ist und zumal vom 19. Jahrhundert an das Spektrum, je höher man die Schulstufen hinaufsteigt, sich desto mehr verengt hat: auf schriftliche und mündliche Prüfungen von verbalisierten Fachkenntnissen (Klausuren und Examina). Das entspricht der zunehmenden Verbreiterung, Verrechtlichung und Bürokratisierung von Schule. In Gegenüberstellung zum wenig vorher gerade formulierten klassischen Bildungsideal (Entfaltung aller Kräfte ...) tritt diese Entwicklung aber geradezu paradox hervor (vgl. Furck 1961, bes. S. 24ff). Sie hat sich seitdem eher noch verschärft. Also schließt sich die Frage an: *Sollte und könnte nicht künftig noch anderes zählen? Was?*

Leistungen müssen erwiesen werden

Schon um Leistung wahrnehmbar zu machen und wahrzunehmen, brauchte man irgendwelche Leistungs- bzw. Prüfungssituationen – alltägliche (wie das Abhören von Vokabeln) oder herausgehobene Ereignisse (z. B. schon im hellenistischen Ephebengymnasium Agones, Wettkämpfe in bestimmten Fächern; Lexikon der Alten Welt, Spalte 2736f.). Aber auch aus einem weiteren Grund: Mit dem Wort ‚Leistung' signalisiert man: Das Ergebnis kommt durch Anstrengung und unter Mühe zu Stande, ist etwas Positives und Erwartetes und hat ein Maß – mag es nun jemandem oder einem Standard geschuldet sein, im Wettbewerb erbracht werden oder spontaner Produktivität und Freude daran entspringen (vgl. Hentig 1999, S. 68ff.). ‚Mühe und Anstrengung' werden allerdings gern gemieden oder wenigstens hinausgeschoben – nicht nur von Kindern (treffend beschrieben von Rauschenberger 1999). Deswegen ist die Geschichte des formalisierten Unterrichts bzw. der Schule von Anfang an verbunden mit dem Bild oder Schreckensbild von Lehrern (die längste Zeit männlich), die die Leistung ‚mit Gewalt' – mit irgendeiner Form von Druck oder Gewalt immer – eintreiben: vom in Rom berühmt-berüchtigten Rhetoriklehrer Orbilius plagosus, dem ‚Schlägereichen', an den sich Horaz und weitere Intellektuelle seiner Zeit erinnern, bis zu Wilhelm Buschs Magister Bokelmann.
Die Formen, in denen Leistungen gezeigt (nachgewiesen) werden mussten, wurden im Laufe der Jahrhunderte immer mehr schulmäßig, reguliert, verrechtlicht: Die erwähnten griechischen Agones reizen noch irgendwie die historische Fantasie, aber später ging die Entwicklung vom Aufsagen von Kenntnissen und mündlicher Examinierung in der Gruppe oder gar öffentlich (bei Wettbewerben oder Abschlussprüfungen – als Konfirmanden mussten wir noch z. B. sieben Strophen eines Paul-Gerhardt-Liedes vor versammelter Gemeinde auswendig vortragen) über das jederzeit auch als Strafe einsetzbare Diktat und das gefürchtete ‚extemporale' (eine Übersetzung ins Latein aus dem Stegreif) bis zu der durch allerlei Regeln domestizierten Klausur unserer Tage (vorher angekündigt, nur eine am Tag usw.), deren Note dafür aber umso schwerer wiegt und die nun den Arbeitsrhythmus der Schülerinnen und Schüler immer mehr dominiert.
Geändert haben sich auch die Sanktionen, die Formen der Gewaltausübung. Im Spiegel der Dichter und Schriftsteller, nun einmal berufen, vor allem das Leiden von Menschen auszusagen, dominiert der Terror, vor dem Hanno Buddenbrook (vgl. Thomas Mann, Die Buddenbrooks), Franz Kien (vgl. Alfred Andersch, Der Vater eines Mörders), Hans Giebenrath (vgl. Hermann Hesse, Unterm Rad), der Zögling Törleß (vgl. Robert Musil, Die Verwirrungen des Zöglings Törleß) und wie sie alle heißen, tiefste Angst und Schrecken durchmachen. Finger, Handflächen, Pobacken blutig schlagen, an Ohren und Haaren ziehen, mit Vokabelexamen

und plötzlichen ‚Übungsarbeiten' schikanieren, öffentliche Demütigungen – die Skala dieser Formen, auf Leistung und Disziplin zugleich gerichtet, macht einen wesentlichen Teil der Geschichte der ‚Schwarzen Pädagogik' aus.

Die Formen der Sanktionen haben sich inzwischen zivilisiert (wie die des Vollzugs von Strafen überhaupt) – durchaus ein Fortschritt. Der Druck ist geblieben. Schon im 19. und 20. Jahrhundert wurde im Zusammenhang mit den Disziplin- und Leistungsforderungen ‚Überbürdung' der Schülerinnen und Schüler beobachtet und beklagt, z. T. auch medizinisch erforscht (vgl. Furck 1961, S. 9 mit den ausführlichen Anmerkungen 4-6). Der ‚Leistungsstress', wie er nun heute heißt und z. B. von Hurrelmann (1994) und anderen untersucht wird, ist sublimer, wenngleich immer noch allgemein folgenreich und in vielen Fällen von existenzieller Wirkung. Bei aller Sorge darum ist gleichwohl anzunehmen (und so fürchte ich), dass wir keine Leistungsformen erfinden können, in denen nicht auch Mühe und Anstrengung irgendwie eingetrieben, also Druck ausgeübt werden muss. Vielleicht ist (Wieder-) Gewinnung größerer Vielfalt auch in den Dimensionen der Leistungsbeobachtung ein Weg, diesen wenigstens zu mildern. Jedenfalls bleibt auch aus diesem Grund die Folgerung aus diesem Rückblick überhaupt bestehen, das Formenspektrum reich genug anzulegen: statt nur Fachkenntnisse festzustellen, die mit ihnen verbundenen allgemeinen Fähigkeiten erheben; statt nur punktuelle Messungen von Ergebnissen vorzunehmen, die Prozesse des Lernens beobachten und bewerten, und statt nur abstrakte Standards anzulegen, die Personen mit ihren individuellen Profilen sehen. Diese und ähnliche Forderungen stehen alle auch schon bei Furck (1961), Klafki (1973) und Flitner (1976 und 1985). Also ist die Frage: *Wie kann man heutzutage Leistungen vielfältig und im Prozess sichtbar machen und einfordern?*

Das Leistungsprinzip ist eine historische Errungenschaft

Das Prinzip, Berechtigungen (auf Positionen oder Zuwendungen) grundsätzlich an irgendwie geprüfte Leistungen zu knüpfen, hat sich erst von der Wende des 18. zum 19. Jahrhundert an entwickelt und ist unter dem Gesichtspunkt der Demokratie prinzipiell eine Errungenschaft (trotz aller Einschränkungen, die es praktisch erfährt – erörtert schon bei Klafki 1973) – nämlich gegenüber Privilegien aus Stand oder Besitz oder gegenüber Erwählungen aus irgendwelchen Gnadenakten der Mächtigen oder auch nur persönlichen Begünstigungen durch Lehrer oder Lehrerinnen. In die Schule ist es eingewandert, als zwischen 1784 und 1834 in Preußen ein Abiturientenexamen als Voraussetzung zunächst für ein Studienstipendium des Landesherrn, dann für die Anerkennung eines Studiums als Ausbildung zum Beamten, schließlich für die Zulassung zum Studium überhaupt eingeführt wurde (vgl. Dohse 1963; Kraul 1984 und 1995). Die durchaus diskussionswürdige besondere Funktion an dieser Schnittstelle bot auch den Anlass zu zunehmender Formalisierung und Verrechtlichung im Sinne grundsätzlicher Nachprüfbarkeit. Aber von dieser Schnittstelle aus hat sich das Leistungsprüfungsprinzip furchterregend ins ganze System hinein ausgebreitet: von Abschlussprüfungen auf vorherige, von der Allgemeinen zur Berufsausbildung und von den höchsten bis hinunter zu den ersten Schulklassen. Ob und wieweit das nötig ist, ist in der Tat diskussionswürdig.

Brauchen wir formalisierte Prüfungen durchgehend? Oder könnten wir sie jetzt wieder auf wenige Schnittstellen zurückdrängen?

Die Selektionsfunktion ist für Schule konstitutiv geworden

Mit der Ausbreitung des Prinzips (geprüfter) Leistungsausweis als Berechtigungsschein ist für die Schule die Funktion zentral geworden, ihre Abgänger durch Zertifizierung bestimmter Leistungen für den Zugang zu bestimmten Berufspositionen oder Bildungswegen zu legitimieren. Diese Aufgabe (auch Statusallokations- oder Legitimationsfunktion genannt) haben nun Schulen aller Art wahrzunehmen, und dies nicht erst am vorgesehenen Abschluss der Bildungswege, sondern im Hinblick auf vorzeitige Ab- oder Übergänge auch schon auf dem Wege – bis in die Grundschule hinab. Deren Bedeutung ist mit der funktionalen Differenzierung der Gesellschaft immer wichtiger geworden. Das haben schon viele beobachtet, von Bernfeld bis Schelsky, von Brecht bis Geiger oder Bourdieu. Nach Luhmann (z. B. 1986, bes. S. 158ff.; 1990) ist diese Funktion für Schulen in der modernen Gesellschaft konstitutiv. Diese Behauptung gilt auch dann, wenn man anerkennt, dass die schulische Selektion faktisch unvollkommen ausgeführt wird (mangels geeigneter ‚Technologie'; vgl. Luhmann/ Schorr 1979), oder wenn man beobachtet, dass durch sie hindurch die sozialen Strukturen sehr wohl wieder reproduziert werden, sie aber durch ihre Verfahren die Ergebnisse gesellschaftlich legitimiert (vgl. Bourdieu/ Passeron 1971). Der zugehörige Code besser/ schlechter (als Prädikat für Schüler bzw. Leistungen) ist nach Luhmann (a. a. O.) alles durchdringend, alles Übrige nur Programmatik, mit deren nicht enden wollender Diskussion sich die Pädagogik nur über ihre eigentliche Wirkungsweise hinwegtäuscht.

Das ist gewiss eine systemtheoretische, dennoch monoperspektivische Verabsolutierung. Auch mag es so kommen, dass sich das Prüfungsmonopol des Bildungssystems zukünftig in der ‚Informationsgesellschaft' aufweicht. Aber einstweilen ist unser Thema ohne diese Perspektive nicht bearbeitbar, und daher fehlt in keiner modernen Theorie der Schule diese Funktion, mindestens als eine unter drei oder vier anderen. Und es wäre, selbst wenn das in unserer Macht stünde, unklug, sie aufzugeben oder aufzuheben.

Daraus folgt die Doppelseitigkeit der Leistungsbewertung. Man kann Leistungen nicht ‚sehen, fördern und bewerten', ohne die Selektionsfunktion mitzubedenken. Im Bewusstsein der Öffentlichkeit, der Schulaufsicht, der Eltern und Schüler stand diese in den letzten Jahrzehnten so sehr im Vordergrund (wie die immer stärkere Verregelung und Kontrolle, jede Diskussion über Kurswahlen in der Oberstufe, Klausurvorbereitungsstress oder der Nachhilfeboom zeigen), dass die Forderung von Andreas Flitner berechtigt bleibt, überhaupt erst die pädagogische Funktion von Leistungsnachweis und -bewertung wieder (zurück) zu gewinnen. Man muss umgekehrt bewusst halten, dass Schule beides, Leistungsform und -bewertung, auch immer in seiner Bedeutung als Aussage nach draußen, als ‚Ausweis' oder ‚Nachweis' gegenüber Dritten bedenken und behandeln muss.

Nur im Bewusstsein der Komplexität können die Formen der Leistungsbewertung bereichert und optimiert werden: *Wie kommen wir zu Formen der Leistungsnachweise und -bewertung, die die pädagogischen Funktionen der Bewährung und Rückmeldung erfüllen, ohne die des Ausweises zu vernachlässigen?*

Noten sind ein ‚verzweifeltes' Mittel, Leistungsbewertung auszudrücken

Noten – ihre Unzulänglichkeit und Ungerechtigkeit usw. – sind das Thema eines eigenen ausgedehnten Diskurses, an den hier nur erinnert werden soll.

Historisch betrachtet sind sie jung, ein Produkt der Neuzeit. Ihr Vorläufer, der Rangplatz in der Klasse, war zwar eine nummerische Bewertung, die aber für sich hatte, dass Geltungsanspruch und Relationen eindeutig begrenzt waren: auf die jeweilige Klasse. Offenbar gab es aber Notenskalen – wenn auch mit verschiedenen Stufen – schon ab dem 16. Jahrhundert (vgl. Dohse 1967). Sie sickerten allmählich von oben nach unten in die Schulen ein. Noch 1820 wurden an manchen Gymnasien Charakterisierungen der Schüler vor allem hinsichtlich ihrer Tugenden geschrieben. Aber man brauchte nun Noten zunehmend als Grundlage für die Hochschulzugangsberechtigung (s. o.). Bis in die Volksschulen hinein gelangten sie erst, als endlich auch deren Zeugnisse Berechtigungen darstellten (insbes. für den Übergang in die höhere Schule) und als auch dort Jahrgangsklassen und mit ihnen Versetzungen eingeführt wurden (vgl. Kraul 1995).

Messtheoretisch und statistisch sind Ziffern-Noten, man weiß es, ausgesprochen problematisch. Dies wurde der Hauptgegenstand der Kritik in den 1960er und 70er Jahren, als die Fortschritte der empirischen Sozialwissenschaft mit der Zunahme der Bedeutung von Schulnoten für die Selektion zusammenprallten (vgl. Weiss 1965; Ingenkamp 1977; Ziegenspeck 1977). Beiträge in diesem Band (vgl. bes. Sacher und Vierlinger) vertiefen sie und zeigen, dass davon nichts zurückzunehmen ist.

Die Kritik damals zielte zu kurz: Sie thematisierte weniger, was eigentlich festgestellt, als vielmehr nur, wie gepunktet wurde. Aber die Kritik änderte auch praktisch nichts: Weil schnell verpassbar, eigneten sich Noten ‚nach innen' besonders als Mittel der Drangsalierung und Disziplinierung (s. Rauschenberger 1999). Weil schnell überblick- und verrechenbar, eignen sich Zeugnisse mit Noten ‚nach außen' nur allzu gut zur Durchführung schematischer Selektionen und besonders von Vorselektionen: bei Bewerbungen um Lehrstellen, wo dann die besseren Verfahren (‚assessment' o. Ä.) erst später greifen, oder bei der Hochschulzulassung, so weit diese durch Numerus clausus begrenzt ist. Dazu mussten die Prozeduren und Kriterien möglichst noch mehr standardisiert werden: Prüfungsstandards und -vorschriften im Allgemeinen, die ‚Normenbücher' bzw. ‚Einheitlichen Prüfungs-Anforderungen' im Besonderen sind der deutlichste Ausdruck, die eindeutige Orientierung der Lernstrategien aller Schüler an eben diesen Noten (bzw. den Aussichten auf sie) die dramatischste Folge. Darüber haben Flitner und Lenzen (1976) alles Nötige gesagt.

Rauschenberger (1999) sieht angesichts dieser historischen Entwicklung und Funktionalität keine Chance, dass die Noten wieder verschwinden. Aber vielleicht muss die Zensurenliste nicht die einzige Form des Abschlusszeugnisses bleiben? Hier liegt der Ansatzpunkt für die Suche nach Substituten oder mindestens Ergänzungen wie der ‚direkten Leistungsvorlage' oder dem Portfolio (s. Vierlinger, Jervis, Winter in diesem Band). Der historische Rückblick regt jedenfalls an, über die Differenz zwischen Zeugnis über ... und Zeugnis für ... nachzudenken. Zeugnisse mit Ziffern-Noten sind primär Zeugnisse über den Schüler ..., seinen Platz auf der Skala nach Fächern und im jeweiligen Bezugsrahmen (Kurs, Klasse, Schule). In solchen ist die Schule *Richter*. Ursprünglich gab es jedoch Zeugnisse in der Schule zuerst als ‚Beneficien-Zeugnis' für den Schüler: zur Empfehlung eines Schülers für Freiplätze, Stipendien etc. (wie heute manches Gutachten); es sagte mehr über Tugenden (Fähigkeiten) im Alltag als über Leistungen in irgendeiner Prüfung (vgl. Ziegenspeck 1977, S. 37f.). In solchen Zeugnissen könnte die Schule *Anwalt* sein (ohne damit unkritisch zu werden).

Also: *Lässt sich die Entwicklung korrigieren? Könnte man auch für ‚draußen' den Leistungsausweis im Notenzeugnis durch andere, aussagekräftigere Formen wenigstens ergänzen?*

Die Schülerleistung ist auch ein Zeugnis für die Leistung der Schule

Bisher haben wir Leistung und Leistungsbewertung nur in ihrer Bedeutung für Schülerinnen und Schüler betrachtet. Es gibt aber daneben in der Schulgeschichte – auch in der deutschen, in der englischen und amerikanischen ohnehin – Situationen, in denen Schülerleistungen wichtig sind für den Ausweis der Leistung der Schule und in der Folge für deren Status, wo es Wettbewerb und Markt gibt oder auch wo der Staat die Zuteilung von Ressourcen davon abhängig macht. So gab es Formen der Selbstdarstellung, in denen einzelne Schulen ihre pädagogischen Erfolge der Öffentlichkeit vorführen: Rauschenberger (1999) nennt öffentliche Auszeichnungen von Schülern (eingeführt von J. H. Campe am Philanthropin in Dessau) und öffentliche Schulprüfungen (J. B. Basedow) als Beispiele für eine traditionelle Form solcher Selbstdarstellung von Schulen. Das reine Glück wird auch dergleichen nicht gewesen, mancher üble Druck damit verbunden gewesen sein. Dennoch konnten und können darin auch Koalitionen von Lehrern und Schülern entstehen, um darin gemeinsam ein gutes Bild zu machen; die Lehrer müssen Schülerleistungen heben, um selbst gut dazustehen. National und international vergleichende Leistungsmessungen wie TIMMS oder PISA sind dafür ein mögliches, zugleich aber ein problematisches Forum und Mittel, weil die besondere Leistung einer Schule in der individuellen Förderung der Schülerinnen und Schüler dort nicht zu sehen ist und die Anstrengungen der Lehrerinnen und Lehrer von ihrer Hauptaufgabe ab- und in die falsche Richtung gelenkt werden könnten (vgl. Groeben/ Tillmann 2000). (Gita Steiner-Khamsi hat in einem Vortrag auf dem Kongress der DGfE im September 2000 ein Besorgnis erregendes Bild von dem Druck gezeichnet, in solchen standardisierten Leistungsvergleichen, soweit daraufhin Daten zu einzelnen Schulen veröffentlicht werden, gut abschneiden zu müssen, der vom Schulleiter an die Lehrer und von diesen an die Schüler weitergegeben wird.)

Lassen sich noch andere Formen entwickeln als standardisierte vergleichende Leistungsmessungen, in denen Schulen sich in ihren spezifischen Leistungen und denen ihrer SchülerInnen und Schüler vielfältig und sichtbar öffentlich darstellen?
Alle Fragen aus diesem Rückblick zusammengenommen:
Stehen wir an einem historischen Punkt, an dem sich die Gelegenheit – im doppelten Sinn von Anlass und Möglichkeit – bietet, Leistungen neu zu sehen, zu fördern und zu werten?

Literatur

Ackeren, I./ Klemm, K.: TIMSS, PISA, LAU, MARKUS usw. In: Pädagogik 52 (2000), H. 12, S. 10-15
Bambach, Heide u. a. (Hrsg.): Prüfen und Beurteilen. Seelze 1996 (Friedrich Jahresheft XIV)
Bourdieu, P./ Passeron, J. C.: Die Illusion der Chancengleichheit. Stuttgart 1971
Demmer, M.: Risiken und Nebenwirkungen von Schulleistungsvergleichen. In: Pädagogik 52 (2000), H. 12, S. 32-35
Dohse, W.: Das Schulzeugnis – sein Wesen und seine Problematik. Weinheim/ Berlin[2] 1967
Flitner, A.: Gerechtigkeit als Problem der Schule und als Thema der Bildungsreform. In: Pädagogik, H. 1 (1985), S. 11-26
Flitner, A. (Hrsg.): Der Numerus clausus und seine Folgen. Stuttgart 1976
Furck, C.-L.: Das pädagogische Problem der Leistung. Weinheim 1961 (bzw. 4. Aufl. 1972)
Groeben, A. v. d./ Tillmann, K.-J.: Pro und Contra Leistungsvergleichsstudien. In: Pädagogik 52 (2000), H. 12, S. 6-9

Grünig, B. u. a.: Leistung und Kontrolle. Die Entwicklung von Zensurengebung und Leistungsmessung in der Schule. München 1999

Hentig, H. v.: Rückblick nach vorn. Seelze 1999

Huber, L.: Wie soll man Studierfähigkeit feststellen? In: Bambach, H. u. a. (Hrsg.): Prüfen und Beurteilen. Seelze 1996 (Friedrich Jahresheft XIV), S. 123-125

Hurrelmann, K.: Familienstress – Schulstress – Freizeitstress. Weinheim 1994

Ingenkamp, K. (Hrsg.): Die Fragwürdigkeit der Zensurengebung. Weinheim 1977

Jürgens, E.: Leistung und Beurteilung in der Schule. St. Augustin 1992

Klafki, W.: Sinn und Unsinn des Leistungsprinzips (1973). In: ders.: Neue Studien zur Bildungstheorie und Didaktik. Weinheim^5 1996, S. 209-247

Kraul, M.: Das deutsche Gymnasium 1780-1980. Frankfurt/M. 1984

Kraul, M.: Wie die Zensuren in die Schule kamen. In: Pädagogik 47 (1995), H. 3, S. 31-34

Kutscher J. u. a. (Hrsg.): Beurteilen oder verurteilen. München u. a. 1977

Luhmann, N.: Codierung und Programmierung. Bildung und Selektion im Erziehungssystem. In: Tenorth, H.-E. (Hrsg.): Allgemeine Bildung. München 1986, S. 154-182

Luhmann, N./ Schorr, K.-E.: Reflexionsprobleme im Erziehungssystem. Stuttgart 1979

Rauschenberger, H.: Umgang mit Schulzensuren. In: Grünig, B. u. a.: Leistung und Kontrolle. Die Entwicklung von Zensurengebung und Leistungsmessung in der Schule. München 1999, S. 11-99

Tenorth, H.-E.: Alle alles zu lehren. Möglichkeiten und Perspektiven allgemeiner Bildung. Darmstadt 1994

Weiss, R.: Zensur und Zeugnis. Linz 1965

Ziegenspeck, J.: Historische Entwicklung und Aussagefähigkeit der tradierten Schülerbeurteilung. Kritische Anmerkungen zur Zensurenproblematik. In: Kutscher, J. u. a. (Hrsg.): Beurteilen oder verurteilen. München u. a. 1977, S. 36-58

Werner Sacher

Die Notengebung ist unzureichend[1]

Ziffernnoten haben erhebliche messtechnische Mängel

Wenn wir den Forschungsstand zur schulischen Prüfungs- und Benotungspraxis überblicken, drängt sich uns der Eindruck auf, dass die Noten, welche Schüler erhalten, weniger von der Qualität ihrer Leistungen abhängen als von einer Reihe von Zufälligkeiten: Noten hängen u. a. davon ab, welche Lehrer gerade prüfen und benoten, wann und nach welchen anderen Kandidaten man geprüft wird, in welcher Klasse, Schule und Schulart eine Leistung erbracht wird, in welcher Region der Schüler wohnt, welcher sozialen Schicht er angehört, welche oft recht nebensächlichen Merkmale und Eigenschaften er hat und welches Verhalten er in überhaupt nicht leistungsrelevanten Bereichen zeigt. *Nach alledem ähneln die Bedingungen, unter welchen Schüler zu Leistungsbeurteilungen kommen, eher einem Glücksspiel als einem fairen Wettkampf.*[2] Noten sind weder hinreichend objektiv noch valide noch reliabel: Verschiedene Lehrkräfte und Schulen beurteilen identische Leistungen sehr unterschiedlich. Es gibt erhebliche Mängel hinsichtlich der Messgenauigkeit. Und oft werden mindestens zu Teilen nicht die Leistungen gemessen und benotet, um die es angeblich zu tun ist. Am häufigsten fließen sprachliche Leistungen in die Beurteilung nichtsprachlicher Fächer ein oder es findet eine Reduktion auf schlichte Behalteseffekte statt. Dass Noten unter solchen Bedingungen nur beschränkt geeignet sind, schulischen und beruflichen Erfolg zu prognostizieren, darf nicht verwundern.[3]

Vieles spricht dafür, dass die Ursachen nur zum kleineren Teil in Ausbildungsdefiziten, mangelnder Sorgfalt und fehlendem guten Willen der Lehrkräfte zu suchen sind. Zum größeren Teil sind sie in den Beschränkungen zu suchen, welche der Schulalltag dem Unterfangen auferlegt, Schülerleistungen auf exakte Zahlen zu bringen.

Im Widerspruch dazu steht eine verbreitete „Notenarithmetik" mit genauen Vorschriften zur Vergabe von Punkten, zur Gewichtung von Teilleistungen, zur Anlage von Benotungsskalen, zur Ermittlung von Zeugnisnoten aus diversen Einzelnoten usw. In Bayern ist immer noch eine Vorschrift in Kraft, die es Gymnasiallehrern verbietet, bei der Ermittlung einer Durchschnittsnote eine dritte Dezimalstelle zu berechnen, die zu Rundungszwecken verwendet werden könnte. Damit wird allenfalls eine Scheinexaktheit vorgetäuscht: In Wahrheit können wir unter schulischen Alltagsbedingungen nur zwei bis drei Leistungsniveaus auseinander halten.[4]

Noten beruhen immer auf Schätzungen der Schülerleistung. Schätzungen werden nicht dadurch verbessert, dass wir sehr feine Unterschiede bei der Darstellung der geschätzten Ergebnisse machen:

Stellen wir uns einmal einen Bergwanderer vor, der am Ende einer siebentägigen Wanderung seine Durchschnittsleistung ermitteln will: Er überschlägt, dass er am ersten Tage 25 km, am zweiten 15 km, am dritten 20 km, am vierten 15 km, am fünften 20 km, am sechsten 10 km und am siebten wiederum 20 km zurückgelegt hat, und errechnet daraus einen Tagesdurchschnitt von 17,857 km. Er käme wohl schwerlich auf die Idee, den Nachkommastellen irgendeine Bedeutung beizulegen. Wahrscheinlich würde er – eingedenk, dass er nur auf 5 km genau schätzte – lediglich sagen: Ich habe 15 bis 20 km täglich zurückgelegt.

Noten stellen vielfach Leistungen auf der Millimeterebene dar, obwohl wir nur auf der Zentimeterebene, vielleicht sogar nur auf der Meterebene hinreichend genau schätzen können.

Hinzu kommt, dass in der Regel nicht klar ist, auf welcher *Bezugsnorm* Noten basieren: Sie haben doch offenbar völlig unterschiedliche Bedeutung, wenn sie sich an der Durchschnittsleistung einer Gruppe (soziale Bezugsnorm) oder an sachlichen Anforderungen (kriteriale Bezugsnorm) oder an individuellen Lernfortschritten (individuelle Bezugsnorm) orientieren.

Ziffernnoten erfüllen die meisten Funktionen der Leistungsbeurteilung nur scheinbar

Funktionen der Leistungsbeurteilung sind hauptsächlich:
Selektion: Schulleistungserhebungen und -beurteilungen dienen der Auslese befähigter Anwärter auf höhere Bildungslaufbahnen, begehrte Abschlüsse und angesehene berufliche und gesellschaftliche Positionen.

Es ist keineswegs klar, dass eine Selektion nach Noten tatsächlich auch eine solche nach der Leistung ist. Oft lassen Noten die Leistungen überhaupt nicht klar genug erkennen. In vielen Fällen ist z. B. unklar, nach welcher Bezugsnorm die Noten vergeben wurden: Beurteilte der Lehrer nach der durchschnittlichen Leistungsfähigkeit der jeweiligen Klasse, die außer ihm kaum jemand genauer kennt (soziale Bezugsnorm), oder nach fachlichen Anforderungen (kriteriale Norm) – nur dann: nach welchen? – oder nach dem Lernfortschritt der Schüler?

Überdies sagt eine einzelne Ziffer herzlich wenig aus, auch einmal unterstellt, dass sie das Leistungsniveau im Großen und Ganzen richtig trifft: Hinter einer 3 in

Mathematik können sich sehr unterschiedliche Leistungsprofile verbergen. Vielleicht hat der betreffende Schüler bei sonst gut entwickeltem mathematischem Denkvermögen Probleme mit den Grundrechenarten, vielleicht fehlt es ihm gerade an der Fähigkeit zum Problemlösen, und die 3 kommt nur zu Stande, weil er im Berechnen vorgegebener Terme sehr sicher ist, vielleicht gebricht es ihm vor allem an einer elementaren Raumvorstellung, vielleicht auch blockiert ein tief gehender Mangel an Selbstvertrauen die Entwicklung besserer mathematischer Leistungen. Bestimmt nicht also wird jeder Schüler mit einer 3 in Mathematik sich gleich gut und gleich schlecht eignen für den Beruf des Technischen Zeichners, des Bankkaufmanns oder des Kellners. Ähnlich liegen die Probleme in allen anderen Fächern.

Schließlich geht in Noten in der Regel nur der erreichte Endstand ein, weniger die Qualität der Lernprozesse, z. B. die Anstrengungsbereitschaft der Schüler, ihre Fähigkeit, Misserfolge zu verarbeiten, ihr Interesse am Gegenstand, ihr mehr oder weniger überlegtes Vorgehen usw.

Ganz offensichtlich beruht die Selektion nach den Ziffernnoten auf einem objektiven Schein, man kann härter sagen: auf einer kollektiven Täuschung aller Beteiligten. Die Lehrer tun so, als ob sie etwas Wesentliches über einen Schüler aussagen, wenn sie seinen Leistungen Noten zuordnen, und die Adressaten der Zeugnisse meinen, dass sie etwas Wichtiges über ihn und seine Leistung wissen, wenn sie diese Noten kennen. In Wahrheit aber sagen Noten herzlich wenig aus, und das, was sie aussagen, ist mit vielerlei Unsicherheiten behaftet.

Statt sich Notenzeugnisse anzusehen, sollten aufnehmende Bildungseinrichtungen und Arbeitgeber sich besser näher mit der Person des Bewerbers und mit seinen Fähigkeiten befassen. D. h., sie sollten selbst überprüfen, ob er ihren Erwartungen entspricht und die Selektion konkreter und individueller, fast möchte ich sagen: „persönlicher" gestalten.

Noten begünstigen nur die weit vorangetriebene Bürokratisierung und Automatisierung von Selektionsentscheidungen. Sich ein Bild von einem Menschen zu machen, und sei es nur von seiner Leistungsfähigkeit auf einem bestimmten Gebiet, bleibt aber immer ein aufwändiges, mit erheblichen Mühen verbundenes Unterfangen.

Man mag hier einwenden, dass z. B. Vorstellungsgespräche und Aufnahmetests nie eine Beurteilung aufgrund langfristiger Beobachtungen ersetzen können. Aber es steht ja gar nichts dagegen, dass die abgebende Schule ihre Empfehlung aufgrund solcher Langzeiterfahrungen zum Ausdruck bringt. Muss sie es aber unbedingt in Form von Noten tun und tut sie es auf diese Weise am besten?

Legitimation: Noten werden auch zur Legitimation bildungspolitischer, administrativer und unterrichtlicher Entscheidungen benutzt.

Ergebnisse sorgfältiger empirischer Begleituntersuchungen von Schulprojekten sind im Allgemeinen zu vielschichtig, um von einer breiten Öffentlichkeit rezipiert zu werden. Da auch Bildungspolitiker in unserer Demokratie eine Massenbasis brauchen, greifen sie deshalb gerne zu einfacheren Argumenten, um ihre Entscheidungen zu legitimieren. Schulnoten haben in diesem Zusammenhang wegen ihrer allgemeinen Verständlichkeit große Bedeutung. Wenn man auf besonders gute Abiturnotendurchschnitte im eigenen Bundesland verweisen kann, darf man sich der Sympathien des Wählervolks sicher sein.

Auch Schulen und Lehrer pflegen sich durch den Verweis auf erreichte Noten zu legitimieren: Wenn der Durchschnitt nicht allzu gut ist, dann hat man offenkundig Leistung verlangt. Wenn sich außerdem schlechte Noten nicht allzu sehr häufen, dann hat man den Schülern auch etwas beigebracht und keine überzogenen Anforderungen gestellt.

Allerdings ist eine Legitimation durch Noten im Hinblick auf deren höchst formalen und abstrakten Charakter höchst problematisch. Sie läuft insgesamt eher auf eine Scheinlegitimation als auf eine ernst zu nehmende Rechtfertigung für bildungspolitische, administrative und unterrichtliche Entscheidungen hinaus.

Kontrolle: Prüfungen, Zeugnisse und Noten dienen auch der Kontrolle der Lehrer und der Lehrpläne sowie ganzer Schulen, Schularten und Schulsysteme.

Gehäufte schlechte Noten in einer bestimmten Schulart oder in einem bestimmten Fach legen den Verdacht nahe, dass eine schulische Organisationsform ungünstig und ein Lehrplan unangemessen sein könnte. Aber Noten sind, wie schon dargelegt wurde, Daten von sehr geringem Aussagegehalt. Der Schluss von Noten auf die Leistungen von Schulen und Lehrern bleibt ein sehr unsicherer, zumal in unserem System Lehrer immer „Mittäter" der Noten sind.

Es wird so kaum erreicht, was eigentlich erreicht werden sollte: dass offenbar wird, welche Schulen und Lehrkräfte gediegene und welche weniger gute Arbeit leisten.

Prognose: Die meisten „Abnehmer" von Zeugnissen und Noten, auch die betroffenen Schüler selbst, interpretieren diese prognostisch, d. h., sie leiten Erwartungen hinsichtlich des weiteren Lernfortschritts und der künftigen Leistung daraus ab.

Nur – was können sie überhaupt über Schüler wissen, wenn sie nur deren Noten kennen? Offensichtlich bedürfte es sehr viel differenzierterer Informationen, um verlässliche Prognosen ableiten zu können. Das gilt auch für sozialstatistische Zwecke, wie z. B. die Abschätzung des Nachwuchspotenzials für bestimmte berufliche Anforderungen. Ziffernnoten sind alles andere als brauchbare und verlässliche Planungsdaten für Staat und Wirtschaft. Es wäre weitaus besser, an ihrer Stelle die Ergebnisse periodischer landes- oder gar bundesweiter Leistungserhebungen zu verwenden – was mittlerweile über TIMSS und PISA auch mehr und mehr geschieht.

Information und Rückmeldung: Prüfungsergebnisse, Noten und Zeugnisse haben auch die Funktion, Schüler und andere Personen (Eltern, sonstige Erziehungsberechtigte, potenzielle Arbeitgeber, betriebliche Ausbilder, Lehrer aufnehmender Klassen und Schularten) sowie Institutionen (aufnehmende Schulen und Betriebe) über die gemachten Lernfortschritte und den erreichten Lernstand zu informieren. Auch hier muss man sich wiederum vor Augen halten, wie formal, abstrakt und inhaltsleer Ziffernnoten letztlich sind. Wir können uns eigentlich nicht wünschen, dass Lehrer nur solche pauschalen Informationen und Rückmeldungen geben und Eltern und Schüler nur solche zur Kenntnis nehmen.

Wie destruktiv Noten manchmal wirken können, erleben Lehrer tagtäglich, wenn Sie Klassenarbeiten zurückgeben: Die meisten Schüler interessieren sich nur für die Note, die vorne drauf steht, und nehmen eine unter die Arbeit geschriebene Bemerkung oder gar die diversen Korrekturzeichen überhaupt nicht mehr zur Kenntnis.

Lehr- und Lerndiagnose: Lehrerinnen und Lehrer benötigen in regelmäßigen Abständen eine Diagnose des Lernstandes als Grundlage für die Gestaltung des weiteren Unterrichts. Prüfungen dienen aber nicht nur der Diagnose des Lernstandes und Lernerfolges der Schüler, sondern auch der Diagnose des Lehrerfolges.

Die Information über den Lernstand der Klasse und jedes einzelnen Schülers sowie über die Effektivität der eingesetzten Methoden, welche der Lehrer als Grundlage für seine Unterrichtsplanung benötigt, kann er Ziffernnoten nur sehr unzulänglich entnehmen. Was er benötigt, ist eine detaillierte Kenntnis der konkreten Leistungen seiner Schüler.

Sozialisation: Durch Prüfungen, Noten und Zeugnisse wird die nachwachsende Generation in die Leistungsorientierung unserer Gesellschaft eingeübt, wobei leider oft ein verengtes und überspitztes Leistungsverständnis zu Grunde liegt. Die Notenbürokratie macht die jungen Menschen mit einer formal-bürokratischen Behandlung und Beurteilung vertraut, die von individuellen Besonderheiten weit gehend abstrahiert und nach oft recht äußerlichen und für die Leistung belanglosen Kriterien wie Lebensalter, Geschlecht, Wohngegend und Schulart kategorisiert. In gewisser Weise ist die Notenbürokratie ein heimlicher Lehrplan zur Einübung in die bürokratische Gesellschaft.

Noten leisten ferner einen entscheidenden Beitrag zur so genannten „Abkühlung" („cooling out"): Sie öffnen den weniger befähigten Kindern und Jugendlichen auf eine sozial verträgliche Weise die Augen über ihre beschränkten Möglichkeiten. Die durch Noten hergestellte einfache Vergleichbarkeit mit anderen, ihre Scheinobjektivität und Pseudowissenschaftlichkeit tragen ganz wesentlich dazu bei, dass die Versager ihre Unfähigkeit erkennen und akzeptieren.

Sofern man Sozialisation sehr oberflächlich als bloße Anpassung an die Gesellschaft und die deutsche Gesellschaft als reine Leistungsgesellschaft versteht,[5] kann man sagen, dass wenigstens diese Funktion durch Noten recht gut erfüllt werden kann. Fatalerweise ist es dazu sogar weit gehend irrelevant, ob die Noten überhaupt „stimmen".

Ziffernnoten sind erzieherisch bedenklich

Zunächst ist die *grundsätzliche Frage* aufzuwerfen, inwieweit es moralisch überhaupt zulässig ist, Menschen miteinander zu vergleichen. Offenbar ist dies nur zu bewerkstelligen, wenn man von vielen individuellen Besonderheiten absieht. Menschen zu vergleichen ist letztlich nur möglich, wenn man sie nicht als Personen betrachtet.

Ich bin kein Moralphilosoph. Aber für uns Pädagogen gilt jedenfalls die Maxime Pestalozzis, dass Erziehung ewig die Sache der Individuen ist und nie die Sache der großen Menschenmassen. Ziffernnoten zu vergeben bedeutet aber gerade, alle Schüler über den Kamm einer sechsstufigen Benotungsskala zu scheren.

Ziffernnoten haben bekanntlich eine ganze Reihe pädagogisch bedenklicher *Nebenwirkungen*:

- Sie vermehren Stress, Prüfungsängste und Frustrationen und wirken sich dadurch nachteilig auf die Entwicklung der Schülerpersönlichkeit aus.[6]
- Das für den pädagogischen Bezug grundlegende Vertrauensverhältnis zwischen Lehrern und Schülern leidet vielfach Schaden.
- Konkurrenzdenken verdirbt den Klassengeist und macht sozialpädagogische Bemühungen weit gehend zunichte. Leistung wird ganz selbstverständlich als konkurrierende Leistung verstanden, obwohl sie doch auch an der Lösung einer gemeinsamen Aufgabe und an der Solidarität einer lernenden Gruppe orientiert sein und z. B. am individuellen Beitrag zur Lösung gemeinsamer Aufgaben und zum Lernfortschritt aller Gruppenmitglieder gemessen werden kann.
- Notenangst und Notengeilheit werden dominierende extrinsische Lernmotivationen, wo es doch um den Aufbau intrinsischer Motivation (vor allem um Interesse an den Lerninhalten selbst) gehen sollte.
- Wichtige pädagogische Aktivitäten werden durch eine aufwändige Notenbürokratie verdrängt. Insbesondere in den oberen Klassen der Realschule und des Gymnasiums gerät vielfach aus dem Blick, dass die primäre Aufgabe der Lehrkräfte im Aufbauen und Entwickeln von Leistungen besteht.
- Eine wohlverstandene kritische Leistungserziehung wird behindert: Hohe Leistungsfähigkeit und Leistungsbereitschaft als Solche ist noch wertambivalent. Erst die Verbindung mit guten Zwecken und Zielen macht sie wertvoll. Recht verstandene Leistungserziehung muss verhindern, dass junge Menschen hohe Leistungen für beliebige Zwecke und Ziele erbringen. Sie intendiert eine kritische Leistungsbereitschaft, die stets die Kontrolle darüber behält, „warum und zu welchem Zweck eine Leistung angestrebt wird."[7] Das Training inhaltsleerer

und für beliebige Ziele einsetzbarer Leistungsfähigkeit ist in der Schule abzulehnen.[8] Gute Noten zu erreichen ist aber ein formales und inhaltsleeres Ziel höchster Ausprägung.

Unsere Schule hat in den letzten 150 Jahren eine ungute Wandlung von „einem Ort zur Ermöglichung von Lernen zu einem Ort der Bewertung von Leistungen, mit denen Berechtigungen und Zugang zu Statusoptionen gekoppelt sind", vollzogen. Die Ermöglichung von Lernen ist „überlagert, wenn nicht gestört und behindert" durch Bewertungs- und Auslesemechanismen.[9] Schulisches Lernen ist nicht durch optimales Lernen, sondern durch das Erlangen einer optimalen Leistungsbeurteilung definiert.[10]

Ziffernnoten mit ihrem ausgeprägt formalen Charakter haben diese Entwicklung entscheidend unterstützt.

Ausblick

Niemand, der sich mit dieser Problematik ernsthaft befasst, wird daran denken, Leistungsüberprüfungen und -beurteilungen einfach abzuschaffen. Sie sind um der Schüler und der Lehrkräfte willen unentbehrlich. Lehr- und Lerndiagnose, Rückmeldung und Lernerziehung sind ohne sie nicht zu leisten, und ohne diese wiederum ist kein Unterricht denkbar, der diesen Namen verdient. Aber wenn nicht Ziffernnoten – was dann? Ich will hier den anderen Beiträgen nicht vorgreifen. Doch so viel sei bemerkt:

Eine bloße Änderung der Mitteilungsform des Diagnoseergebnisses löst bei weitem nicht alle Probleme.[11]

Auch andere Formen der Beurteilung bringen Schwierigkeiten mit sich. So werden Wortzeugnisse, wie sie seit etlichen Jahren in den ersten beiden Klassen der Grundschule üblich sind, bei weitem nicht von allen Eltern richtig verstanden. In einer Pilotstudie, in welcher 200 Eltern befragt wurden,[12] kristallisierte sich heraus, dass sowohl komplizierte und lange als auch spartanisch kurze und allzu schlichte Sätze schlecht verstanden werden, daneben auch indirekte Aussagen, die sich auf Andeutungen beschränken. In besonderem Maße hängt das angemessene Verständnis der Gutachtenformulierungen von Bewertungsgewohnheiten der Eltern ab. Viele Eltern neigen anscheinend dazu, Andeutungen von Kritik überzuinterpretieren und positive Äußerungen nicht genügend zu würdigen.

Und natürlich sind Wortzeugnisse nur so gut wie die Beobachtungen, auf welche sie sich stützen. Gründliche und hinreichend zahlreiche Beobachtungen setzen aber einen Unterricht voraus, in welchem die Lehrkraft häufiger aus der dominierenden Rolle zurücktritt. Die entsprechenden Arbeitsformen wiederum sind kaum realisierbar in großen Klassen und bei unzureichender Ausstattung mit Lernmaterialien.

Keine Art der Leistungsbeurteilung kann Defizite der Leistungserhebung und -überprüfung ausgleichen und keine noch so saubere Leistungserhebung und -überprüfung kann Schwächen des vorangehenden Unterrichts wettmachen. Angemessene Formen der Leistungsbeurteilung sind also immer im Kontext der schulpädagogischen Gesamtproblematik zu suchen.

Anmerkungen

[1] Vortrag bei der Tagung „Leistung sehen, fördern und werten" der Laborschule und des Oberstufenkollegs Bielefeld am 22. 9. 2000.
[2] Sacher 1996, S. 86.
[3] Ingenkamp 1975, S. 15.
[4] Jürgens/ Sacher 2000, S. 79.
[5] Was eine ideologisch verkürzte Sicht der realen Verhältnisse darstellt: Vgl. Sacher 1996, S. 4f.
[6] Natürlich sind Stress, Prüfungsängste und Frustrationen auf ein komplexes Faktorenbündel zurückzuführen, so dass die bloße Umstellung von Ziffernnoten auf Wortzeugnisse allein noch nicht unbedingt eine Reduktion dieser Belastungen nach sich zieht.
[7] Neuhaus 1971, S. 11.
[8] Sacher 2000a.
[9] Nipkow 1978, S. 10.
[10] Saldern 1997, S. 11.
[11] Ingenkamp 1987, S. 60.
[12] Sacher 2000b.

Literatur

Ingenkamp, Karlheinz: Pädagogische Diagnostik. Weinheim 1975
Ingenkamp, Karlheinz: Zeugnisse und Zeugnisreformen in der Grundschule aus der Sicht empirischer Pädagogik. In: Olechowski, R./ Persy, E. (Hrsg.): Fördernde Leistungsbeurteilung. Wien 1987, S. 39-79
Jürgens, Eiko/ Sacher, Werner: Leistungserziehung und Leistungsbeurteilung. Neuwied 2000
Neuhaus, Elisabeth: Zum pädagogischen Leistungsbegriff. In: Lichtenstein-Rother, I. (Hrsg.): Schulleistung und Leistungsschule. Bad Heilbrunn 1971, S. 7-11
Nipkow, Karl-Ernst: Leistungsprinzip und Lernverständnis. In: Beckmann, H.-K. (Hrsg.): Leistung in der Schule. Braunschweig 1978, S. 7-32
Sacher, Werner: Prüfen – Beurteilen – Benoten. Grundlagen, Hilfen und Denkanstöße für alle Schularten. Bad Heilbrunn ^{2}1996
Sacher, Werner: Leistung/ Leistungserziehung in der Grundschule. In: Handbuch der Grundschulpädagogik. Hrsg. von W. Einsiedler, M. Götz, J. Kahlert, W. Keck u. U. Sandfuchs. Bad Heilbrunn 2001
Sacher, Werner: Die Verständlichkeit von Grundschulgutachten für Eltern. Nürnberg, September 2000b (Schulpädagogische Untersuchungen Nürnberg, Nr. 12)
Saldern, Matthias von: Schulleistung in Deutschland – ein Beitrag zur Standortdiskussion. Münster 1997

Rupert Vierlinger

Das Konzept der „Direkten Leistungsvorlage"[1]

Eine Art „Exposition"

Das Schulzeugnis heißt auch Schulnachricht. Es benachrichtigt über das, was der Schüler erreicht hat, was er weiß und kann. Wenn wir uns fragen, für wen diese Nachricht unabdingbar ist, dann heißt die Antwort nicht: für den Schüler. Er weiß aus der täglichen Schulerfahrung Bescheid. Ähnliches gilt für die Eltern; sie können außerdem jederzeit genauere Auskünfte einholen. Wer der speziellen Schulnachricht wirklich bedarf, das ist beispielsweise die weiterführende Schule, zumindest in unserem Schulsystem, in welchem die vorangehende Schule die Entscheidung darüber trifft, ob ein Schüler in die nachfolgende eintreten darf. Lassen Sie mich daher die Leistungsfähigkeit des traditionellen Ziffernnoten-Zeugnisses einerseits und der Direkten Leistungsvorlage (DLV) andererseits an der Nahtstelle zwischen Grundschule und Sekundarstufe I exemplifizieren, und zwar mit den Worten einer österreichischen Gymnasialdirektorin.[2] Einem Grundschullehrer, der das Elend der Ziffernnote zu durchschauen gelernt hatte, war von seinem schulpolitischen Protektor in solitärer Weise erlaubt worden, auf Ziffernnoten zu verzichten, und das auch am Ende der vierten Klasse. Nun waren seine gymnasialreifen Schüler im Hintertreffen gegenüber denjenigen, die Noten vorweisen konnten. Der Lehrer begab sich daher als Fürsprecher zu dem in der Region befindlichen Gymnasium und verwies auf die Belegstücke des Könnens seiner Schüler, die in ihren Portfolios lagen. Die Direktorin erkannte die Chance, die sich in den Leistungsmappen bot, und drückte sie dem Lehrer gegenüber mit folgenden Worten aus: „Wenn Sie den Schülern Noten geben, müssen wir Ihnen glauben. Wenn Sie eine verbale Beurteilung schreiben und darin eine Empfehlung aussprechen, müssen wir das auch. Wenn Sie den Schülern aber Belegstücke von deren Leistung mit auf den Weg geben, können wir uns selbst ein Bild machen und nach unseren Standards entscheiden."
Darf ich Sie nun bitten, sich als Deutschlehrer an einem Gymnasium zu verstehen,

der in seinem Fach anhand eines Aufsatzes eines elfjährigen Bauernkindes aus dem oberösterreichischen Mühlviertel über die Berechtigung zum Besuch des Gymnasiums entscheiden soll. Der Aufsatz war zu schreiben gewesen über das Thema:
Ein schöner Herbsttag
Vor ein paar Tagen sagte mein Vater zu mir: „Bua, morgen ziagst di besser an, wir fahren in die Stadt." So sind wir nach Urfahr gefahren. Von dort gingen wir zu Fuß über die Brücke nach Linz. Dort besuchten wir einen Optiker. Er sah mich an und sagte: „Bua, du schiagelst ja." Dann musste ich viele größere und kleinere Buchstaben lesen. Jedes Mal fragte er: „Ist es so besser oder so?" Ich sagte es ihm. Dann bekam ich Brillen. Jetzt schiagle ich nicht mehr. Das war mein schönster Herbsttag!

Würde sich die weiterführende Schule auf Noten verlassen, dann stünde sie – wahrscheinlich ohne es zu wissen – vor demselben Dilemma, das rund 200 Experten[3] des oberösterreichischen Schulwesens – ohne es zu wollen – anhand dieses Aufsatzes den Ziffernnoten bescheinigt haben. Im Rahmen eines Vortrages über die Objektivität der schulischen Leistungsbeurteilung hatte ich sie gebeten, das Werk des Elfjährigen im Hinblick auf Inhalt und Sprachgestaltung mit einer Note zu bewerten. 5% gaben ein Nichtgenügend, weil „offensichtlich das Thema verfehlt" worden war. Eine gleich große Gruppe setzte sich mit folgender Begründung für ein Sehrgut ein: Originell, psychologisch sublimierend. (Jetzt schielt er nicht mehr und die anderen können ihm in die Augen schauen. Wenn das nicht sein schönster Tag im Herbst gewesen ist – welcher dann?) Rund fünfzig Experten (die Zahl der erhobenen Hände wurde überschlagsmäßig gezählt) gaben ein Gut, relativ gleich viele ein Genügend und um die mittlere Note des fünfstufigen österreichischen Systems scharten sich an die 90 Probanden.

Die umfangreiche Literatur über die Forschungsbefunde zu den drei wichtigsten Gütekriterien des Mess- und Beurteilungsinstrumentes namens Ziffernnote, nämlich Objektivität, Validität (Gültigkeit) und Reliabilität (Zuverlässigkeit), konvergiert in der einhelligen Aussage, dass hinter gleichen, von verschiedenen Lehrern und Schulen kommenden Noten erschreckend ungleiche Leistungen stehen können und dass ein und dieselbe Leistung höchst verschieden benotet werden kann; und dies alles in einer unverzeihlich hohen statistischen Häufigkeit (vgl. neben vielen anderen die Arbeiten von Ingenkamp 1995; Sacher 1994; Vierlinger 1999; Weiss, 1989).

Charakteristik der Direkten Leistungsvorlage

Die DLV schafft das Dilemma mit einem Rückgriff auf die Gepflogenheiten im außerschulischen Leben aus der Welt. Sich an der Lebenswelt zu orientieren wird schließlich seit Senecas „non scholae, sed vitae discimus" der Schule immer wieder als Monitum vorgehalten.

Wenn Sie in eine andere Stadt umziehen, kaufen Sie Ihre Brötchen zunächst bei verschiedenen Bäckern. Bei welchem sie Ihnen am besten munden, bei dem bleiben Sie. Nach dem Kalkül im Meisterbrief haben Sie noch nirgends gefragt. Ein ähnliches Szenarium spielt sich ab, wenn Sie einen Bauhandwerker brauchen oder einen Architekten. Immer suchen Sie Informationen über die bisher erbrachten Leistungen vor Augen zu bekommen, aber nicht die Note im Abschlussdiplom der Ausbildung.

Im schulischen Raum hat sich diese Vorgangsweise nur in seltenen Nischen erhalten. Wenn sich der Student an der Kunstakademie bewirbt, fragt ihn diese nicht nach einer Note, vielmehr muss er eine Mappe mit Zeichnungen und Malarbeiten vorlegen und deren Authentizität und Niveau in einer am Ort abgelegten praktischen Prüfung bestätigen. Bei näherer Betrachtung ist unschwer zu erkennen, dass sich diese Vorgangsweise auf alle schulischen Disziplinen bzw. Leistungsbereiche übertragen lässt. In einer Mappe, in einem „Portfolio", wird eine exemplarische (!) Auswahl von Arbeiten gesammelt, die den erreichten Leistungsstand dokumentieren: Testblätter (durchaus auch im Sinne von Kopien der bisherigen Klassenarbeiten) und diverse Arbeitsblätter aus den verschiedenen Dimensionen der Muttersprache und der Fremdsprachen, Leselisten, Projektberichte, Referatsunterlagen, Listen von gelernten Liedern mit Notenbeispielen, statistische Daten, Angaben über die besten Werte aus der Leibeserziehung, Fotos von Werkstücken (bald wird jede Schule über eine Digitalkamera verfügen), schließlich auch audiovisuelle Datenträger wie beispielsweise eine Videokassette von einer Theateraufführung etc. Die Auswahl erfolgt durch den vom Lehrer beratenen Schüler und erstreckt sich in der Regel auf die jeweils besten Leistungen, die zumeist auch die Endleistungen sein werden. Manipulationen zum Zwecke der Vorspiegelung falscher Tatsachen hätten schlimme Folgen, weil doch der Adressat angesichts der Belegstücke etwa aus der Mathematik jederzeit zum „Durchspielen" von Algorithmen mit geänderten (betrieblichen) Ausgangsdaten einladen könnte. Daher verbietet es sich geradezu von selbst, dass bei einer Prüfungsarbeit nicht das vom Lehrer korrigierte Blatt, sondern die nachträgliche Verbesserung durch den Schüler vorgelegt wird.

Um wie viel aussagekräftiger und informativer im Vergleich zur Note bereits ein einziges Blatt aus der Leistungsmappe ist, haben wir bereits beim Aufsatz über den schönen Herbsttag sehen können. Welch ein farbiges Bild ist doch an die Stelle der Ziffer (welcher?) getreten, die von jedem konkreten Eindruck abstrahiert und nichts anderes ins Bewusstsein hebt als die Anmutung einer bestimmten Position in einer imaginären Rangreihe. Der Unterschied sei noch mit einem Griff in das Portfolio des 13-jährigen Dominik bebildert, der in Musik ein Sehrgut vorweisen kann. Lernt er brav die Lebensbilder von Haydn, Mozart und Beethoven? Singt er gern? Kann er Notennamen hersagen? – Nein, so vage will es sein Lehrer nicht ausgedrückt haben. Er legt neben einem Testblatt die Noten von einem rhythmisch höchst anspruchsvollen Blues in die Mappe und schreibt folgenden Kommentar dazu: „Dominik kann diesen Song nach kürzester Übungszeit fehlerfrei auf der Trompete spielen. Er ist Mitglied unserer Schüler-Bläsergruppe, die das Stück im Rahmen eines Elternabends aufgeführt hat. – Jetzt weiß der Leser ziemlich genau, was er von Dominik im Hinblick auf seine Musizierpraxis erwarten darf.

Mit der DLV bleibt die schulische Arbeit nicht mehr so „spurlos" wie bisher: „Die meisten Schülerarbeiten haben nur einen Leser, den Lehrer", schreibt Becker. „Von den Arbeiten bleibt selten mehr als eine Ziffer (Zensur). Sie sind nicht ‚an sich' interessant. Es bleibt unwichtig, was der, der da schreibt oder malt oder musiziert, eigentlich mitteilen will. Etwas, was mit der Arbeit und ihrem Ergebnis nur sehr mittelbar zu tun hat, die Leistungsbewertung (die Note), schiebt sich ständig in den Vordergrund. Indem das Ergebnis der Anstrengung nicht oder nur so nebenbei öffentlich werden darf, wird der Schülerarbeit auf eine hintergründige Weise die 'Würde' genommen. Der Stolz auf die eigene Leistung und das daraus folgende Selbstvertrauen geraten in die Gefahr, mehr und mehr von etwas Zweifelhaftem, Abgeleitetem abhängig zu werden: von der Zensur eines Beurteilers" (Becker 1998, S. 83).

In den sequenziell aufbauenden Gegenständen wird man vorwiegend die Endleistungen präsentieren, weil in ihnen ohnehin auch die Vorleistungen sichtbar werden. In den additiv zusammengesetzten Produkten anderer Gegenstände (vgl. die so genannten Realienfächer) werden es die besonders gelungenen Arbeiten aus längeren Zeiträumen sein können. Die Kommentare des Lehrers werden als willkommene Lesehilfe dienen, insbesondere auch dort, wo es sich um Produkte aus der Teamarbeit handelt. Auf dem individuellen Beitrag zur Gruppenarbeit steht dann vielleicht: „Claudia kann gut argumentieren und bringt die Arbeit der Gruppe mit interessanten Ideen voran." Oder: „Michael wirkt vermittelnd und ausgleichend, wenn Konflikte entstehen." Dem Lehrer steht es selbstverständlich frei, Lernziellisten und andere Vorgaben beizulegen, die es dem Betrachter ermöglichen, den Portfolio-Inhalt in den Gesamtrahmen der curricularen Arbeit einzuordnen. Die modernen Bild- und Tonträger erlauben es sogar, die mündlichen Leistungen der Schüler zu dokumentieren, die doch bisher nicht selten als dubiose Verfügungsmasse bei der Zensurengebung fungiert haben. – Wer dies alles recht bedenkt, wird dankbar zur Kenntnis nehmen, dass es in Zukunft bei diversen Bewerbungen nicht mehr heißen wird: „Was hast du für Zeugnisse?", sondern: „Was kannst du?"

Die gewichtige Frage, ob denn die Wirtschaft mit der neuen „Berichterstattung" umzugehen wüsste und sie akzeptieren würde, hat ein bayerischer Hauptschullehrer im Rahmen seiner Magisterarbeit beantwortet (Palme 1996). Er hat das Portfolio einer 15-jährigen Absolventin den Chefs von 90 verschiedenen großen Firmen mit der Bitte vorgelegt, sich in die Mappe ein wenig zu vertiefen und dann darüber zu urteilen, ob sie solch ein System gegen das Notenzeugnis eintauschen würden. 82% haben zugestimmt und dies auch begründet: „Da kann ich mir den Beleg über denjenigen Leistungsbereich heraussuchen, der mich von unseren Anforderungen her besonders interessiert." „Wir bräuchten die firmen-eigenen Überprüfungen nicht mehr durchzuführen, zu denen wir uns schon vor Jahren entschlossen haben, weil wir dem Zeugnis keinen Glauben mehr schenken." „Was sagt mir die Note 3 in Mathematik?", hat ein Spenglermeister gefragt, der (wegen des Blechverschnittes) einen Lehrling mit guten Kenntnissen in der Geometrie gesucht hat. „Ist der Schüler vielleicht in der Geometrie schwach, in der Arithmetik aber gut? Oder ist es umgekehrt? Stammt der Dreier von einem Lehrer, der ein Meister des Faches wie auch des ‚Wie sag ich's meinem Kinde?' ist, der die Klasse auf ein hohes Niveau hebt und dann auch noch streng benotet, weil er es sich leisten kann? Oder hat ihn ein ‚Schwerenöter' gegeben, den es wie in jedem Berufsstand wohl auch bei den Lehrern gibt? Seine Schüler können wenig und dann ist er auch noch milde, damit er bei den Eltern keine ‚Anständ' hat." – Die restlichen 18% zerfielen in zwei gleiche Hälften: die einen, die neben der DLV während einer Übergangszeit zur Mappe auch das Notenzeugnis haben wollten, und die anderen, die beides auf Dauer wünschten. – Für einen so radikalen Änderungsvorschlag wie den der DLV, einen Vorschlag, der noch kaum medial aufbereitet worden ist, können diese 82% bzw. 91% spontaner Zustimmung als geradezu sensationell bezeichnet werden.

Wie Eltern und ihre Kinder zur DLV stehen, kann den Erfahrungen aus Schulversuchen entnommen werden, die seit mehreren Jahren in österreichischen Grundschulen laufen (Salzburg seit 1991, Wien seit 1995). In den ersten Schuljahren, in denen die Eltern noch „hautnahen" Kontakt zur Schule suchen, erfolgt die Dokumentation der Leistung vorwiegend nicht in der Form der Vorlage einer nach Hause mitgebrachten Mappe, sondern als Begegnung in der Schule. Zu einem vereinbarten Termin kommen die Eltern mit dem Kind zur Lehrerin und das Kind demonstriert – gelegentlich von der Lehrerin unterstützt – den Eltern anhand seiner Unterlagen, wie es rechnet, schreibt und liest, wie es zeichnet und singt und was es im Sachunterricht weiß und getan hat (vgl. ähnliche Begegnungen in Berliner Grundschulen: Denz 1993, S. 55/56). J. Kahlhammer hat den Salzburger Versuch in den ersten fünf Jahren wissenschaftlich begleitet und dabei 393 Eltern in eine unstrukturierte Befragung einbezogen. 91% weisen spontan darauf hin, dass ihre Erwartungen voll erfüllt worden sind. Der Wunsch nach Fortsetzung ist Jahr für Jahr mit ähnlich hohen Prozentsätzen zum Ausdruck gebracht worden. 77% sagen, dass ihr Kind durch diese Beurteilungsform ermutigt werde. 80% heben die positive Einwirkung auf die Selbsteinschätzung hervor; die Hälfte davon streicht dieses Phänomen ganz besonders heraus. 95% der Eltern heben die gute Information durch die DLV hervor; so heißt es beispielsweise: „Wir Eltern wissen jetzt über

den Leistungsstand unseres Kindes besser Bescheid, als es jede Note ausdrücken könnte." Die Eltern stellen verwundert fest, wie gut die Selbstkontrolle der Kinder bereits entwickelt ist: „Es weiß durchaus, was es gut und was es noch nicht so gut kann." Die Eltern haben verstehen gelernt, dass die Präsentation der Arbeiten vor den Augen und Ohren der Umstehenden das Bedürfnis nach sozialer Resonanz, dem Applaus, entschieden besser absättigt als die Ziffern (Kahlhammer 1996).
In Wien erstreckt sich der Schulversuch – mit Ausnahme des letzten Zeugnistermins – über alle vier Grundschuljahre. Die Zahl der teilnehmenden Klassen hat sich bereits in den ersten drei Jahren von 9 über 29 auf 67 erhöht. Aus den von der wissenschaftlichen Begleitung eingeholten Stellungnahmen der Schulen ist zu erfahren, dass die Eltern durch den Schulversuch „in helle Begeisterung" versetzt werden. In einem Beitrag wird von den anfänglichen Bedenken der Eltern berichtet, dass sich das Kind gegenüber Geschwistern und Freunden aus anderen Schulen „benachteiligt fühlen" könnte, weil diese doch Noten bekommen. Das Blatt habe sich aber gewendet. Die DLV wird von den Kindern als etwas Besonderes geschätzt, während die Notenzeugnisse des älteren Bruders oder des Freundes als „altmodisch" und „rückständig" abgetan werden. M. Fürlinger, die wissenschaftliche Betreuerin, resümiert die Rückmeldungen mit dem Satz: „Grundsätzlich wird die DLV als die ideale Lösung des Beurteilungsproblems angesehen" (Fürlinger 1997, S. 99).
Schützenhilfe für die Einführung der DLV kommt aus den USA. H. Gardner berichtet, dass einige Staaten bereits darangehen, sich die zur Zeit des Schulabschlusses erreichten Kenntnisse und Fertigkeiten nicht mehr in „marks" oder anderen Codes vorlegen zu lassen, sondern in handfesten Arbeitsergebnissen (Gardner 1993, S. 322).

Die DLV trägt zur Humanisierung des Schullebens bei[4]

Die DLV kann als Paradigmenwechsel, wenn nicht gar als Kopernikanische Wende in der Leistungsbeurteilung bezeichnet werden. Das bisherige Ritual zur Zeugniszeit, insbesondere in den Situationen, in denen die Schüler am Scheideweg stehen und Entscheidungen über die weitere Zukunft getroffen werden müssen, sieht folgendermaßen aus: Die Arbeitsergebnisse des Schülers und seine Leistungsform bekommt im Wesentlichen nur der Lehrer zu Gesicht. Er transformiert deren Wert nach seinem Gutdünken in eine Chiffre, genannt Note. Der Adressat, die weiterführende Schule oder der Arbeitgeber (Ausbilder), bekommt nur die Note zu Gesicht. Er versucht sie zu dechiffrieren und konstruiert im Geiste eine Vorstellung von der zu Grunde liegenden Leistung. Eine Analyse der in diesem Manöver ablaufenden Chiffrier- und Dechiffrierungsprozesse stößt auf eine Unmenge von Subjektivismen, Einbruchstellen von Akten des bloßen Meinens und Dafürhaltens. Die beim Adressaten sich einnistende Information wird dabei ähnlich verfälscht wie beim Gesellschaftsspiel „Stille Post".

Bei der DLV wird der mittlere, der vermittelnde Operator aus dem Verkehr gezogen: Der Adressat wird der Schülerleistung unmittelbar ansichtig, er bildet sich das Urteil selbst und wird gleichsam nicht mehr entmündigt. Ob der Schüler in seinem Statusquo der Begabungsentfaltung den Standards und Erwartungen des Ausbilders entspricht, entscheidet der Ausbilder selbst; die Note des Lehrers verstellt seinem prüfenden Blick nicht länger das Objekt seines Interesses.

Wenn sich der Lehrer als das versteht, als was er „erfunden" worden ist, als Helfer, Förderer und Trainer, wird er es begrüßen, die Robe des Richters ablegen und die schicksalhaften Entscheidungen über die Aufnahme in diverse Institutionen den dort Tätigen überlassen zu dürfen. Dass dieser Wandel in der Einstellung nicht von allen als selbstverständlich angesehen wird, kommt in der Befürchtung eines Standesvertreters zum Ausdruck, dass nämlich die Schule mit dem Verzicht auf Noten einen dramatischen Machtverlust erleide! – Wer an die großen Vorbilder des Lehrerseins denkt und nach ihren zentralen Motiven forscht, wird den Sachverhalt anders sehen. Von Sokrates und Jesus bis zu den Schulreformern der Neuzeit und insbesondere des vergangenen Jahrhunderts haben sie die Begeisterung für ihre Sache vorgelebt und ihren „Jüngern" den Weg zur schöpferischen Nachgestaltung geebnet. Abgeurteilt, verängstigt und zurückgestoßen haben sie keinen, der ihr Schüler sein wollte. Wohl heißt es von einem, dass er „lehrte wie einer, der Macht hat"; aber es war die Macht der Überzeugung, des Beherrschens des didaktischen Instrumentariums und nicht des juristischen.[5]

Die Rolle des Trainers und des Richters lassen sich in der Person des Lehrers nicht vereinigen, ohne dass er in den Augen der Schüler eine schillernde Figur wird, der man nicht rückhaltlos vertrauen kann. Um es im Beispiel zu sagen, sei auf die „ständige Beobachtung" verwiesen, die von der Schulbehörde – expressis verbis von der österreichischen – angeordnet worden ist, um die Zensur mit einem breiten Fundament von diagnostischen Daten abzustützen und justiziabel zu machen. Dass er seine Aufmerksamkeit ständig auf die Kinder richte, wird einem guten Lehrer so wenig gesagt werden müssen wie einer Mutter, die in permanenter Wachheit ihre Kinder im Auge hat. Wenn die ständige Beobachtung aber auf Noten ausgerichtet ist und der Lehrer sich fortlaufend Notizen macht, springt auf die „pädagogische Insel" etwas von der Qualität eines Lauschangriffes über. Der Schüler wird misstrauisch werden, weil doch alles, was er sagt, gegen ihn verwendet werden kann. Wird er dann noch eine Frage wagen, wenn ihm etwas unklar ist? Wird er gar eine Hypothese verteidigen? Wenn sie falsifiziert wird, wird sie verworfen – und er mit ihr! Damit ist dem Prozess des Denkens bereits „in statu nascendi" ein Riegel vorgeschoben und das tiefgründige Lernen ist blockiert. Blockiert ist gleichzeitig der pädagogische Bezug mit all den idealistischen Attributen, mit denen die Lehrer-Schüler-Beziehung gemeinhin verklärt wird.

Mit der DLV wird das Lernen wieder an die Sache rückgebunden. Sie, das zu erwerbende Kulturgut, ist der Preis, der in der Schulzeit errungen und an deren Ende vorgewiesen wird. Wer dagegen Notenzeugnisse vergibt, provoziert bei vielen Schülern das Lernen um der Note willen. Wer meint, dass es dennoch ein engagiertes Lernen bliebe, auch wenn es extrinsisch mit Tokens namens Noten motiviert wird, der täuscht sich. Vielfach bemühen sich die Schüler, den Lehrer trickreich von seiner Aufgabe der Kulturvermittlung abzulenken, indem sie beispielsweise seine Meinung über das letzte Länderspiel einholen. (Wir haben seinerzeit bei unserem Lateinlehrer schamlos seine traumatischen Erlebnisse in Stalingrad ausgebeutet.) Wenn der Lehrer krank ist, hoffen sie auf eine lange Genesungsdauer, weil doch die Reduktion des Informationsquantums auch das Lern- und Prüfungspensum reduziert. Der Lehrstoff als solcher bleibt Makulatur. Um der Note, der allein zählenden Trophäe willen überschreiten viele Schüler sogar die Hemmschwelle des Betruges. In der Schule heißt er verharmlosend Unterschleif oder Schwindelei und gilt unter den Schülern als Kavaliersdelikt. Was aber ist das Vortäuschen von Kenntnissen anderes als eine Einübung in den Betrug, wenn doch der staatliche Siegelbewahrer übers Ohr gehauen und dem Außenstehenden ein X für ein U vorgemacht wird?[6] Um die Noten billiger zu machen, reiten die Schüler ihre Attacken nicht nur gegen die Lehrer, sondern auch gegen besonders eifrige Mitschüler. Sie betreiben „Mobbing", indem sie diese „Streber" und „Schweinchen schlau" nennen. Welcher Kulturhungrige hat die Kraft, am Ball zu bleiben, wenn er damit seine soziale Einbindung aufs Spiel setzt?

Dass mit der DLV all diesen Praktiken der Kulturflucht der Boden entzogen wird, haben die Pennäler-Mitschüler meines Sohnes sehr gut durchschaut, als ich in den Siebzigerjahren erstmals von der DLV geredet habe und eine Zeitung den Vorschlag auf die Titelseite gesetzt hat. „Du", sagten sie, „was dein Vater da vorschlägt, ist nichts für uns. Da müssten wir nämlich etwas tun!" Von diesem Sohn stammt übrigens auch ein geradezu klassischer Ausspruch, eine Bestätigung dafür, dass er im Grunde nicht anders gedacht hat als seine Kameraden. Die Mutter hatte über seine Schwemme von Vierern in den letzten Zeugnissen geklagt: „Könntest doch auch wieder einmal mit einem Vorzug nach Hause kommen wie in früheren Jahren!" Er aber übte sich in Gelassenheit: „Weißt Mama, ein Vierer ist genau richtig. Da braucht man nicht zu viel zu tun und die Ferien sind doch gesichert."

Einen mächtigen Schritt hin zur Sanierung der schulischen Lebensverhältnisse tut die DLV, indem sie sich an der Individualnorm orientiert, indem sie also die vom einzelnen Schüler jeweils zurückgelegte Wegstrecke respektiert, statt auf das Kollektiv zu schielen. Die Ziffernnote hingegen ist der Kollektivnorm verhaftet. Sie normiert ihre Messlatte am mittleren Leistungsstand der jeweiligen Schülerpopulation und weiß sich dabei gedeckt vom Beschluss der Kultusminister-Konferenz von 1968 und vom Parameter der Notenverteilung, der sich in der Schulwirklichkeit mittlerweile eingebürgert hat: Der positive wie der negative Kurvenast fällt vom Kulminationspunkt mit jeweils 30% über 15% auf 5% ab. Für die Beurteilung schriftlicher Arbeiten gibt es vielerorts Absprachen über den an der Schule geltenden Mittelwert.[7] In welch eine Bredouille der Lehrer dadurch kommt, hat meine ehemalige Mitarbeiterin erlebt, die nach ihrer sechsjährigen Karenzierung für die Tätigkeit als Assistentin wieder an ein Gymnasium gekommen ist. Die erste Prüfungsarbeit hatte sie gut vorbereitet, so dass sie ihren Schülern ein etwas über dem Durchschnitt liegendes Ergebnis mit dem Notenquerschnitt 3 attestieren konnte. Die in der Schule geltende Richtzahl betrug aber 3,7! Trotz all ihrer pädagogischen Argumentationskunst blieb ihr nichts anderes übrig, als die Arbeit so lange umzukorrigieren, bis der vorgegebene Wert erreicht war.

Welch eine Kümmerform von Pädagogik kommt darin zum Ausdruck, dass der einzelne immer an den anderen gemessen wird, ohne die individuelle Ausstattung zu berücksichtigen. Die Vertreter dieser Pseudopädagogik sollten sich von Heide Bambach belehren lassen: „Wer nachts weinend in seinem Bett liegt", schreibt sie, „weil nebenan der Vater der Mutter entgegenschreit, er werde die Familie verlassen; wer zu Hause miterleben muss, wie seine Mutter gegen eine tödliche Krankheit zu kämpfen versucht; wer all die Probleme auszuhalten hat, die ein alkoholkranker Vater mit sich bringt; wer allein mit seiner Mutter leben muss, in deren Lebensentwurf für das Kind eigentlich kein Platz ist; wer solches und ähnliches zu verkraften hat, für den ist es schwerer, in der Schule bei der Sache zu sein, als für einen, der wohlgebettet eingeschlafen ist, liebevoll geweckt und wohlversorgt auf den Schulweg geschickt worden ist und der für die zweite Hälfte des Tages erfreut zu Hause empfangen wird" (Bambach 1994, S. 29/30).

„Suum cuique" (jedem das Seine) hieße die elaborierte Formel der Ethik; die Noten-Schule bringt es aber nur bis zum „Suum idemque" (jedem das Gleiche). Das hat vor allem für die Schwachen Schüler fatale Folgen. Niemand kann ohne Anerkennung leben und das Lernen wird zur Tortur, wenn kein Erfolg ausgewiesen werden kann. Selbst wenn der Abgeschlagene nicht aufgibt und sich trotz der schlechten Zensur weiterhin bemüht, kommt er in der Noten-Hierarchie nicht voran: Die anderen, diejenigen mit besserer Ausgangslage, bemühen sich ja auch! Und so bleibt er im Geleitzug der Noten-Anwärter das Schlusslicht.

Ziffernnoten und Individualnorm sind nicht kompatibel. Die Berichtsfunktion würde total korrumpiert werden, wenn der schwach begabte Fleißige für sein Engagement – trotz des nach wie vor bestehenden Leistungsgefälles – eine gleich gute Note bekäme wie der gut begabte Faule: Die Note würde für den Außenstehenden völlig „unleserlich", obwohl sie vom selben Lehrer kommt, dem man das Ergebnis seines „Rankings" normalerweise noch abnimmt.

Vielleicht ist jemand darüber verwundert, dass ich das Gegenstück zur Individualnorm „Kollektiv"-Norm nenne, denn üblicherweise wird dieser Norm das Attribut „sozial" beigefügt. Aber dieses Wort weckt doch Konnotationen wie miteinander arbeiten, füreinander da sein, einander helfen etc., Haltungen, gegenüber denen der Notenkult schon in seinen präludierenden Anfängen im Widerstreit gestanden ist. In der ersten Studien- und Prüfungsordnung der Jesuitenschulen, der „ratio studiorum" aus 1599, wurde festgelegt, dass in der Schulklasse rivalisierende Dekurien zu schaffen seien. Jeder Schüler in solch einer Zehnerschaft hatte in der anderen seinen Aemulus (Wettbewerber). Wenn er geprüft wurde, musste auch der andere aufstehen und wie ein Habicht auf seine Blößen achten ... Für die Dokumentation des Ergebnisses dieser Buhurts hatte man ein sechsstufiges Notensystem erfunden (Jenzer 1991, S. 122).[8]

Die Zielvorstellungen von Schule haben sich in den vier Jahrhunderten und schon gar in unseren demokratisch verfassten Staaten grundlegend gewandelt; die zur Rivalität anstachelnden Noten aber sind geblieben. Ihr antisozialer und Angst auslösender Impetus unterminiert nach wie vor das Klima des Zusammenlebens. In einer fünften Klasse, die soeben von ihrem Lehrer die Prüfungsarbeit zurückbekommen hatte, bat ich die Schüler, sie mögen ohne Namensnennung niederschreiben, was ihnen jetzt durch den Kopf gehe. 12 von den 18, die in der Kürze der Zeit etwas geschrieben hatten, sprachen von Neid oder Überheblichkeit: „Ich freue mich, weil mein Nachbar eine schlechtere Note hat." „Wenn Sylvia eine bessere Note hat, werde ich eifersüchtig." Lediglich drei äußerten Mitgefühl und Mitfreude: „Ich bin froh, dass meine Nachbarin eine bessere Note hat als bisher." Weitere drei verglichen nicht, sondern kommentierten ihre eigene Note: „Ich bin froh, dass die Arbeit für mich gut ausgefallen ist." Kein einziger Schüler verlor ein Wort über das sachliche Problem selbst, die gewonnene Einsicht etc.

Dass das Klima des Zusammenlebens in unseren Schulen gelegentlich auch von Lehrern vergiftet wird, weil sie im Zusammenhang mit der Notengebung – wegen welcher charakterlichen Deformationen auch immer – an den Schülern ihre Zynismen und Sadismen ausagieren, belegt jede Befragung von Studierenden über ihre bisherigen Schulerfahrungen (Haselbeck 1999, 2000, vgl. insbesondere auch die psychoanalytisch instrumentierte Arbeit von Singer 1998). Die DLV kann selbstverständlich nicht den Charakter solch unglückseliger Berufsträger ändern, aber sie schlägt ihnen die Waffe aus der Hand, mit der sie ihre Schüler und deren Eltern malträtieren.

Anmerkungen

[1] Im Stil des Vortrages geschrieben, der sich unmittelbar an den Zuhörer und nicht zuerst an den Leser wendet.

2   Österreich zählt wie die meisten deutschen Bundesländer zu den ganz wenigen hoch entwickelten Industrienationen der Welt, in denen bereits die Zehnjährigen für ein gegliedertes Schulsystem sortiert werden müssen. (Damit die Schwachen kein Vorbild mehr neben sich haben! – Die Formulierung mag polemisch klingen; ihre Wahrheit aber ist nicht zu bezweifeln.)

3   Als Experten sind sie zu bezeichnen, weil es sich um die Landesschul-Inspektoren (Regierungsschulräte) und Bezirksschul-Inspektoren (Schulräte) sowie um Abordnungen von Direktoren und Fachgruppenleitern aus allen Schultypen handelte.

4   Eine ausführliche Darstellung findet sich im Kapitel „Die pädagogische Mitgift der DLV" in Vierlinger 1999, S. 80-135.

5   Den Sachverhalt anders sehen wird auch derjenige, der ein wesentliches Kriterium der Rechtsstaatlichkeit bedenkt: Niemand darf in eigener Sache Richter sein! Also dürfen auch wir Lehrer den Wert unserer „Produkte" den Adressaten nicht vordefinieren ...

6   In seinem Sarkasmus macht uns Bert Brecht glauben, dass dieses Treiben dennoch auch zum „Lernen für das Leben" gehöre: „Der Schüler lernt alles, was nötig ist, um im Leben vorwärts zu kommen!", heißt es in den Flüchtlingsgesprächen. „Es ist dasselbe, was nötig ist, um in der Schule vorwärts zu kommen. Es handelt sich um Unterschleif, Vortäuschung von Kenntnissen ..." (Brecht 1978, S. 32).

7   Wenn die extremen Abweichungen mancher Schüler unberücksichtigt bleiben, würde die statistische Terminologie vom Zentralwert oder Median sprechen.

8   In unser staatliches Schulsystem ist es erst im 19. Jahrhundert eingeschleust worden.

Literatur

Bambach, H.: Ermutigungen. Nicht Zensuren. Lengwil 1994
Becker, G. U. u. a.: Die Helene Lange Schule. Hamburg 1998
Brecht, B.: Über den Unmenschen. In: Flüchtlingsgespräche. Frankfurt 1978
Denz, M.: Diskussion über die Leistungsbeurteilung im Spiegel der Printmedien. Unveröffentliche Magisterarbeit. Passau 1993
Fürlinger, M.: Die „Kommentierte Direkte Leistungsvorlage" – ein Schulversuch an Wiener Grundschulen. Unveröffentliche Magisterarbeit. Passau 1997
Gardner, H.: Der ungeschulte Kopf. Stuttgart 1993
Haselbeck, F.: Lebenswelt Schule. Passau 1999
Haselbeck, F.: Wie HauptschülerInnen Schule sehen. In: Lernchancen 3 (2000), H. 14, S. 58-61
Ingenkamp, K. H.: Die Fragwürdigkeit der Zensurengebung. Weinheim ^{9}1995
Jenzer, C.: Die Schulklasse. Bern 1991
Kahlhammer, J.: Schulversuch „Direkte Leistungsvorlage". Landesschulrat für Salzburg. Salzburg 1996
Palme, G.: Direkte Leistungsvorlage im Urteil der niederbayerischen Wirtschaft. Unveröffentliche Magisterarbeit. Passau 1996
Sacher, W.: Prüfen – Beurteilen – Benoten. Heilbrunn 1994
Singer, K.: Die Würde des Schülers ist antastbar. Hamburg 1998
Vierlinger, R.: Leistung spricht für sich selbst. Direkte Leistungsvorlage (Portfolios) statt Ziffernzensuren und Notenfetischismus. Heinsberg 1999
Weiss, R.: Leistungsbeurteilung in den Schulen – Notwendigkeit oder Übel? Wien 1989

Hans Rauschenberger

Leistungserziehung als Leistungsdialog

Leistung als gesellschaftliche Forderung

Die Gesellschaft strebt nach Selbsterhaltung und Stärkung ihrer Kräfte. Zu diesem Zweck hat sie sich eine staatliche Verfassung gegeben, die – grob angedeutet – etwa folgende Aufgaben hat: Sie sorgt für den Frieden im Inneren und Äußeren und auch dafür, dass Partikularinteressen nicht die Oberhand über das Gemeinwohl bekommen. Sie gibt der Wirtschaft einen Rahmen vor; denn durch ihre Produkte wird die materielle Grundlage für das zivilisatorische Zusammenleben geschaffen. Um ihre Aufgaben zu lösen, braucht die Gesellschaft nicht nur gute Arbeitskräfte, sondern auch eine gute Vorbereitung des Nachwuchses: Die Jungen sollen eingeführt werden in die aktuelle Arbeit, außerdem müssen sie bereit und in der Lage sein, sich neuen Herausforderungen zu stellen. Darum interessieren sich staatliche Behörden und andere gesellschaftliche Instanzen für gute Schulen und zeitgemäße Lehrpläne. Sie sehen die Aufwendungen des Staates, die dieser in die Jugend investiert, gewissermaßen als Vorleistungen an; die Schule und die Schüler müssen dafür eine Gegenleistung erbringen, die in ihrem Lehren und Lernen besteht. Wenn heute eine Lehrerin oder ein Lehrer vor der Klasse von Leistung spricht, dann handelt es sich, konsequent gedacht, nicht um etwas, das den Schülerinnen und Schülern freigestellt ist; es ist vielmehr mit Erwartungen verbunden. Die Repräsentanten dieser Erwartungen sind die Lehrer, die Eltern und – ganz allgemein – der Staat und die Gesellschaft. Die Leistungen, die man von den Lernenden erwartet, sind relativ klar definiert in den Curricula, den Stoffplänen und den Abschlussprofilen der einzelnen Schularten.

Man muss sich diese Zusammenhänge hin und wieder klar machen, dann bemerkt man, wie weit dies alles vom klassischen Bildungsideal entfernt ist, wo sich einst das Individuum im Umgang mit der Natur, der Sprache und der Kunst allmählich zur freien Persönlichkeit herausbilden sollte. Wenn heute die Kultusminister und Kultusministerinnen von Bildung sprechen, dann haben sie nicht mehr die Tradition der Klassik im Sinn, sondern jenen Gesellschaftsvertrag, in welchem sie als

Vertragsleistung die durch die Schule erworbene Qualifikation und Brauchbarkeit einfordern.

Wie der Leistung begegnen?

Zur Zeit bemüht sich alle Welt um die Dokumentation und den Vergleich von Schulleistungen. Es ist, als bestehe die Hauptaufgabe der Schule nicht länger darin, Wissen und Können zu vermitteln, sondern vielmehr in der Feststellung der Ergebnisse und ihrer Darstellung durch *rating scales*. Man möchte wissen, was geleistet wird und wie die eigene Schule oder das eigene Land im Vergleich mit anderen abschneidet. Daraus hofft man eine Grundlage für künftige pädagogische Aktivitäten zu gewinnen; denn wenn man weiß, was die Schüler können, und auch, was sie nicht können, lässt sich vielleicht eine positive Entwicklung fortsetzen oder einleiten. Dahinter steht ein plausibler Gedanke, den man nicht schmälern soll. Es ist aber ein trivialer Gedanke; denn die Aufgabe der Schule geht weit darüber hinaus und sie ist in ihrem Kern eine andere. *Die Schule soll Leistungen in Gang bringen, nicht bloß feststellen; sie soll sie stärken, nicht bloß ermitteln; sie soll die Schüler das Lernen als ein fortschreitendes Verstehen und Gestalten der Welt erfahren lassen, als einen Prozess, der immer noch andauert, und sie soll zu Tage fördern helfen, was daraus noch alles werden kann.* Darum darf sie sich nicht damit begnügen, den augenblicklichen Stand zu vermessen; sie soll ihr Selbstverständnis nicht darin sehen, ständig Momentaufnahmen zu machen von einem Geschehen, das doch überhaupt nur als Prozess verständlich ist.

Natürlich stellen Leistungen einen Wert dar und darum sollen sie auch eine Bewertung finden; das ist unbestritten. Es geht aber um die Frage, wie dies geschieht und darum, ob die Leistungsbewertung das Nonplusultra der pädagogischen Kunst ist. Wer die benotete oder bepunktete Leistungsbewertung zum entscheidenden Kriterium seiner pädagogischen Arbeit macht, holt sich damit eine große wenn auch oftmals nicht beachtete Gefahr ins Haus, weil er dann immer nur einen Teil der Schülerinnen und Schüler in ihrem Lernen bestärkt; für die anderen hat er keine Gratifikation und noch nicht einmal einen wirksamen Trost zu vergeben. Viele Lernhemmungen und Lernverweigerungen gehen auf diese Ursache zurück. Schülerinnen und Schüler sehen, dass sie mit den anderen nicht mithalten können. Sie geben auf und sagen in trotziger Depression: Es nützt ja doch alles nichts mehr. Hier wäre der Ort für eine wirklich pädagogische Schulleistungsdiskussion, wo sich die Schule fragen könnte, wie sie es eigentlich hält mit der Befähigung zur Leistung; denn hier wird offenbar, dass sie diesen Schülern mit der bloßen Ermunterung, es doch noch mal zu versuchen, ihr Selbstvertrauen nicht zurückgeben kann.

Was folgt aus dieser Überlegung? *Die Philosophie der Schulleistung muss sich ändern. Sie darf nicht länger die Sollerfüllung allein zum Kriterium machen, sondern muss in einen Dialog eintreten. Mit den Schülern.* Das ist für viele Lehrer nichts Neues. Die gegenwärtige öffentliche Diskussion lässt es aber geraten erscheinen, diese Perspektive schulischer Vermittlungsarbeit nicht in den Hintergrund zu drängen, gerade wenn es um Leistung geht. Ich erläutere daher das, was ich als Leistungsdialog bezeichne, etwas genauer und hoffe, dass darin manche Lehrerinnen und Lehrer ihre Arbeit wiedererkennen.

Die Leistung dialogisch begleiten

Unter dem Begriff Leistungsdialog verstehe ich zuerst eine Haltung der Lehrenden, die den Prozess nach der Kenntnisvermittlung begleitet. Sie beschränkt sich nicht auf didaktisch zubereitete Informationen, sondern verfolgt den Aneignungsprozess weiter – und zwar gerade auch im Hinblick auf die Leistungen, die sich erst in der Anwendung des Gelernten zeigen können, also erst dann, wenn der primäre Lernprozess zu Ende ist. Das Interesse der Lehrkraft am Leistungsdialog schließt eine pädagogische Neugierhaltung ein, so, als würde sie sagen: „Ich habe euch hier etwas vorgetragen und es lohnt sich, dass man sich damit beschäftigt. Ich weiß wohl, dass man sich ein bisschen anstrengen muss, wenn man so weit kommen will, dass man damit etwas anfangen kann. Ich würde nun gerne wissen, wie ihr damit zurecht kommt."
Wenn sich die Schüler mit dem Lernstoff auseinander zu setzen beginnen, sieht man bereits aus ihren ersten Ergebnissen, wo die Lehrvermittlung noch Nachbesserungen nötig hat; man erkennt, an welcher Stelle etwas missverstanden worden ist, und man kann besser einschätzen, wo sich für die Schüler Schwierigkeiten zeigen. Bis dahin ist das alles nichts anderes als wohlverstandene Unterrichtsarbeit.
Wenn sich allerdings Aufgaben anschließen, bei denen die Schüler zeigen sollen, ob und wie sie mit dem neuen Stoff selbstständig arbeiten, wird der Leistungscharakter ihres Tuns schon deutlicher sichtbar. Jetzt muss sich auch der Dialog stärker auf die Leistung selbst beziehen, denn nun sieht man als Lehrer, wie die Schüler ihre Kräfte einsetzen, und erkennt auch, wo sie einer Anforderung ausweichen. Manche nebenbei geäußerten, meist persönlichen Bemerkungen von Unterrichtenden spiegeln dies, etwa wenn sie sagen: „Du kommst gut voran. Du hast auch ziemlich konzentriert gearbeitet. War's schwer?" Oder: „Ich hätte eigentlich gedacht, dass du mehr hinkriegst!" Oder: „Ich habe den Eindruck, du hast vorzeitig aufgegeben. Versuch's noch mal, so schwierig ist es auch wieder nicht!" – Hinter solchen Bemerkungen verbergen sich sozusagen die Stimmfühlungslaute des Leistungsdialogs. Sie zeigen den Schülern, dass es ihren Lehrern nicht egal ist, was aus dem Stoff wird, den sie mitgeteilt haben.
Dieses Gespräch erhält allmählich die Züge der Gleichberechtigung; denn die

Schüler wie die Lehrer können dabei ihre eigenen Erfahrungen äußern, die sie selbst beim Lernen gemacht haben, etwa wie sie Schwierigkeiten überwunden haben, wo sie immer noch Probleme haben, aber auch, was ihnen nach anfänglicher Stagnation doch noch gelungen ist. Das Gespräch über Leistungserfahrungen bekommt damit einen beinahe exklusiven Charakter; denn es unterhalten sich sozusagen Experten. Wenn die Lehrenden bei solchem Austausch nicht ihren Wissensvorsprung ausspielen (denn der würde sie von den Lernerfahrungen dessen, der sich abmüht, eher trennen), sondern signalisieren, dass auch sie das Misslingen kennen, dann kann sogar das zum Thema des Austauschs unter Gleichen werden, was offensichtlich nicht geglückt ist. Wenn Schüler dies bemerken, dann kann es sein, dass sie auf einmal fragen, wie sie es denn besser machen könnten. Es ist, als erinnerten sie sich plötzlich daran, dass da jemand vor ihnen steht, der den Tiefpunkt zwar kennt, der es aber dann doch geschafft hat.
In solchen Situationen vollzieht sich eine kaum merkliche, aber für das weitere Lernen entscheidende Umkehr. Der Schüler, der sich dafür interessiert, wie er es besser machen kann, und seinem Lehrer zutraut, dass er ihm einen Wink geben kann, ist nicht mehr der, der vom Lehrer zum Lernen veranlasst worden ist; aus ihm ist jemand geworden, der sich selbst um sein Lernen kümmert, sozusagen der Souverän seines Lernens. Der Leistungsdialog wird damit zum guten Teil ein Expertengespräch unter solchen, die sich ums Lernen mühen, wobei der eine darin erfahren ist, wie man seine Kräfte sinnvoll einsetzt, und der andere versucht, es ihm freiwillig nachzutun. Es ist wie ein Gespräch zwischen einem Leichtathleten und seinem Trainer, wobei der Sportler weiß, dass der Trainer nicht auf Höchstleistungen schlechthin aus ist, sondern nur auf diejenigen Leistungen, die sein Schützling bei guter Kondition und Beratung selbst erbringen kann und will.

Der neue Individualismus und die alte Schule

Ist dies im normalen alltäglichen Unterricht möglich? Man sieht auf einen Blick, dass ein solches Verhältnis zwar als Dialog unter Zweien praktikabel ist, aber nicht, wenn es zwanzig und mehr sind. Aber das muss auch gar nicht sein. Es geht nicht darum, dass Lehrerinnen oder Lehrer immerfort und gleichzeitig mit allen Schülern einer Klasse sehr persönliche Gespräche über die Leistung führen sollen, sondern darum, dass sie eine Haltung der Offenheit erkennen lassen und dass sie es zu ihren Aufgaben zählen, mit ihrem Rat zu helfen, wo es geht.
Noch vor wenigen Jahrzehnten hat man auf derartige Prozesse kaum geachtet; daher gehören sie auch heute nicht unbedingt zur täglich geübten Praxis der Schule. Sicherlich hängt die Entwicklung zum eher persönlichen Helfen mit neuen Formen auch des familialen Zusammenlebens zusammen. Es hat mit der modernen Entwicklung zum Individualismus zu tun. In der Schule hat man sich bisher im-

mer um die Unterrichtsdifferenzierung gekümmert. Die entschiedenste Form der Unterrichtsdifferenzierung ist die Individualisierung. Schulgeschichtlich gesehen steht dieser Versuch, den Einzelnen bessere Hilfen zur Selbsthilfe zu geben, heute noch eher am Anfang. Ich möchte dazu den folgenden kleinen Exkurs machen.

Die Schule hat den Individualismus unserer Zeit nicht erfunden und nicht hergestellt, ja nicht einmal sonderlich verstärkt. Ein Blick auf die demografische Entwicklung in unserem Land und auf die Entwicklung des Zusammenlebens der Generationen zeigt, dass die Aufwachsenden in den Familien, in den Kindergärten, in den Kinder- und Jugendgruppen und selbst in den Vereinen heute viel stärker als Einzelne wahrgenommen und angesprochen werden als noch vor einer Generation. Die Schule findet diesen Individualismus vor; sie hat ihn nicht gemacht. Allerdings zeigt sich dann im Unterricht diese gesellschaftliche Änderung mit am deutlichsten; denn die Schule steht vor dem Problem, dass sie selbst als Institution mit ihren traditionellen Organisationsformen nach Altersjahrgängen und Schulklassen, denen ja auch die Einteilung des Lehrstoffes folgt, dem immer stärker sich behauptenden Trend einer eher individuellen Lehr-Lern-Beziehung nicht mehr genügen kann. Dies wirkt sich ganz besonders im Leistungsbereich aus: Wer besonders leistungsstark ist oder auch: wer nicht mitkommt, fühlt sich isoliert und damit in besonderer Weise als Einzelner, auch wenn er vorher in der Gruppe angesprochen worden ist. Gerade auch besondere Begabungen lassen sich meist nur durch individuelle Zuwendung zu Höchstleistungen anregen. Auch wer aus irgendeinem Grund in den Leistungen zurückfällt, findet erfahrungsgemäß vorwiegend durch individualisierende Hilfen wieder den Anschluss an seine Klasse. (Leider hat sich diese Form der Förderung unaufhaltsam privatisiert. Für private Nachhilfe werden in unserem Land zur Zeit 4,5 Milliarden Mark ausgegeben.) Schulpolitisch gesehen enthält das Individualisierungsproblem der Gesellschaft zugleich eine ungeheure Kostenfrage. Zweihundert Jahre lang funktionierte die Schule als relativ sparsames System. Bis in unsere Zeit hinein haben sich die Formalia einer sparsam verwalteten Schule erhalten: Die Kinder wurden und werden, ähnlich wie dies beim Militär üblich war, nach Jahrgängen ausgehoben und in einer Art von Halbtagskasernen alle im gleichen Takt mit demselben Stoff traktiert. Das hat bis weit in die Moderne hinein relativ gut funktioniert, deshalb sollte man diese Errungenschaft des aufgeklärten Absolutismus nicht voreilig belächeln; sie war und ist bis heute die einzige Möglichkeit, Kenntnisse und Fähigkeiten mit den Mitteln der Administration an viele zu vermitteln. Eine nichtadministrativ arbeitende und zugleich effektive Schule ist noch nicht erfunden worden. Das Problem liegt heute nur darin, dass die Menschen bereits in der Familie auf ihre Eigenarten und ihre Wünsche hin angesprochen werden; sie lernen daher auch in der Schule besser, wenn man sie als Einzelne respektiert. So gesehen lautet meine Frage, mit der ich zum Ende des Exkurses komme: Wie können wir Formen finden, dem Bedürfnis nach persönlichem Zuspruch in der administrierten Schule besser als bisher zu entsprechen und, falls uns dies gelingt, wie sehen diese Formen aus?

Lernen als Eigenwert

„Nicht zwei Menschen lernen gleich", heißt es in einer These von Annemarie von der Groeben und zwei anderen Autoren. In der Tat gibt es sehr viele sehr verschiedene Zugänge zu ein und demselben Sachverhalt, die alle mit dem Allerweltswort Lernen zu tun haben. Ich denke nun, in diesem Satz drückt sich noch etwas anderes aus, das uns beschäftigen sollte. Das, was der Mensch im Lernen leistet, lässt ihn sich als Selbst erfahren, er wird daran zum Subjekt; sein Lernen wird unaustauschbar, ja unvergleichlich. Das ist etwas anders als wenn er bestätigt bekommt, er sei der Bessere von zweien oder der Beste von zwanzig. Lernen als Aneignung – das ist die Einmaligkeit des „Jetzt weiß ich es. Jetzt kann ich es. So ist es." Das lässt sich nicht zählen und nicht messen. Wer es erfährt, kann es nicht verkaufen. Dieser Kern des Lernens ist das Gegenphänomen zum Markt, wo alles seinen Wert allein dadurch hat, dass es durch anderes aufgewogen werden kann. Diesen Kern müssen wir zu erhalten und zu verstärken versuchen; man darf ihn nicht zur Disposition stellen. Hier liegt der Grund, aus dem wir eine Mentalität, in der das Lernereignis nichts anderes mehr ist als ein Tauschwert, nicht für pädagogisch halten. Mit einem solchen Lernen kann man vielleicht Handel treiben, aber man kann auf die Dauer damit nicht leben. Weil dies so ist, darum kann auch der Dialog über die Leistung nicht als Methode des „So müsst ihr's machen" dargestellt werden. Man kann höchstens ein paar Fälle anschauen und sich jedes Mal fragen, was daran gelungen ist und was nicht.

Lernen ist anstrengend

Andere Erfahrungen kommen hinzu. Die wichtigste davon besteht darin, dass Lernen anstrengt. Es gibt eben nicht nur die Faszination der ersten Begegnung zwischen Kind und Sache. Schon bei der ersten Berührung mit etwas Neuem erfolgt die innere Aufforderung zum Weiterdenken, zum Weiterlernen, zum Sich-einlassen auf das, was dahinter noch kommt. Das Lernen ist keine glatte Bahn, sondern ein Labyrinth mit Hindernissen und Sackgassen. Damit haben es die Kinder und Jugendlichen unserer Zeit besonders schwer. Schon in der Grundschule finden wir in jeder Klasse Kinder, die nicht verstehen können, dass etwa der Umgang mit Zahlen nur dem gelingt, der sich darin übt. Es kommt vor, dass ein Achtjähriger entnervt schreit, er werde niemals irgendeinen Beruf lernen, der etwas mit Mathe zu tun hat, und wenn ihm die Lehrerin klar machen will, in wie vielen Fällen ihm das Rechnen helfen kann, will er nichts davon hören. Ein Mädchen sagt: „Ich möchte schöne Musik machen, warum soll ich dazu Läufe üben und was will ich mit den blöden Noten?" Auch Schüler der Mittelstufe argumentieren so ähnlich: Warum Rechtschreibung, wo es doch die tollen Programme gibt? – Die Welt ist voll von Hilfsmitteln und voller Propheten, die versprechen, es ließe sich immerdar ohne Anstrengung lernen. Kinder entwickeln in diesem Netzwerk von Aussichten und Anstrengungen manchmal erstaunliche Möglichkeiten der Verweigerung. Oft lehnen sie etwas ab und treffen dabei eine Entscheidung, deren Tragweite sie nicht ermessen können. (Natürlich, so geht es auch vielen Erwachsenen. Nur besteht der Sinn der Pädagogik unter anderem darin, dass man sich die Mühe gibt, Verweigerer auf die Folgen aufmerksam zu machen.) Ich kenne Zwanzigjährige, die sich als Kinder vielem widersetzt haben, was ihnen damals nicht vorteilhaft schien; sie haben in einzelnen Schulfächern eine Art subversiven Widerstand geleistet. Heute fragen sie sich, was sie alles hätten machen können, wenn sich jemand gefunden hätte, der diese Dinge mit ihnen besprochen hätte und sie mit ebenso viel Nachdruck wie Verständnis auf die Folgen ihrer Weigerung hingewiesen hätte.

Die Tatsache, dass Lernen anstrengend sein kann, ist übrigens seit dem Altertum bekannt. Die Schule hat in der Geschichte ein probates Mittel angewandt, damit die Schüler der Anstrengung nicht ausgewichen sind. Sie hat Druck ausgeübt, der im Zweifel noch unangenehmer war als die Lernanstrengung. Ich meine damit die ganze Klaviatur des Certierens (von *certamen*, der Wetteifer), der Lokation und der so genannten Ämulation (*aemulare*, nacheifern). Diese Formen hat es bis ins 20. Jahrhundert hinein gegeben und bis heute kann man gelegentlich von der unfeinen Methode des bloßstellenden Prüfens hören. Die Schule wollte mit solchen Mitteln der naturwüchsigen Faulheit von Schülern, wie es damals hieß, begegnen und daher hat sie Druck ausgeübt, den sie oftmals durch Schläge und Einsperren noch verstärkt hat. Dieser Druck hat Angst und Befangenheit ausgelöst. Ich bezeichne ihn als *Nötigungsdruck*.

Auslesedruck statt Nötigungsdruck

Inzwischen haben sich die Zeiten geändert. Nötigungsdruck wird in unserem Land in der überwiegenden Mehrheit der Fälle nicht mehr angewandt, weder von den Eltern noch von der Schule. Geblieben ist trotzdem noch die Tatsache, dass Lernen oftmals anstrengend ist. Was tut man heute, damit die Schüler lernen? Die Gesellschaft hat, damit die Aufwachsenden ihre Qualifikationsziele nicht verfehlen, eine neue Form des Drucks eingeführt. Es ist der *Auslesedruck*. Warum soll dies ein Druck sein? Schließlich wird in den meisten Schulen ein liberaler und verständnisvoller Umgangston gepflegt und kein Schüler wird mit brachialen Mitteln zum Lernen gezwungen. Aber dann werden Zensuren erteilt, von denen es am Ende dann abhängen kann, welche beruflichen Werdegänge noch offen stehen und welche nicht. Ich kritisiere dies nicht; denn ich beobachte schließlich auch, dass manche Jugendliche die Stunde der Wahrheit zwar nicht lieben, sich aber doch auf sie einzustellen wissen. Schlimm ist es nur, wenn sie nicht so gewitzt sind und nicht so weit nach vorne schauen können, und vollends schlimm, wenn auch die Eltern diesen Zusammenhang nicht rechtzeitig realisieren. Wenn Lehrerinnen und Lehrer die Jugendlichen und ihre Eltern nicht sehr sorgfältig und frühzeitig informieren, kann es Überraschungen geben, die schlimmere Wirkungen haben als die genannten Nötigungen.

Pflege des Leistungswillens als dialogisches Lehren

Die gegenwärtige Pädagogik befürwortet keinen Lernzwang und erzeugt deshalb keinen Nötigungsdruck. Auch verstehen wir die Schule nicht als eine Anstalt, die sich aufs Fallenstellen verlegt hat, obwohl wir uns gelegentlich fragen, ob es den Schülern, die ja bisweilen wahre Meister im Verdrängen sind, nicht manchmal so vorkommen muss. Ich meine nur, dass man in der Schule (besonders in der späten Grundschule und in der Mittelstufe) den Leistungs*willen* der Schülerinnen und Schüler durchaus entschiedener pflegen könnte und dass dies erfolgreicher wäre, als wenn man es darauf ankommen lässt, dass sie das Realitätsprinzip schon von selber kennen lernen werden; denn die so genannte Realität ist die unbarmherzigste Erzieherin, die wir kennen. Diese Pflege des Leistungswillens wäre als alltagsbegleitende Haltung möglich, nicht so sehr als einmaliges pädagogisches Ereignis, wie es z. B. die verbale Beurteilung ist (über die vieles zu sagen wäre). Eine Schule, die etwas für die Pflege von anspruchsvollem und selbstständigem Lernen tun möchte und die den Druck zu vermeiden sucht, muss sich folgerichtig um die Intensivierung des dialogischen Lehrens im Hinblick auf die Leistung bemühen. Dabei sollen die einzelnen Schülerinnen und Schüler für ihr persönliches Lernen erfahren, was sie tun können, um etwaige Lernschwierigkeiten zu überwinden, aber auch, welche Folgen es hätte, wenn sie aufs Lernen verzichteten. Sie werden den Sinn einer Leistung eher verstehen, wenn er auch von ihren Lehrerinnen und Lehrern überzeugend vertreten wird. *Längerfristig soll der Leistungsdialog dazu dienen, dass Kinder und Jugendliche in der Fülle der Angebote ihre eigenen Wege finden können. Dieser Prozess kann nur gelingen, wenn gegenseitiges Vertrauen aufgebaut wird. So kann der Leistungsdialog eine sinnvolle pädagogische Voraussetzung auch für Leistungsfeststellungen bieten.*

Nachgehendes und freigebendes Lehren

Das bisher Gesagte hat das Ziel, dass gerade in Leistungsfragen eine persönliche Haltung des Lehrens gestärkt werden muss. Es handelt sich genauer um zwei einander ergänzende Formen des Lehrens: das nachgehende und freigebende Lehrverhalten.

Beim *nachgehenden Lehrverhalten* entwickeln die Lehrenden über die Inhaltsvermittlung hinaus ein subjektorientiertes Leistungsinteresse. Sie sind nicht nur Anbieter von Lehrstoff. Damit kann die Schule eine Antwort geben auf gegenwärtige Diskontinuitäten der Erziehung, durch welche Kinder und Jugendliche einem häufigen Situationswechsel bei gleichzeitiger Diversität der Zugehörigkeit und der Normen ausgesetzt werden. Wir wissen, dass dies in manchen Fällen zum Realitätsverlust führt; Feststellungen wie „richtig" oder „falsch" werden tendenziell gleichgültig, ihr Wert bezieht sich nur auf den Augenblick, in dem sie geäußert werden. Eine sorgfältige Realitätsprüfung erscheint solchen Jugendlichen von vornherein als aussichtslos. Das nachgehende Lehrverhalten zeigt sich darin, dass Lehrerinnen und Lehrer ihre Schüler beharrlich und geduldig beim Umgang mit der Wirklichkeit begleiten: Was sie lernen, was sie sagen, was sie aufschreiben, muss durch die Wirklichkeit gedeckt sein. Ein wichtiges Moment ist dabei die persönliche Beziehung. Nur wenn man einen Schüler gut kennt, kann man ihm deutlich machen, inwiefern seine Welt, in der er denkt, wahrnimmt und handelt, kein isolierter Mikrokosmos ist, sondern dass sie etwas zu tun hat mit der ihn umgebenden Realität und dass für ihn alles darauf ankommt, sich in diesen Zusammenhang einzubringen. Zwar kann die Schule allein die Belastungen, denen die Kinder und Jugendlichen durch den modernen Wirklichkeitsverlust ausgesetzt sind, nicht auflösen, aber sie kann etwas für die Kontinuität ihrer Erfahrungen tun. Nach unserer Beobachtung ist das Interesse von Lehrerinnen und Lehrern daran, wie ihre Schüler mittel- und längerfristig mit ihren erlernten Fähigkeiten umgehen, durch nichts zu ersetzen; es gibt der pädagogischen Arbeit in den Augen der Schüler überhaupt erst ihren Wert.

Eine notwendige Ergänzung des nachgehenden Lehrverhaltens ist das *freigebende Lehrverhalten*. Es macht Ernst mit dem Versuch, Aufwachsende selbstständig arbeiten zu lassen. Wo das nachgehende und begleitende Interesse der Lehrenden nötig ist und wo sie die Schüler alleine arbeiten lassen sollten, kann nur in der konkreten Situation und aus guter Kenntnis des Einzelfalls entschieden werden. Besonders im beginnenden Jugendalter haben wir es mit beidem zu tun: mit dem Bedürfnis einer verständnisvollen Begleitung ebenso wie mit dem Anspruch, eine Arbeit ohne Aufsicht selber zu erledigen. Dabei schließt das Freigeben ein länger dauerndes Interesse an den Ergebnissen nicht aus; denn es geschieht niemals aus Gleichgültigkeit.

Felix Winter

Chancen für pädagogische Reformen?
Oder: Wie es sein könnte mit der Leistungsbewertung[1]

Ich möchte über Perspektiven sprechen. Das ist eine schöne Aufgabe, denn ich darf mir Gedanken machen, wie es sein könnte mit der Leistungsbewertung. Ich werde dabei Bezug nehmen auf die historische Situation, in der wir uns gegenwärtig – was die Leistungsfrage angeht – befinden. Außerdem möchte ich Bezug nehmen auf die Ansätze zur Reform im Umgang mit den schulischen Leistungen, die es an vielen Schulen inzwischen gibt.
Obgleich man sagen könnte, am Kern der schulischen Leistungsbewertung hat sich seit 100 Jahren wenig geändert und die Kritik sowie die Reformbemühungen sind kaum erfolgreich gewesen, bin ich Optimist. Ich glaube also wirklich daran, dass man was ändern kann. Ich nehme sogar an, dass es zwingend notwendig ist, an den Schulen zu einer neuen Leistungskultur zu finden, dass uns die Umstände dazu zwingen werden, die Leistungsbewertung – wie Andreas Flitner es ausdrückt – für die pädagogische Aufgabe zurückzugewinnen und in den Prozess des Lernens, des Korrigierens und Beratens einzubinden (Flitner 1999, S. 244). Dies gilt vor allem deshalb, weil die historisch überkommenen Formen nicht genügend Rückmeldung geben und nicht genügend zur Entwicklung der Schüler und der Schulen beitragen, sondern zunehmend – wie Michael Schratz das formuliert hat – zu einem retardierenden Moment werden (Schratz 1994).

Vier Quellen der neuen Diskussion um die Schülerleistungen

In den vergangenen 10 bis 15 Jahren haben gesellschaftliche Veränderungen und neue Diskussionen die schulischen Leistungen und ihre Bewertung wieder zu einem Thema mit viel öffentlicher Aufmerksamkeit werden lassen.
- Zunächst hat sich etwas entwickelt und ausgebreitet, was man eine neue Lernkultur nennen kann.[2] Projekttage und Projektwochen wurden eingeführt, viele Schulen öffneten sich dem Erfahrungsraum ihrer Umgebung, die Schüler suchten besondere Lernorte auf, lernten entdeckend und griffen praktisch in ihre

Umwelt ein. Es wurde selbstständiger gearbeitet, z. B. im Rahmen von Wochenplan und Freiarbeit, und Schülerinnen und Schüler konnten sich im Rahmen längerer Gruppen- und Facharbeiten persönlich bedeutsamen Themen zuwenden und sich darin profilieren. Die offeneren Unterrichtsformen führten gemeinsam mit anderen Entwicklungen dazu, dass das traditionelle Lehr-Lern-Arrangement: Lehrervortrag – individuelles Nacharbeiten – schriftliche Prüfung praktisch wie theoretisch zunehmend in Frage gestellt wurde.

Von Lehrerinnen und Lehrern, die diese Lehr-Lern-Formen praktizierten, wurde und wird empfunden, dass ein Widerspruch existiert zwischen einer neuen Lernkultur einerseits und tradierten Bewertungsformen andererseits, die einen beispielsweise dazu zwingen, ein fächerübergreifend angelegtes und gemeinschaftlich betriebenes Projekt fachlich und individuell abzurechnen und zu benoten (Bastian 1997). Es wurden Versuche gemacht, aus diesen Widersprüchen herauszukommen und anders mit den besonderen Leistungen der Schülerinnen und Schüler umzugehen (Winter 2000).

- Großen und anhaltenden Einfluss auf die Diskussion um schulische Leistung hatten zweitens die *Bemühungen um Qualitätsentwicklung und Qualitätssicherung*. Unter der Bedingung knapper werdender Haushaltsmittel wurde darauf geschaut, wie es mit der Effektivität und Effizienz schulischer Arbeit steht und wie diese entwickelt werden könnten. Die Leistung der Schule als Institution rückte stärker ins Blickfeld. Damit tauchten neue Methoden auf, die mit dem Begriff „Evaluation" umschrieben sind. Die Leistungen der Schüler wurden nun nicht mehr einfach auf ihre individuellen Fähigkeiten oder Defizite bezogen, sie wurden nicht mehr isoliert betrachtet, sondern in Zusammenhang gesehen mit anderen Variablen, wie z. B. der Arbeit und Entwicklung der Schule und ihrer Lehrer.[3]

- Sehr durchschlagend waren drittens *Ergebnisse der vergleichenden Leistungsuntersuchung TIMSS*. Obwohl es ähnliche Untersuchungen seit langem gab, erregte die genannte in der Mitte der 1990er Jahre plötzlich große öffentliche Aufmerksamkeit, dabei vor allem die Tatsache, dass in diesem Teilbereich schulfachlicher Leistungen die deutschen Schüler nur mittelmäßig abschnitten. Die Schülerleistungen wurden nun – meist kurzschlüssig – mit den Chancen des Wirtschaftsstandortes Deutschland in Beziehung gesetzt. Aber auch andere Fragen wurden in dieser Diskussion gestellt, vor allem solche nach wichtiger werdenden Qualifikationsbereichen, wie z. B. Teamfähigkeit und Sozialkompetenz, zu deren Ausbildung die Schulen angeblich zu wenig beitragen. Über Schülerleistungen und die Leistungen der Schulen wurde nun öffentlich viel geredet und räsoniert (Bildungs- und Förderungswerk 2000). Gleichzeitig verbreitete sich die Ansicht, man könne Leistungen relativ einfach messen und vergleichen. An einer bestimmten Stelle verloren die Lehrer bzw. die Schulen erstmals ihr Monopol zur Beurteilung der Schülerleistungen, und bei vielen von ihnen entstand die Sorge, dass diese pädagogische Aufgabe aus den Schulen künftig herausgezogen werden könnte, um sie Experten und objektivierenden anonymen Instrumenten zu übertragen, und dass wir damit in ein Fahrwasser geraten könnten, aus dem man sich in den USA nach negativen Erfahrungen seit einiger Zeit mühsam hinauszurudern versucht.

Interessant an der Diskussion infolge von TIMSS war – nebenbei bemerkt –, dass die Notengebung, die sich in all den Vergleichsuntersuchungen – mit Hilfe von Tests – erneut als ein wenig aussagekräftiges, ungerechtes Verfahren erwies, nur wenig Aufmerksamkeit fand und kaum kritisiert wurde.

- Viertens gewann die Diskussion um Schülerleistungen dadurch an Farbe, dass es doch eine Reihe von Lehrerinnen und Lehrern und auch Wissenschaftlerinnen und Wissenschaftlern gab und gibt, die sich nach neuen Verfahren umschauen oder gute Traditionen fortsetzen. Sie wollen Leistungen nicht nur einstufen, sondern
  – mit ihren Schülern offen darüber reden,
  – anhand von Lerntagebüchern Entwicklungen verfolgen,
  – Leistungen öffentlich ausstellen,
  – Rückmeldebögen und Berichte schreiben,
  – Schüler zur Selbstbewertung anregen,
  – Portfolios mit ihnen anlegen,
  – aber auch bestimmte Bereiche ihrer Arbeit völlig notenfrei oder sogar bewertungsfrei halten.

Es sind dies Bemühungen um eine intensivere und gleichzeitig differenziertere Leistungsbewertung.[4] Sie werden inspiriert und unterstützt von ähnlichen Versuchen in anderen Ländern, wo man zum Teil deutlich weiter ist als in Deutschland (vgl. Brunner/ Schmidinger 2000).

Chancen für pädagogische Reformen?

Trotz oder auch wegen der genannten Entwicklungen kann es sein, dass künftig versucht wird, ein straffes vorwiegend auf Außenkontrolle und Standardisierung setzendes System der Leistungsbewertung in Deutschland zu etablieren. Kurzfristig mögen damit Erfolge zu erringen sein, auf lange Sicht würde man sich damit vermutlich große Probleme einhandeln, weil eine gründliche Reform der Lern- und Leistungskultur verhindert würde. Andererseits bietet die Diskussion um Leistungen der Schüler und der Schulen aber Chancen, auf eine tief greifende pädagogische Reform und eine Veränderung der veralteten Leistungsbewertung hinzuarbeiten.

Wenn man in dieser kritischen Situation die vielversprechenden Ansätze einer neuen, offenen und stärker individualisierten Lernkultur erhalten und weiterentwikkeln will, ist es meines Erachtens unerlässlich, offensiv die Fragen der Leistungsbewertung anzugehen, zu gestalten und in die öffentliche Diskussion zu bringen. Es reicht sicherlich nicht aus, sich für manches Projekt oder für fächerübergreifenden Unterricht einen kleinen notenfreien Raum zu „stehlen". Es reicht auch nicht aus, Noten nun auch für die Prozessleistung, die Produktleistung und die Präsentationsleistung oder für alle möglichen Schlüsselqualifikationen zu vergeben, wenngleich in dieser Praxis eine sinnvolle Erweiterung des Blickfelds zum Ausdruck kommt.

Wir – und mit wir meine ich vor allem uns, die reformpädagogisch oder generell pädagogisch orientierten Menschen – werden nachweisen müssen, dass die so genannte neue Lernkultur zu guten, zu besseren, zu anderen, zu vorzeigbaren Leistungen führt und zur Entwicklung der Schülerinnen und Schüler nachhaltig beitragen kann. Wir werden uns dabei mehr als zuvor äußerer Einsichtnahme und Kritik stellen müssen.

Die Aufgabe nach außen lautet: Die Leistungen müssen stichhaltig und nachprüfbar ausgewiesen werden können (eine Aufgabe, auf die Ludwig Huber in seinem Beitrag hingewiesen hat). *Die Aufgabe heißt: Verfahren finden und durchsetzen, die zu den verschiedenen Formen des Lernens, zu den Bildungszielen und der Entwicklung der Schülerinnen und Schüler passen,* die sichern helfen, dass eine Vielfalt von Leistungen gesehen, gefördert und fair bewertet wird.

Acht Aufgaben der Reform

Welche Gedanken können leitend für die genannten Aufgaben sein, welche Perspektiven ergeben sich? Ich will versuchen, an acht Punkten deutlich zu machen, wie man an den Schulen zu einer neuen Leistungskultur gelangen kann.

1. Auch andere Leistungen anerkennen!
Die traditionelle Schule kennt und anerkennt vor allem Leistungen, die in Prüfungssituationen, insbesondere in schriftlichen Klassenarbeiten erbracht sind. Das ist eine ungerechte, unzeitgemäße und unsinnige Einengung.[5] An verschiedenen Stellen in diesem Band haben wir Leistungserinnerungen von Schülerinnen und Schülern angeführt. Viele von ihnen erzählen von diesen eingeschränkten Leistungssituationen. Es gibt aber auch anderes, auf das die Erzähler stolz sind: eine tolle Schülerzeitung, den Einsatz für Menschen in einem Entwicklungsland, ein gelungenes Theaterstück, die gemeinsame Recherche in einem Projekt, die Ausstellung künstlerisch gestalteter Arbeiten, ein selbst erarbeitetes Referat usw. Solche und ähnliche Leistungen muss die Schule mehr als bisher ermöglichen und auch anerkennen: Leistungen, die nicht in engem zeitlichen und räumlichen Rah-

men erbracht sind, die Fachgrenzen sprengen, die Initiative und Engagement, Selbstverantwortung und gemeinsames Handeln erfordern. Für diese Leistungen muss zweierlei erreicht werden: Sie dürfen nicht gegenüber den leicht benotbaren Klassenarbeiten unterbewertet bleiben, und sie müssen eine ihnen gemäße Bewertung erfahren, die ihre Qualitäten zum Ausdruck bringen kann.

2. Leistungsbewertung in den Lernprozess einbinden!

Die tradierte Leistungsbewertung steht meist prüfend am Abschluss eines Prozesses der Wissensaneignung. Sie markiert einen Endpunkt. Man gibt die Arbeit ab, der Lehrer benotet sie, dann fängt etwas Neues an. Damit nutzt das Leisten zu wenig dem Lernprozess selbst. Es steht sehr im Dienste des Bedürfnisses der Schule, ihre Schüler bürokratisch einzustufen. Wir brauchen eine Leistungsbewertung, die vor allem qualitativ gute Rückmeldung liefert, die genutzt werden kann, während gelernt und gearbeitet wird, die hilft, zu guten Leistungen zu gelangen. Dazu gehören Maßnahmen der gemeinsamen Vorausschau, Lernkontrakte, Reflexionen im Prozess sowie die Anleitung zur Selbstbewertung und die Vermittlung von Bewertungskriterien an die Schülerinnen und Schüler. Dazu passen Lernpartnerschaften und Lernarrangements, in denen Lehrerinnen und Lehrer Zeit haben zu beobachten und zu beraten. All dieses gibt es, und es funktioniert, es ist aktive, gemeinsame Qualitätsentwicklung. Hier liegt der Schlüssel zur Verbesserung von Schülerleistungen. Überprüfungen gehören zweifellos zur Schule und zum Lernen. Ihre Stellung im Lernprozess sollte aber verändert werden, ein großer Teil der Kontrollen sollte gewissermaßen vorgezogen stattfinden und nützlicher für das Lernen sein.

3. Leistungsdiagnose mit (Lern-)Entscheidungen verkoppeln!

Eine Weisheit aus der Test-Entscheidungstheorie lautet: Der beste Test, die feinste Diagnose nutzen nichts, wenn auf der anderen Seite keine Behandlungsmöglichkeiten existieren oder genutzt werden.[6] Nun lässt sich nicht behaupten, dass Noten sonderlich differenziert urteilen oder leicht auf Entscheidungen beziehbar sind. Lehrerinnen und Lehrer aber können in dieser Hinsicht viel mehr: Sie wissen oft, was fehlt, was zu tun wäre und welche Stärken und Schwächen ein Schüler hat. Wenn sie nicht hauptsächlich benoten müssten, hätten sie vielleicht mehr Zeit und Gelegenheit, einiges davon zu beschreiben und ihm nachzugehen, also zu formulieren, wo Schüler jetzt weiterlernen müssen. Das Schreiben von Berichten und Verbalzeugnissen ist – bei allen Vorbehalten, die man ihnen gegenüber haben kann – zumindest eine gute Übung für Lehrende, um ihre Schülerinnen und Schüler und deren Leistungen zu erkennen und zu verstehen sowie Konsequenzen für die weitere Arbeit zu formulieren, also förderdiagnostisch zu denken. Und nicht zuletzt sind natürlich die Schülerinnen und Schüler gefordert, Lernentscheidungen zu treffen. Mit ihnen muss über nützliche Maßnahmen beraten werden. Wenn man die Leistungsdiagnose mit den Lernentscheidungen zum Zweck der Förderung der Schüler enger verknüpft, muss man vermutlich von starren Leistungszielen Abschied nehmen und sich darauf konzentrieren, Entwicklungen in Gang zu bringen und zu begleiten. In der Sonderpädagogik gibt es seit 20 Jahren eine inzwischen breit getragene Arbeit an förderlichen, verstehenden Wegen der Diagnostik. Hier ist für die „Normal"-Pädagogik einiges abzuholen, was helfen kann, nützliche Verbindungen zwischen Leistungsbewertung und Lernentscheidungen zu knüpfen und damit eine unnötige und unsinnige Selektivität der Schule zu vermeiden (siehe Eberwein/ Knauer 1997 sowie Kornmann in diesem Band).

4. Sachliche Kommunikation über Leistungen herstellen!

Franz Wellendorf (1977) hat recht eindrücklich das Rituelle im schulischen Umgang mit den Leistungen herausgestellt. Davon loszukommen ist gar nicht so einfach. Welcher Schüler, der eine „4" bekommen hat, unterhält sich noch gerne darüber. Aber auch der Gewinner der „1" schultert diese lieber, als über Möglichkeiten der Weiterarbeit zu sprechen (siehe Lütgert 1999, S. 49). Was wir aber brauchen, ist eine sachliche, inhaltliche Kommunikation über Leistungen, eine Feedback-Kultur, bei der viele Personen ihre Sichtweisen formulieren können (Winter 2000, S. 108f.). Sachliche Kommunikation über Leistungen herstellen, das heißt auch, sich wechselseitig anerkennen als jemand, der darüber etwas Nützliches sagen kann. Vor allem die Lehrerseite hat da zu lernen. Aus langjähriger eigener Erfahrung weiß ich, wie viel leichter und gehaltvoller solche Gespräche werden, wenn eine Selbstbewertung von Schülerseite auf den Tisch kommt. Die Erfahrung lehrt außerdem, dass die Autorität des Lehrenden dadurch keinesfalls Schaden leidet (Winter 1996). Auch Lerntagebücher und Briefe sind hervorragende Mittel, um die Schülerinnen und Schüler als Kommunikationspartner und Verbündete in Sachen Leistung zu entdecken (Winter 1999). Und die Portfolios bzw. Leistungsmappen müssen in diesem Zusammenhang genannt werden. Sie vor allem bieten eine Grundlage dafür, mehrperspektivisch und wiederholt auf Einzelleistungen und Entwicklungen zu schauen und miteinander darüber zu sprechen (siehe diesbezügliche Beiträge im vorliegenden Band). Sachliche Kommunikation über Leistungen muss in vielen Bereichen erst noch gelernt werden. Die Erfahrungen aber zeigen: Es geht und bringt großen Gewinn.

5. Leistungen sichtbar und öffentlich machen!

Es ist für mich immer wieder verblüffend zu beobachten, wie häufig in der Diskussion um schulische Leistungen deren Surrogate, nämlich Noten oder Testergebnisse, mit den Leistungen selbst verwechselt werden. Wenn sich zwei Men-

schen über Noten unterhalten, haben sie nicht die Leistungen selbst vor sich, sondern unterhalten sich über Schätzurteile. Es ist demgegenüber eine besonders wichtige – und nebenbei gesagt auch die schönste – Perspektive, Leistungen der Schüler direkt einsehbar zu machen, sie zu präsentieren – am besten, sie von ihnen selbst präsentieren zu lassen. So entsteht ein Stück lebendige Leistungskultur, die es an etlichen Schulen – vor allem in Zusammenhang mit Projektwochen – seit langem gibt und von der andere lernen können (siehe die Beiträge zur Leistungspräsentation in diesem Band; siehe Winter/ Frei 2000).
Anhand der Präsentationen von Leistungen können Schülerinnen und Schüler, kann eine Schule aktiv Rechenschaft ablegen vor anderen Menschen, Rechenschaft ablegen mit Mitteln und Kriterien, die sie selbst mitgestalten und die ihnen gemäß sind. Sie können Rechenschaft ablegen vor Menschen, die ein positives Interesse an den Leistungen dieser Schüler haben und die Schule direkt unterstützen können. Solche Präsentationen sind Zeugnisse *über* die Schüler und ihre Schule und gleichzeitig Zeugnisse *für* sie, weil man an ihnen Selbstbewusstsein und Identität gewinnen kann und weil man öffentlich und sachlich Rechenschaft über seine Lernerfolge gibt.
Diese positiven Funktionen werden die genannten Veranstaltungen allerdings nur dann erreichen, wenn diese weiter kultiviert werden, wenn man auf ein hohes Niveau und gute Präsentationsformen achtet und den Charakter der Rechenschaftslegung – etwa durch beauftragte Beurteiler, Jurys und externe Beiräte – entwickelt. Wieweit die so genannten neuen Medien, so beispielsweise Internetdarstellungen oder Internetportfolios, in diesem Zusammenhang eine Rolle spielen können, muss erprobt werden.

6. Die Individualität des Lernens fördern und hohe, gemeinsame Standards erreichen!

Diese Aufgabe ist vermutlich die schwierigste. Wenn die Schule aber alle Schüler fördern und ihnen gerecht werden will, wenn sie Raum geben will für ihre Lernwege, Talente und Interessen, ihre kulturellen Hintergründe, ihre eigenen Initiativen und schließlich für ihr unterschiedliches Entwicklungstempo, dann wird sie nicht umhinkommen, das Lernen in manchen Bereichen zu individualisieren – weit stärker noch als das bisher der Fall ist. Die Aufgabe, eine neue Lernkultur zu schaffen, weiterzuentwickeln und sie handhaben zu lernen, die das Individuelle der Leistungen kennt und die Persönlichkeiten der Schüler wertschätzt, steht daher meines Erachtens unausweichlich vor allen Beteiligten. Das heißt nicht, dass alles Lernen individualisiert ablaufen oder so betrachtet werden müsste. Außerdem besteht jeweils die Aufgabe, die Lernprozesse wieder zusammenzuführen, wenn man Schule als soziale gemeinschaftsfördernde Veranstaltung nicht aufgeben möchte. Für das Problem der Individualisierung und Sicherung hoher Standards bietet das

Portfolio die interessantesten Perspektiven. In der Arbeit mit dem Portfolio liegen große Möglichkeiten, Raum für individualisiertes Lernen zu geben, es aber gleichzeitig auf Standards zu orientieren und angemessen zu kontrollieren. Das Portfolio könnte – richtig gehandhabt – ein vollwertiger Ersatz und die bessere Alternative zur Notengebung und zu den bisherigen Zeugnissen sein.

7. Einen vielfältigen Umgang mit Leistungen praktizieren!
Auch wenn die Aufgabe besteht, Standards zu erreichen, heißt das nicht, dass man standardmäßig mit Leistungen umgehen müsste. Wenn man die Aufgabe ernst nimmt, die Leistungsbewertung für die pädagogische Arbeit zurückzugewinnen, muss man sich beim Umgang mit den Leistungen auf ihre Vielfalt genauso einlassen wie auf die Vielfalt der Menschen, und man muss den Leistungen auf vielfältige Weise begegnen. Es ist viel genauer als bisher üblich zu klären, was eigentlich gewollt ist, wenn man sich der Leistung der Schülerinnen und Schüler nähert (vgl. Harlen 1983):

- Welchem Zweck dient die Unternehmung? *(Möchten wir etwas über den Lernstand erfahren und/ oder über die Lernhandlungen, wollen wir den Schülern Ziele setzen, sollen die Leistungen später präsentiert werden etc.?)*
- Welche Informationen suchen wir? *(Informationen über die Fehler, die noch gemacht werden, Informationen über die Fähigkeiten sowie Gedanken der Schüler etc.)*
- Welche Methoden sollen eingesetzt werden, um die gesuchten Informationen zu erheben? *(Wollen wir die Schüler fragen, wollen wir Dokumente einsehen, wollen wir eine diagnostisch relevante Aufgabe konstruieren, wollen wir beobachten oder die Selbstbeobachtung anregen, wollen wir einen gesonderten Test einsetzen?)*
- Wie soll mit den Leistungen umgegangen werden? *(Wie werden sie aufbewahrt, wie bewertet, wem zugänglich gemacht? Welcher Nutzen soll aus den gewonnenen Daten gezogen werden? Wer soll das tun und wie?)*

Wenn man diese Fragen sorgfältig beantwortet, wird man nicht umhinkönnen, die Leistungsbewertung differenziert zu betreiben und einen vielfältigen Umgang mit den Schülerleistungen zu pflegen.

8. Einen neuen Leistungsbegriff erarbeiten!
Das Leistungsverständnis, unser Leistungsbegriff werden sich im Prozess eines veränderten Umgangs mit den Leistungen verändern. Leistung wird nicht mehr nur als Resultat vorkommen, sondern auch als Prozess. Der Vergleich von Leistungen mit einer vorab festgelegten Norm kann nicht die Grundoperation eines künftigen schulischen Leistungsverständnisses bilden. Für viele Leistungen gibt es nämlich gar keine Norm und erst recht keine, die sich eindimensional beschreiben ließe. Für viele Bereiche schulischer Arbeit brauchen wir einen dynamischen, nach-

führenden Leistungsbegriff: eine Leistungsdefinition, die erst vorgenommen werden kann, wenn die Arbeit getan ist und wir zu verstehen versuchen, worin bei dieser Sache die Leistung dieses Schülers bestand.

Zwei Visionen

Auf die Fragen, die Ludwig Huber anhand seiner historischen Betrachtung aufgestellt hat, habe ich versucht, mit Perspektiven zu antworten. Meines Erachtens sind die Probleme der Leistungsbewertung, die er aufzeigt und die zum Teil schon sehr lange bestehen, im Sinne eines pädagogischen Leistungsverständnisses (Klafki 1996, Jürgens 1999) lösbar. Die Chancen dazu scheinen mir günstig zu sein, weil ein positives Interesse an guten Leistungen bei Lehrern, Schülern, Eltern und den Schulverwaltungen besteht und weil inzwischen neue Mittel und Wege der Bewertung bekannt sind. Ich bin mir aber der großen Aufgaben bewusst, die damit abgesteckt sind. Neue Formen der Leistungsbewertung stellen hohe Anforderungen an uns Lehrende. Mit dem Zählen der Fehler und dem Abschätzen einer Note dürfte es dann vorbei sein. Wenn wir aber lernen, die neuen Formen der Leistungsbewertung richtig zu handhaben, wird die Arbeit mehr Freude machen. Weil diese Formen es erlauben, uns auf flexible und wirksame Weise am Wachstum der Schülerinnen und Schüler zu beteiligen. An einem Wachstum in eine Zukunftswelt, von der wir ehrlicherweise sagen müssen, dass wir sie kaum vorhersehen können, und die durch Lehrpläne und Prüfungskataloge nicht zu beschreiben ist. Umso wichtiger wird es daher sein, einen Umgang mit der Leistung zu pflegen, der die Schülerinnen und Schüler dazu einlädt, sich selbst an der Bewertung und Entwicklung ihrer Leistungen zu beteiligen im Sinne einer Qualitätspartnerschaft. Ob und inwieweit das gelingen wird, wissen wir nicht. Gewiss aber scheint mir zu sein, dass das herkömmliche Leistungsbewertungssystem dazu nicht führt.
Vieles, was hier dargelegt wurde, ist nicht einfach zu realisieren. Wenn man aber die bisherigen positiven Erfahrungen zusammenträgt, verallgemeinert, neue Versuche initiiert sowie die gezielte Sammlung von weiteren Erfahrungen organisiert, sollte es möglich sein, ein Stück neue Lern- und Leistungskultur an Schulen zu etablieren. Unsere gegenwärtige Situation enthält auch Chancen für reformorientierte Pädagogik, und es ist deshalb vielleicht zulässig, wenn an das Ende dieses Beitrages zwei Visionen gestellt werden.
Die erste: „Netzwerke"
Es bilden sich Netzwerke von Schulen, die sich neuen Formen der Leistungsbewertung verschreiben, die anspruchsvoll und schülerzentriert damit arbeiten und ihre Erfahrungen lebendig austauschen.
Die zweite: Das „Fest der Leistung"
Irgendwo am Horizont erahne ich den Tag, wo es keine Notenkonferenzen mehr

gibt: Die meiste Leistungsbewertung findet begleitend (als „ongoing assessment") statt, und am Schuljahresende werden vielfältige und heitere Tage veranstaltet, an denen die geleistete Arbeit stolz präsentiert, gemeinsam wahrgenommen und eifrig reflektiert wird, als eine Art „Fest der Leistung".

Anmerkungen

[1] Dies ist die leicht modifizierte und mit Literaturhinweisen versehene Fassung des Vortrags vom 21.9.2000.
[2] Siehe z. B. Gropengießer u. a. 1994; Beck u. a. 1997; Schratz 1998.
[3] Siehe hierzu z. B. Klafki 1989; Altrichter/ Posch 1998; Brockmeyer 1999; von der Groeben 1999.
[4] Siehe z. B. Olechowski/ Persy 1987; Bartnitzky/ Portmann 1992; Vierlinger 1993, 1999; Bambach u. a. 1996; Thurn 1997; Winter 1992, 2000; Böttcher u. a. 1999; Haas 1999; Grunder/ Bohl 2001.
[5] Sacher (2001, S. 59) vergleicht die schulischen Prüfungen und Leistungsbeurteilungen mit entfremdeter Arbeit und weist darauf hin, dass Leistung – auch in der Schule – etwas mit Selbstverwirklichung zu tun haben kann und haben sollte (a. a. O., S. 60f.).
[6] Zu den Grundüberlegungen der Entscheidungstheorie siehe Pawlik 1976, insbesondere S. 34, oder auch Amelang/ Zielinski 1997, Kap. 6.

Literatur

Altrichter, Herbert/ Posch, Peter: Thesen zur Qualitätsevaluation und Qualitätsentwicklung im Bildungswesen. In: Schulverwaltung. Ausgabe Nordrhein-Westfalen 9 (1998), H. 1, S. 8-10
Amelang, Manfred/ Zielinski, Werner: Psychologische Diagnostik und Intervention. Berlin ^{2}1997
Bambach, Heide u. a. (Hrsg.): Friedrich Jahresheft XIV. Seelze 1996
Bartnitzky, Horst/ Portmann, Rosemarie: Leistung in der Schule – Leistung der Kinder. Frankfurt/ Main 1992
Bastian, Johannes: Projektunterricht und Leistung. Widersprüche verändern die Praxis. In: ders. Gudjons, H./ Schnack, J./ Speth, M. (Hrsg.): Theorie des Projektunterrichts. Hamburg 1997, S. 231-244
Beck, Erwin/ Guldimann, Titus/ Zutavern, Michael (Hrsg.): Lernkultur im Wandel. St. Gallen 1997
Bildungs- und Förderungswerk der GEW: Was leisten Leistungsvergleiche (nicht)? Frankfurt/ M. 2000
Böttcher, Wolfgang/ Brosch, Ulrich/ Schneider-Petri, Henricke (Hrsg.): Leistungsbewertung in der Grundschule. Weinheim 1999
Brockmeyer, Rainer: Gutachten zum Programm „Qualitätsverbesserung in Schulen und Schulsystemen". Bonn 1999
Brunner, Ilse/ Schmidinger, Elfriede: Gerecht beurteilen. Linz 2000
Eberwein, Hans/ Knauer, Sabine: Handbuch Lernprozesse verstehen. Wege einer neuen (sonder-)pädagogischen Diagnostik. Weinheim 1997
Flitner, Andreas: Reform der Erziehung. Impulse des 20. Jahrhunderts. München ^{2}1999
Groeben, Annemarie von der: Leistung wahrnehmen, Leistung bewerten. Pädagogische Führung 10 (1999), H. 1, S. 7-10

Gropengießer, Ilka/ Otto, Günter/ Tillmann, Klaus-Jürgen (Hrsg.): Schule zwischen Routine und Reform. Friedrich Jahresheft XII. Seelze 1994

Grunder, Hans-Ulrich/ Bohl, Thorsten (Hrsg.): Neue Formen der Leistungsbeurteilung. Hohengehren 2001

Haas, Gerhard: In der Schule Leistungen bewerten, ohne pädagogische Prinzipien außer Kraft zu setzen. Praxis Deutsch 26 (1999), H. 155, S. 10–19 (siehe auch das ganze Themenheft)

Harlen, Wynne: Assessment and record keeping as part of teaching primary science. In: dies.: New trends in primary school science education. Paris 1983

Jürgens, Eiko: Brauchen wir ein pädagogisches Leistungsverständnis? In: Pädagogik 51 (1999), H. 1, S. 47-51

Klafki, Wolfgang: Perspektiven einer humanen und demokratischen Schule. In: Schwaenke, U. (Hrsg.): Innere und äußere Schulreform. Carl-Ludwig Furck zum 3. Nov. 1988. Hamburg 1989, S. 47-72

Lütgert, Will: Leistungsrückmeldung. In: Pädagogik 51 (1999), H. 3, S. 46-50

Olechowski, Richard/ Persy, Elisabeth: Fördernde Leistungsbeurteilung. Wien 1987

Pawlik, Kurt: Modell und Praxisdimensionen psychologischer Diagnostik. In: ders. (Hrsg.): Diagnose der Diagnostik. Stuttgart 1976, S. 13-43

Sacher, Werner: Leistungen entwickeln, überprüfen und beurteilen. Grundlagen, Hilfen und Denkanstöße für alle Schularten. Bad Heilbrunn 2001

Schratz, Michael: Das retardierende Moment. Informationen zur Deutschdidaktik 18 (1994), H. 2, S. 17-34

Schratz, Michael: Mit dem Schulprogramm zu einer neuen Lernkultur. In: Risse, E.: Schulprogramm: Entwicklung und Evaluation. Neuwied 1998

Thurn, Susanne: Lernen, Leistung, Zeugnisse – eine Schule fast ohne Noten. In: dies.: Tillmann, K.-J.: Unsere Schule ist ein Haus des Lernens. Das Beispiel Laborschule Bielefeld. Reinbek 1997

Vierlinger, Rupert: Zensur und Zeugnis. Das Elend der traditionellen Schülerbeurteilung und eine Alternative. In: ders.: Die offene Schule und ihre Feinde. Beiträge zur Schulentwicklung. Wien 1993

Vierlinger, Rupert: Leistung spricht für sich selbst. Heinsberg 1999

Wellendorf, Franz: Leistung als organisierendes Prinzip in der Schule. Das Beispiel der Klassenarbeiten und Prüfungen. In: Hartfiel, G. (Hrsg.): Das Leistungsprinzip. Opladen 1977

Winter, Felix: Schreiben, verbessern, Schlüsse ziehen – Alternativen zur Notengebung entwickeln! Päd Extra 20 (1992), H. 11, S. 34-35

Winter, Felix: Schülerselbstbewertung. Die Kommunikation über Leistung verbessern. In: Bambach, H./ Bartnitzky, H./ v. Ilsemann, C./ Otto, G. (Hrsg.): Prüfen und Beurteilen. Friedrich Jahresheft XIV, Seelze 1996, S. 34-37

Winter, Felix: Mit Leistung anders umgehen lernen – das Beispiel Lerntagebuch. In: Huber, L./ Asdonk, J./ Jung-Paarmann, H./ Kroeger, H./ Obst, G. (Hrsg.): Lernen über das Abitur hinaus. Erfahrungen und Anregungen aus dem Oberstufen-Kolleg Bielefeld. Seelze 1999, S. 196-207

Winter, Felix: Die Gretchenfrage: Wie halten wir es mit der Leistungsbewertung? In: Böttcher, W./ Philipp, E. (Hrsg.): Mit Schülern Unterricht und Schule entwickeln. Vermittlungsmethoden und Unterrichtsthemen für die Sekundarstufe I. Weinheim 2000, S. 102-122

Winter, Felix/ Frei, Thomas: Präsentation und Wahrnehmung von Leistungen. „Wir würdigen selbstständige Leistungen." Lernende Schule 3 (2000), H. 11, S. 18-20

Dieter Wunder

Wie kann man eine Änderung der Leistungsbeurteilung durchsetzen?

Die Bildungsreform der 1960/70er Jahre war von Strukturpolitik beherrscht. Sie wäre aber falsch verstanden, wenn sie ohne die dazugehörigen inneren Reformen reflektiert würde. Tatsächlich gibt es beispielsweise kaum eine Gesamtschule, die nicht innere Reformen zu verwirklichen suchte, manchmal viel zu viele. Nicht wenige erfuhren große Anerkennung und hatten Ausstrahlung auf die anderen Schulformen.

Heutige Reformpädagogik, verstanden als Inbegriff innerer Schulreformen, blickt also auf etwa 30 Jahre Kontinuität an Anstrengungen, Erfolgen, Misserfolgen zurück. Eigentlich müsste sie mehr erreicht haben, als es der Fall ist, denn sie ist vielfältig unterstützt worden, reichhaltige Erfahrungen liegen vor, die Lehrerschaft ist sich fast gleich geblieben, die ehemaligen Schülerinnen und Schüler sind heute Eltern. Trotz dieser günstigen Bedingungen hatten und haben innere Reformen große Widerstände zu überwinden.

Reformen vor Ort erfordern „Politik" vor Ort

Bei Schulreformen jeder Art ist die *Akzeptanz* bei den Beteiligten zum zentralen Problem geworden. Dies war nicht immer so; noch in den 1960er Jahren wurden Reformen eingeführt, ohne dass die Einstellung Beteiligter eine ausschlaggebende Rolle spielte. Seither aber gab es einen – im Einzelnen durchaus widersprüchlichen – Demokratisierungsschub im Bildungssystem (vgl. Wunder 1999). Er korrespondierte mit den allgemeinen Demokratisierungstendenzen der Gesellschaft, hat aber auch spezifische Züge bekommen, etwa durch die Lehrer und Eltern, die eine Gesamtschule einrichten wollten, aber auch durch die Eltern, die in Hessen oder NRW von der CDU gegen sozialdemokratische Bildungspolitik mobilisiert wurden. Das Selbstbewusstsein von Eltern ist dank der Bildungsexpansion gewachsen. Lehrerinnen und Lehrer erkannten zunehmend, dass die praktische Durchführung von Reformen entscheidend ihr Werk war: Wo sie sich engagierten, gelangen Dinge oft, wo nicht, war der Misserfolg sicher. Heute ist klar: Reformen können in der

Schule nur stattfinden, wenn die Beteiligten davon überzeugt sind. Schule ist nicht länger nur eine Angelegenheit einer (demokratischen) „Obrigkeit" oder hervorragender Experten.

Diese Demokratie-Erkenntnis ist für pädagogische Reformer auch schmerzlich. Denn sie sind zu ihren Überzeugungen im Allgemeinen durch gründliches, oft wissenschaftlich unterstütztes Nachdenken, durch intensive Auseinandersetzungen über theoretische und/oder praktische Fragen sowie viele Erfahrungen gekommen: Das derart zu Stande gekommene Wissen kann man allerdings nicht einfach „weitergeben", in der Hoffnung, dass Lehrkräfte, Eltern oder „Abnehmer" es widerspruchslos übernehmen. Vermittlungsprozesse sind sehr viel komplizierter; manchmal scheint es fast unmöglich, andere Menschen zu überzeugen. Je zentraler Reformen die Schule in ihrer Verflechtung mit der Gesellschaft berühren, desto schwieriger wird die Aufgabe der Vermittlung.

Leistungsbewertung ist in gewisser Weise der Kern von Schule. An ihr messen Kinder, Jugendliche und Eltern, ob die Bemühungen der Schule Früchte tragen, zudem, ob dabei gerecht gegen jedermann verfahren wird. An den Abschlusszeugnissen wollen die „Abnehmer", weiterführende Schulen, vor allem aber Arbeitgeber, erkennen, ob ein junger Mensch für sie geeignet ist.

Wer sich dem traditionell eingeführten System der Leistungsbewertung durch Noten – fast in der ganzen Welt verbreitet, nur selten durchbrochen – nicht fügen will, tut dies, weil er von der Ungerechtigkeit dieses Systems überzeugt ist. Es entindividualisiert. Der vorgebliche Zweck, junge Menschen in ihrer Entwicklung zu fördern, wird nicht oder nur sehr unvollkommen erfüllt. Diese und weitere Kritik wird allerdings nicht allgemein geteilt.

Viele *Lehrkräfte* haben Bedenken gegen Reformen der Leistungsbewertung, weil sie sich mit dem bisherigen System identifizieren. Die Notengebung erweist sich im Alltag als bequemes Instrument. Wollen Lehrerinnen und Lehrer Leistung anders bewerten, müssen sie evtl. nicht nur ihre berufliche Biografie, auch die Einschätzung ihrer eigenen Schulzeit in Frage stellen. Vor allem müssen sie ihr berufliches Handeln ändern und wahrscheinlich sehr viel mehr Arbeit auf sich nehmen, selbst nachdem das neue System die Anfangsschwierigkeiten überwunden hat. Angehörige eines Berufes, in dem die Klage über die Arbeitsbelastung, weit gehend berechtigt, den Alltag beherrscht, werden daher den Wandel nur widerwillig auf sich nehmen.

Eltern haben zunächst Interesse am Wohlergehen und Vorankommen ihrer Kinder; ihnen ist klarzumachen, dass sie falsche Vorstellungen über Leistungsbewertung haben – meistens im Gegensatz zu ihrer Biografie und den Erfahrungen am eigenen Arbeitsplatz.

Arbeitgeber sind vollauf beschäftigt, die kontinuierliche Weiterentwicklung ihres Unternehmens zu betreiben. Sie müssen dafür gewonnen werden, sich in pädago-

gisches Denken und neue Beurteilungsformen hineinzufinden.
Änderungen, besonders in der Leistungsbewertung, erfordern mithin *politische Arbeit*. Es geht natürlich nicht – oder bestenfalls sekundär – darum, Politiker auf der kommunalen Ebene für die Reform zu gewinnen. Vielmehr ist intensive und andauernde Überzeugungsarbeit gegenüber den direkt Beteiligten zu leisten. Jede Elterngeneration ist neu zu überzeugen, jeder neue Personal- und Ausbildungsleiter, jeder Chef eines Klein- oder Mittelunternehmens muss verstehen, was die Schule meint. Solange nicht das gesamte Schulsystem einer Region oder eines Landes die Einführung der Reform vorgenommen hat und sie unumstritten geworden ist, dauert diese politische Aufgabe an. Das Selbstverständnis von Pädagoginnen und Pädagogen muss sich insofern ändern. Man ist nicht allein für gute pädagogische Arbeit und fantasievolle Weiterentwicklung der eigenen Schule verantwortlich, sondern auch dafür, alle Beteiligten immer wieder für die neuen Wege der Reform zu begeistern.
Solche politische Arbeit ist aber keine Einbahnstraße. Eltern und Unternehmer sind mündige Menschen, die ihre eigenen Auffassungen von Schule haben. Sie werden sich in den seltensten Fällen einfach dem fügen, was kluge Pädagogen erdacht haben; sie erheben Einwände und wollen die Vorstellungen der Pädagogen evtl. verhindern, zumindest aber modifizieren. Daher rede ich bewusst von einem politischen Prozess der Reform. Früher war Politik eine Angelegenheit „weit weg", vor allem im Landtag, im Ministerium. Durch die Demokratisierung von Bildungspolitik, mit der „Autonomie" von Schule sich verstärkend, wird die Veränderung in jeder einzelnen Schule eine Aufgabe, die der ständigen *Aushandlung* aller Beteiligten bedarf. Diese Entwicklung darf nicht bedauert oder als Übel hingenommen, sie muss als Grundbedingung jeder Reform akzeptiert werden. Pädagoginnen und Pädagogen, die Reformen wollen, müssen im erläuterten Sinne politisch tätig werden.

Probleme in der Sache

Auf solchem Hintergrund gewinnen Sachauseinandersetzungen eine neue Bedeutung. Sie können nicht dann als abgeschlossen gelten, wenn eine Gruppe im Kollegium oder das gesamte Kollegium sich zu neuen Schritten entschlossen hat. Denn die traditionellen Vorstellungen sind normalerweise in den Köpfen der Eltern wie der Abnehmer präsent, auch wenn sehr beredte Reformer dies nicht immer einsehen.
Berichtszeugnisse waren in den 70er Jahren in manchen Gesamtschulen sehr beliebt; die meisten Schulen haben sie aufgegeben. In den Grundschulen haben sie weithin Einzug gehalten. Mit politischer Unterstützung, über die Reformfreunde hinaus, wurden sie in vielen Ländern für die Klassen 1, 2 der Grundschule, manchmal

auch in 3 und sogar 4 zwingend. Dennoch konnten CDU-Wahlkämpfer durch die Lande ziehen und sich ungestraft, teilweise erfolgreich für die Reduzierung der Berichtszeugnisse einsetzen. Ohne auf die Einzelheiten solcher CDU-Bildungspolitik eingehen zu wollen, scheinen mir doch zwei Aspekte wichtig. Zum einen vermute ich, dass viele Anhänger der Berichtszeugnisse diese bereits als durchgesetzt ansahen, also ihre „politische" Aufgabe einer immer wieder neuen Überzeugungs-„kampagne" nicht erkannten. Zum anderen zeigten Berichtszeugnisse oft einen Schematismus, der sie wenig glaubwürdig machte; zudem deuteten sie zuweilen indirekt die ehemaligen Noten an. Der Schematismus wiederum hatte zwei Wurzeln. Er war – offen oder verdeckt – als Arbeitserleichterung für Lehrer gedacht. Er kann aber auch als nicht eingestande Abkehr von der Individualisierung der Bewertung gedeutet werden. Diesen letzten Aspekt sehe ich als den entscheidenden im Kampf um eine neue Leistungsbewertung an.

Individualisierung heißt Abwendung von den vergleichenden Maßstäben, die das Tätigsein in einer Lerngruppe immer mit sich bringt. Unterricht findet in der Gruppe statt; Lehrerinnen und Lehrer vergleichen die Lernfortschritte in der Gruppe und abstrahieren damit von den je individuellen Aspekten. Sie arbeiten derart notwendigerweise anti-individualisierend. Sie interessiert strukturell nicht das Kind oder der Jugendliche mit seinen Problemen, sondern nur der Schüler in seinem erstrebten Lernfortschritt zum vorgegebenen Lehrstoff. Die geforderte Individualisierung verlangt also eine neue Lehrerrolle: Die allgemeine Entwicklung des Jugendlichen soll im Vordergrund stehen, das Verhältnis zum Stoff ist nur ein Aspekt unter vielen; zudem soll das je individuelle Verhältnis zum Stoff maßgebend werden, nicht das vom Lehrer oder der Gruppe vorgegebene Fortschreiten. Ohne grundlegende Veränderung der Lehrerrolle ist jede individualisierende Leistungsbewertung nur beschränkt bedeutsam. Erst die radikale Individualisierung des Lernens, bei der der Schüler mit Hilfe des Lehrers sein Interesse, seine Schwerpunkte, seinen Fortgang im jeweiligen Sachgebiet individuell definiert, macht die individualisierende Leistungsbewertung nicht aufgesetzt oder abstrakt vermittelt, sondern notwendig.

Solche radikalen Folgerungen sind von der Praxis der Schulen weit entfernt. Daher stellt sich, geht man nicht vom Interesse einer isoliert bleibenden Reformschule aus, sondern von dem Interesse einer schrittweisen Umformung des Schulsystems, die Frage, wie die unterschiedlichen Aspekte von Leistungsbewertung miteinander vereint werden können. Wie kann man Individualisierung der Bewertung fördern, ohne eine radikale Individualisierung des Unterrichts vorauszusetzen?

Ich schätze Reformwege als erfolgversprechend ein, wenn sie mit traditionellen Vorstellungen nicht radikal aufräumen, sondern mit ihnen zumindest übergangsweise einen modus vivendi eingehen.

Daher schlage ich als Weg zur Reform der Leistungsbewertung vor, das *Portfolio*, als attraktivste neue Form der Leistungsbewertung, mit der herkömmlichen *Note zu kombinieren*. Für den strikt denkenden Reformer ist dies sicherlich widersinnig – wird doch dadurch seine Absicht entwertet. Das Portfolio soll die differenzierte Darstellung von Leistung und ihrer „Bewertung" ermöglichen, in der Hoffnung, so jungen Menschen Sicherheit über das bisher Geleistete und Hilfen für das weitere Lernen zu geben; daneben stünde das unpädagogische Zahlenurteil, die Note. Solches Nebeneinander würde zum Vergleichen anregen; interessierte Eltern erfahren etwas über ihre Kinder, Personalchefs bekommen detaillierte Informationen, evtl. genau die, nach denen sie sonst durch eigene Eingangstests suchen. Die Note würde, nicht weil der Pädagoge dies so sagt, sondern durch den Vergleich im eigenständigen Urteil der Beteiligten an Wert verlieren.

Vergleichbare Überlegungen stellt Ingo Richter an; er schlägt vor, vier Formen der Leistungsbewertung einzuführen (Richter 1999). Zum einen stelle sich die Aufgabe, wieweit eine Schülerin oder ein Schüler einem von außen angelegten Maßstab entspricht (absolute Leistung), zum andern die, wie eine Leistung im Vergleich zur Gruppe zu werten ist (relative Leistung). Als dritte Leistungskomponente nennt Richter die individuelle Entwicklung und Leistung in der Vergangenheit, als vierte die voraussichtliche Leistungsentwicklung in der Zukunft: Um diese beiden Komponenten von Leistung geht es letztlich den Reformern der Leistungsbewertung. Richters Einteilung lässt einen weiteren Aspekt deutlich werden. Schule hat den Zweck, gesellschaftliche Anforderungen zu erfüllen: Man will wissen, ob jemand einen englischen Text übersetzen oder mit Funktionen umgehen kann. Dass in der Schule die relative Leistungsbewertung vielfach im Vordergrund steht, hat sehr praktische Gründe und ist durch die übliche Form des Lernens in Gruppen bedingt. Einen annähernden Hinweis auf die absolute Leistung kann die Gesellschaft aber verlangen; eine Lüge des Notensystems besteht darin, dass es vorspiegelt, diesen zu geben. Ein Arbeitgeber wertet die Zwei eines Realschulzeugnisses der Klasse 10 als absolute Aussage, obwohl wir alle wissen, dass es sich um eine relative Bewertung handelt. Besonders ungerecht wirkt die Differenz beider Verfahren beim Abitur, solange es einen Numerus clausus gibt.

Ingo Richters Vorschlag findet bisher wenig Resonanz. Hängt das vielleicht mit der ambivalenten Haltung von Lehrerinnen und Lehrern zur Leistungsbewertung zusammen? Sie stöhnen über die Notengebung, aber sie gehen auch ungern von ihr ab. In ihrem Unbehagen kommt der Zwiespalt des Berufes zum Ausdruck, Kinder und Jugendliche zu fördern und zugleich zu bewerten. Das eine bringt Nähe und Identität, das andere schafft Distanz und wird von nicht wenigen Jugendlichen als Ablehnung interpretiert. Lehrerinnen und Lehrer müssen diese Polarität aushalten können; der Beruf verlangt eine Förderung, die den Fördernden überflüssig machen soll, zugleich ist eine Lehrkraft am besten in der Lage, ein Urteil über den Stand und den Erfolg der Förderung abzugeben. Richter zeigt die unterschiedlichen Aspekte der Lehrertätigkeit auf und hält sie für gleichermaßen von Gewicht; dem versuchte die Schule bisher auszuweichen. Dagegen erinnert Richter sowohl an die Verpflichtung gegenüber dem Jugendlichen wie gegenüber der Gesellschaft. Wer Letzteres ablehnt, der enttäuscht letztlich auch die Erwartungen des Jugendlichen: Dieser muss auf „Hilfe" bei seinem „Eintritt" in die Gesellschaft rechnen können.

Die Reflexion über Richter erbringt damit ein Ergebnis, das die obige Aussage über den ‚modus vivendi' relativiert. Die Schule hat unterschiedliche Anforderungen zu erfüllen – bisher hat sie sich darüber hinweggetäuscht. Wer das Portfolio für den einzigen Weg hält, verfällt in denselben Fehler wie der Anhänger des Notensystems. Er vereinfacht die Aufgabe der Schule unzulässigerweise.

Schlussbemerkung

Die vorangehenden Überlegungen zur Reformpädagogik als politischer Arbeit wie zur Problematik der Leitungsbewertung machen mehreres deutlich: Wichtige innere Reformen – wie neue Formen der Leistungsbewertung – können letztlich nicht isoliert gewertet und durchgesetzt werden. Sie brauchen einen Zusammenhang, der als solcher akzeptiert wird. Jede innere Reform, so spitze ich zu, wird auf Dauer nur erfolgreich sein, wenn sie Teil eines langjährigen Reformprozesses ist, der Entwicklungen unumkehrbar macht.

Eine Gesamtreform ist kein Projekt, das in kurzer Zeit zu verwirklichen wäre. Aber in ein solches muss sich jede Teilreform einfügen. Erst durch eine Vielzahl von Reformen, die auf ein Ganzes zielen, kommt eine Gesamtreform zu Stande. An ihr ist nicht nur vor Ort, sondern landes- und bundespolitisch zu arbeiten. Reformpädagogen müssen also auch politisch denken und arbeiten; ein Verzicht auf Politik ist im Grunde ein Verzicht auf Reformpädagogik.

Literatur

Wunder, Dieter: Bildungspolitik muss demokratisch werden. In: Pädagogik, H. 12 (1999), S. 23-26
Richter, Ingo: Die sieben Todsünden der Bildungspolitik. Kapitel 5 „Verschleierung oder Von der Leistungsfähigkeit der Leistungsbewertung". München 1999

Leistung
ins Gespräch bringen: dialogische Verfahren der Begleitung und Bewertung

Urs Ruf, Regula Ruf-Bräker

Von Ort zu Ort –
Dialogisches Lernen durch fachliche Herausforderungen und durch Austausch mit anderen

Das Konzept eines dialogischen Unterrichts, das wir hier vorstellen, haben Urs Ruf und Peter Gallin in den letzten 25 Jahren aus der Praxis des gymnasialen Unterrichts in den Fächern Deutsch und Mathematik heraus entwickelt (Ruf/ Gallin 1999). Dabei sind sie von Lehrkräften aller Schulstufen unterstützt und beraten worden. Elemente des Konzepts wurden in unterschiedlichsten Klassen erprobt und weiterentwickelt. Ziel war es, das Konzept so weit zu verallgemeinern und zu vereinfachen, dass die Methodenvielfalt möglichst wenig eingeschränkt wird und dass möglichst unterschiedliche Lehrerpersönlichkeiten auf allen Schulstufen damit arbeiten können. Ein Leitfaden für den Sprach- und Mathematikunterricht der ersten sechs Schuljahre, den Lehrer und Schüler gemeinsam nutzen können, liegt vor (Ruf/ Gallin 1995/ 1999).

Kennzeichnend für das dialogische Konzept ist, dass Lehrkräfte gleich viel Zeit und Energie dafür aufwenden, ihre Schülerinnen und Schüler zu verstehen, wie diese Zeit und Energie aufwenden müssen, um ihre Lehrkräfte und die Inhalte aus den Lehrmitteln zu verstehen. Wie in jedem guten Gespräch übernehmen die beteiligten Partner abwechselnd die Rolle des Produzenten und des Rezipienten. Das Bemühen, sich andern verständlich zu machen, wechselt periodisch mit dem Bemühen, die andern zu verstehen. Fasst man Lernen als lebendiges Hin und Her zwischen Lehrenden und Lernenden auf, ein Hin und Her, bei dem die Lehrenden auch lernen und die Lernenden auch lehren, werden die Produktionen der Schülerinnen und Schüler zu einem konstituierenden Element des Unterrichts. Was Thema der nächsten Lektion sein soll, kann erst entschieden werden, wenn die Arbeiten aus der vorangehenden Lektion ausgewertet sind.

Rezeption und Produktion sind die strukturierenden Elemente des dialogischen Unterrichts. Dabei spielen, wie der Kreislauf des dialogischen Lernens zeigt, vier methodische Instrumente eine wichtige Rolle. In ihrer *Kernidee* bündelt die Lehrperson, unterstützt durch das Lehrbuch, den Gehalt des persönlich rezipierten Fachgebiets. Mit einem offenen *Auftrag* ermöglicht sie den Lernenden eine Annäherung an vorerst noch fremde fachliche Inhalte oder Objekte in der Vorschauper-

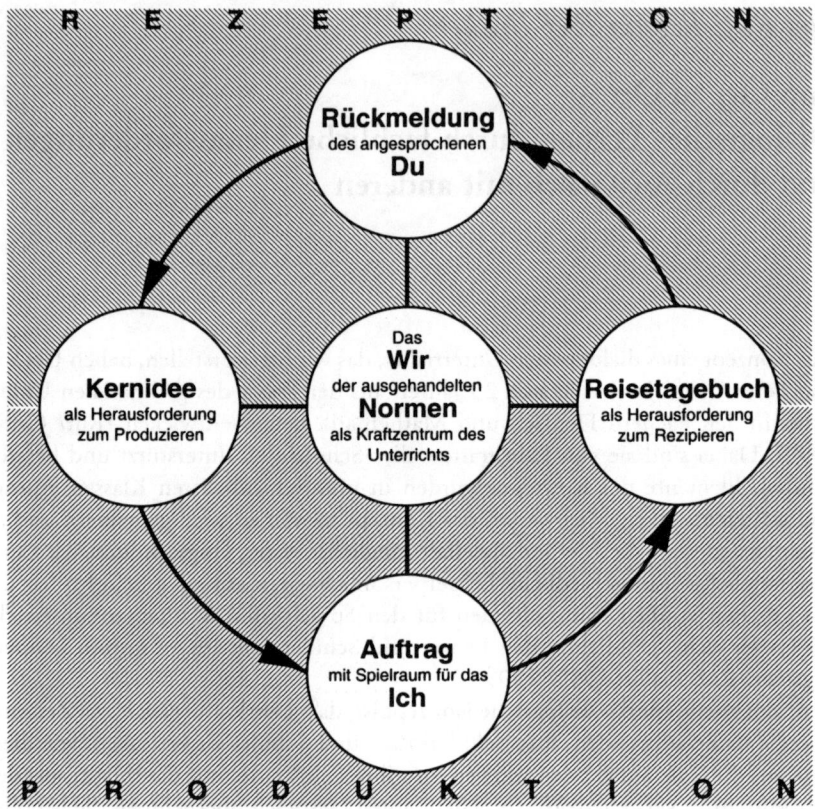

spektive. *Spuren* dieser produktiven Tätigkeit im neuen Fachgebiet finden ihren Niederschlag im Reisetagebuch oder Lernjournal. In einer persönlichen *Rückmeldung* schließlich gibt die Lehrperson Einblick in ihre Rezeption der Spuren im Reisetagebuch und generiert eine neue Kernidee, die zwischen den Kernideen der Lernenden und den Anforderungen des Fachs vermittelt. Damit fordert sie die Lernenden zu einem neuen Produktionsschwung heraus, den sie mit einem neuen Rezeptionsbogen beantworten. Oft bekommen auch die Schülerinnen und Schüler Gelegenheit, im Reisetagebuch ihrer Lernpartner zu lesen und Rückmeldungen zu verfassen. Wird es im Unterricht zur Gewohnheit, die gleiche Sache einmal aus der Vorschau und einmal aus der Rückschau anzupacken, kommt das Wechselspiel zwischen produktiven und rezeptiven Kräften in Gang. Wie das in der Praxis funktioniert, möchten wir am Beispiel einer Unterrichtssequenz zum Thema „Verb" erläutern, das in einer 2. Grundschulklasse von Regula Ruf-Bräker entwickelt und erprobt worden ist.

Von einem Ort zum andern: Verben bringen Bewegung ins Spiel

Der Impuls für die Unterrichtssequenz stammt aus dem erwähnten Lehrbuch *ich du wir*. Verben, so lautet die zentrale fachliche Kernidee, *bringen Bewegung ins Spiel*. Verben sind das grammatische Kraftzentrum der Sätze. Sie geben aber auch den Geschichten ihre Dynamik. Beides sollen die Kinder in diesem Projekt erfahren und erproben können.

Die erste Runde des dialogischen Unterrichts wird eröffnet durch einen erzählenden Text aus dem Lehrbuch zum Thema Reisen. Im Unterschied zum konventionellen Unterricht wird hier aber nicht einfach Wissen vermittelt, das anschließend eingeübt und geprüft wird. Die Informationen dienen vielmehr dazu, ein fachliches Problemfeld für die Kinder zu eröffnen, das sie selbstständig erforschen und erkunden und dabei zu fachlichen Einsichten vorstoßen können. Die Reisemetapher soll eine Brücke schlagen zwischen dem Vorwissen und den Erfahrungen der Kinder und den fachlichen Anforderungen.

Wer reist, bewegt sich von einem Ort zum andern.
Kolumbus ist am 3. August 1492 von Spanien weggefahren
und am 12. Oktober auf einer Insel vor Amerika gelandet.
Bis zu seiner Rückkehr dauerte es fast 8 Monate.
Es gibt natürlich auch kürzere Reisen.
Reisen, die einen Tag, eine Stunde, eine Minute
oder gar nur eine Sekunde dauern.
Wenn der Frosch vom Rand des Teichs ins Wasser hüpft,
dauert die Reise nur einen Augenblick.

Wer reist, braucht Zeit.
Jetzt brichst du auf, später kommst du an.
Auf der Reise bewegst du dich.
Manchmal schaust du zurück,
manchmal denkst du an die Zukunft.
Wie kommst du von einem Ort zum andern?
Wie viele Möglichkeiten fallen dir ein?
Tiere reisen anders als Menschen.
Alle haben ihre besondere Art, sich zu bewegen.

Jasmin hat in einem Bilderbuch
die Geschichte von der kleinen Schlange gelesen.
Die kleine Schlange ist allein.
Darum macht sie eine Reise durch die bunte Wiese.
Aber alle Tiere haben Angst vor ihr.
Jasmin möchte auch eine Geschichte schreiben,
in der ein Tier auf eine Reise geht.
Was könnte das für ein Tier sein?

Wie bewegt es sich?
Jasmin macht ein paar Zeichnungen.
Zu jeder Zeichnung schreibt sie ein Wort.
Das Wort zeigt, wie das Tier sich bewegt.
Wörter wie *fliegen, hüpfen, schwimmen* heißen Verben.

Gleich anschließend an diesen Text kommt der Auftrag, der von der Kernidee des Reisens – *von einem Ort zum andern* – inspiriert ist und der den Blick zugleich auf die Funktion der Verben in Texten lenkt. Und neben dem Auftrag steht auch gleich eine mögliche Lösung: eine Seite aus dem Reisetagebuch von Jasmin, versehen mit der folgenden Legende: „Jasmin weiß, dass man Verben in die Gegenwartsform und in die Vergangenheitsform setzen kann."

Von einem Ort zum andern
1
Was für Tiere kennst du?
Mach eine lange Liste.

2
Jedes Tier macht eine kleine Reise.
Wohin will es?
Mach ein paar Zeichnungen wie Jasmin.
Schreibe die passenden Verben dazu.

3
Wähle ein Tier aus, von dem du viel weißt.
Erzähle eine kleine Geschichte von seiner Reise.
Wo wohnt das Tier?
Warum will es weg?
Was hat es für ein Ziel?

Als Einstieg in die Arbeit dient der erste Teil des Auftrags *Von einem Ort zum andern*. Jedes Kind schreibt ein paar Namen von Tieren in sein Reisetagebuch. Dann übernimmt die Lehrerin die große Schreibarbeit: Alle Tiere, welche den Kindern in den Sinn gekommen sind, werden an der Wandtafel aufgelistet. Beim zweiten Teil des Auftrags hat die Lehrerin zuerst Bedenken. Im Lehrbuch ist ja bereits eine mögliche Lösung abgedruckt. Wie werden die Kinder damit umgehen? Ob sie wohl einfach kopieren, was Jasmin vorgemacht hat? – Sie tun es nicht. Obwohl jedes Kind das aufgeschlagene Lehrbuch vor sich liegen hat, löst jedes den Auftrag auf seine Weise. Zwar beachten alle, was Jasmin geschrieben und gezeichnet hat, und alle lehnen sich ein bisschen an Jasmins Ideen an, die einen mehr, die andern weniger. Trotzdem aber gestaltet jedes Kind seine eigene, unverkennbare Reisetagebuchseite.

Die Lehrerin nimmt die 25 Reisetagebücher nach Hause und schreibt für jedes Kind eine kurze Rückmeldung. Um den Kindern zu signalisieren, wie sie die Intensität und die Eigenständigkeit der erbrachten Leistung einschätzt, setzt sie auch wertende Symbole dazu, und zwar in Gestalt von Bildstempeln. Ein Bildstempel bedeutet *erfüllt*, zwei Bildstempel bedeuten *klar erkennbare, sachbezogene Eigenleistung*, drei Bildstempel stehen für einen *Wurf*. Fehlt der Bildstempel, weiß das Kind, dass es sich noch intensiver mit der Sache befassen muss. Es kann die Arbeit später nochmals abgeben, bekommt dann aber höchstens noch einen Bildstempel. Hier vier sehr unterschiedliche Beispiele aus der Klasse.

Vittorias Reisetagebuchseite wirkt dank der intensiven Farbigkeit sehr ansprechend. Zwar orientiert sie sich stark an der Vorlage aus dem Lehrbuch. Beim Schmetterling aber findet sie eine schöne Variante: Im Unterschied zum Vogel, der fliegt, tanzt ihr Schmetterling. Für sie ist das eine beachtliche Leistung. Darum bekommt sie drei Bildstempel. Die Rückmeldung der Lehrerin hebt die spezielle Qualität von Vittorias Arbeit hervor: *Deine Bilder gefallen mir, weil sie so schön farbig sind. Dass dein Schmetterling tanzt und nicht bloß fliegt, ist etwas ganz Besonderes.*

Vittoria

Auch *Patricks* Seite ist schön gestaltet. Auf seinem Blatt bekommt jedes Tier seinen eigenen Platz. Über allen schwebt der Vogel, und ganz zuunterst kriecht die Schnecke. Eine hervorragende Leistung im Ordnen und Strukturieren! Ein klarer Wurf. Die Rückmeldung an Patrick lautet: *Du hast jedem Tier seinen Platz zugewiesen. Oben in der Luft schwebt und fliegt es, unten auf der Erde muss man laufen, hoppeln oder gar kriechen.*

Patrick

Sandro beschränkt sich auf die Gegenwartsform. Den Igel und besonders auch den Vogel gestaltet er mit besonderer Sorgfalt. Mit der Wespe und dem Wurm bringt er zwei neue Tiere ins Spiel. Sandro bekommt zwei Bildstempel. Rückmeldung an Sandro: *Du hast als Einziger einen Wurm gezeichnet, der in ein Loch schleicht. Ganz besonders gefällt mir dein Vogel, der für Italien fliegt. Für das Pferd hast du eine schöne Boxe vorbereitet.*

Sandro

Sandra ist bereits auf dem Sprung zum Geschichtenschreiben. Die Aussage verlagert sich vom Bild in den Text. Weil die Bewegung im Satz stattfindet, können die Pfeile bei den Bildern wegfallen. Ein Wurf! Rückmeldung an Sandra: *Du gibst Antwort auf zwei Fragen, die im Verb stecken: Wer watschelt? Wohin watschelt er? So entsteht ein Satz.*

Sandra

Mit den Rückmeldungen der Lehrerin und der Bewertung mit Bildstempeln ist die erste Runde im dialogischen Kreislauf mit seinen vier Stationen – Kernidee, Auftrag, Reisetagebuch, Rückmeldung – abgeschlossen. Die zweite Runde wird durch eine neue Kernidee eingeleitet.

Von der Produktion zur Rezeption: Kinder lesen und beurteilen Texte von Lernpartnern

Die Lehrerin ist überrascht von den vielfältigen Ideen, die sie in den Arbeiten der Kinder antrifft. Es fällt ihr fast bei jedem Kind leicht, eine oder zwei spezielle Eigenheiten seiner Reisetagebuchseite in einer kleinen Rückmeldung ins Licht zu rücken. Diese Arbeit macht ihr sichtlich Vergnügen, darum beschließt sie, auch die Kinder am Rezipieren teilnehmen zu lassen. Anstatt sofort mit dem dritten Teil des Auftrags aus dem Lehrbuch fortzufahren – dem Erzählen einer Geschichte zur Reise eines Tiers –, wählt sie vier Arbeiten aus, die sie aus ganz unterschiedlichen Gründen für besonders gelungen hält. Es sind die oben abgebildeten Arbeiten von Vittoria, Patrick, Sandro und Sandra. Diese vier Arbeiten kopiert sie und spielt sie zusammen mit einem eigenen, neuen Auftrag wieder in die Klasse ein. Die Kinder sollen, das ist die Kernidee der Lehrerin, von den Ideen der andern Kinder profitieren und interessante Varianten zur eigenen Lösung des ersten Auftrags kennen lernen. Es geht darum, Qualitäten zu erkennen und zu benennen.
Der Auftrag der Lehrerin ergänzt den Auftrag im Lehrbuch. Er wertet das Rückmelden zu einem eigenständigen Akt im Lernprozess auf. Die Kinder sollen ganz bewusst in die Rezeption einbezogen werden. Sie hat den gleichen Raum und das gleiche Gewicht wie das Produzieren selbst. Jedes Kind hat nun Gelegenheit, von der Vorschau- in die Rückschauperspektive zu wechseln und vier Arbeiten aus den eigenen Reihen einer genaueren Analyse zu unterziehen: Der Produktionsschwung mündet in einen Rezeptionsschwung. Eine Rückmeldung zum Text eines andern zu verfassen ist ebenso anspruchsvoll wie das Verfassen des Textes selber. Darum qualifiziert die Lehrerin auch die Rückmeldung der Kinder mit Bildstempeln. Die vier folgenden Rückmeldungen stehen stellvertretend für das breite Leistungsspektrum innerhalb der Klasse. Es reicht von *nicht erfüllt* bis zu einen *Wurf*.

Von einem Ort zum andern

Schau dir die Reisetagebücher von
Vittoria, Patrick, Sandro und Sandra an.
Wie haben die vier Kinder den Auftrag gelöst?
Was ist das Besondere bei jedem?

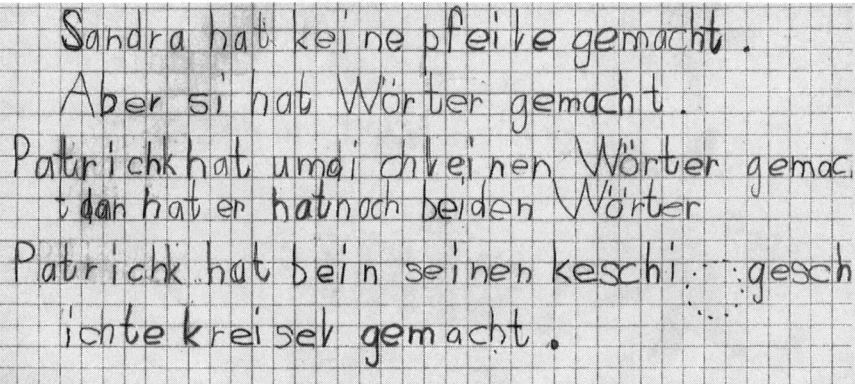

Vanessa

Vanessa hat gemerkt, dass Sandra den Auftrag anders gelöst hat als alle andern. Sandra hat keine Pfeile gesetzt, weil sie das, was die andern gezeichnet haben, mit Wörtern ausdrückt: Die Bewegung wird allein durch die Sätze dargestellt. Die Lehrerin ist mit Vanessas Arbeit aber noch nicht ganz zufrieden. Mit einem gestrichelten Kreislein fordert sie Vanessa auf, ihre Gedanken zu Patricks Arbeit verständlicher zu formulieren. So kann auch sie noch zu einem Bildstempel kommen.

Von einem Ort zum andern

Schau dir die Reisetagebücher von
Vittoria, Patrick, Sandro und Sandra an.
Wie haben die vier Kinder den Auftrag gelöst?
Was ist das Besondere bei jedem?

Jasmin

Jasmin erfüllt die Anforderungen. Sie schreibt zu jeder der vier Arbeiten eine Beobachtung auf. Bei Patrick und bei Sandro beschränkt sie sich auf das Zählen der gezeichneten Gegenstände. Unklar bleibt, wie sie bei Patrick auf *neun Sachen* kommt. Für einen zweiten Bildstempel findet die Lehrerin in Jasmins Rückmeldung keine Grundlage.

Von einem Ort zum andern

Schau dir die Reisetagebücher von
Vittoria, Patrick, Sandro und Sandra an.
Wie haben die vier Kinder den Auftrag gelöst?
Was ist das Besondere bei jedem?

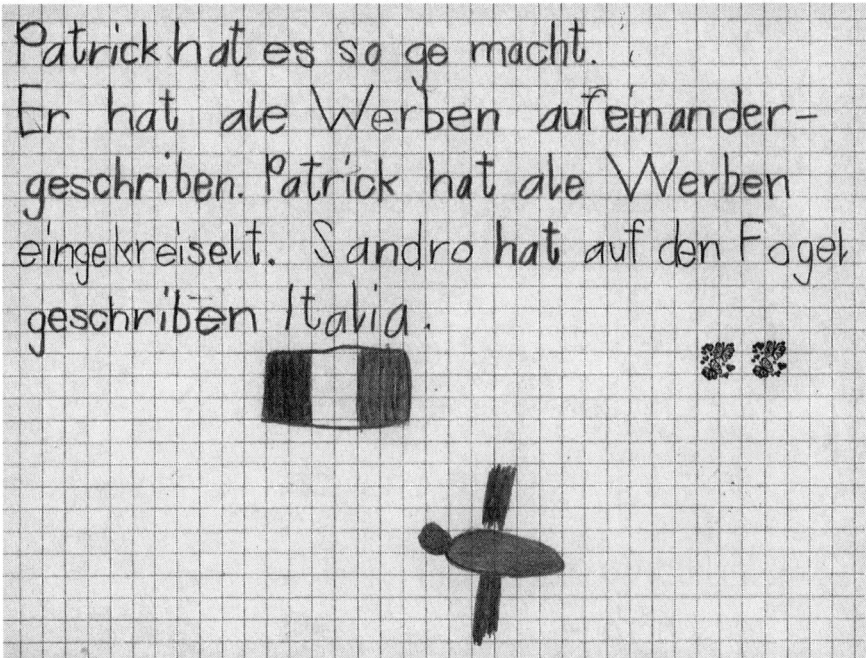

Andreas

Andreas macht zwei wesentliche Beobachtungen: Er erkennt die Ordnung bei Patrick und reagiert auf den Witz bei Sandro. Er wagt sich sogar an das Fachwort *Verb* heran. Seine sachbezogene Eigenleistung ist deutlich erkennbar und begründet den zweiten Bildstempel.

Von einem Ort zum andern

Schau dir die Reisetagebücher von
Vittoria, Patrick, Sandro und Sandra an.
Wie haben die vier Kinder den Auftrag gelöst?
Was ist das Besondere bei jedem?

> Lies zusammen mit einem andern Kind im „ich du wir" S. 86 unten
> und S. 87 oben.
> Beginne dann mit Auftrag 3!
>
> Vittoria hat die Wörter nicht
> umkreist wie Sandra und ich.
>
> Sandra hat Säze geschriben
> astat Verben.
>
> Sandro hat die Gegenwartsform
> geschriben aber er hat die
> Vergangenheitsform nicht geschriben
>
> Vittoria hates ser mit Varben
> geschriben.

Patrick

Patrick hat den Überblick. Er vergleicht die vier Arbeiten miteinander und stellt sie in Relation zueinander. Die grammatischen Fachbegriffe verwendet er souverän. Drei Bildstempel sind offensichtlich gerechtfertigt. Damit Patrick, der meist sehr schnell arbeitet, nicht unterfordert ist, gibt ihm die Lehrerin bereits im Voraus bekannt, wie die Arbeit für ihn weitergeht. Lesen im Lehrbuch ist für einen Zweitklässler eine Herausforderung.

Warum auch Texte im Reisetagebuch bewertet werden

Es mag überraschen, vielleicht sogar schockieren, dass die Lehrerin unter fast jede Schülerarbeit ihre qualifizierenden Bildstempel setzt. Muss denn, so kann man sich fragen, alles und jedes bewertet sein? Wer so fragt, stellt nicht in Rechnung, dass man immer mehr oder weniger unterschwellig ein Urteil fällt, wenn man sich ernsthaft mit der Lösung eines Auftrags befasst. Das liegt in der Natur der Sache selbst. Ein klar durchdachter Auftrag ist zwangsläufig mit Erwartungen verbunden, auch wenn er sehr offen gestellt ist. Ein Auftrag initiiert ein Verhalten. Das gilt auch dann, wenn dieses Verhalten nicht an vorgegebenen Normen oder Resultaten gemessen wird. Offene Aufträge, wie sie im Rahmen des dialogischen Lernens gestellt werden, zielen auf eine sachbezogene und intensive Auseinandersetzung mit den Unterrichtsstoffen. Wenn wir als Lehrkräfte nicht in der Lage sind, solche Auseinandersetzungen zu würdigen und zu beurteilen, muss bei den Kindern der Eindruck entstehen, ihr Tun und Lassen im Unterricht sei beliebig, es habe keine – oder noch schlimmer – eine unberechenbare Wirkung. Gibt die Lehrperson ihre Leistungseinschätzung nicht klar und unmissverständlich bekannt, erzeugt sie früher oder später Desinteresse oder wilde Spekulationen über das, was wohl der Kern der Sache und die Intention des Unterrichts sei.

Mit ihren Bildstempeln gibt die Lehrerin also deutlich zu erkennen, wie sie die Schülerarbeiten einschätzt. Sie muss dieses Urteil deutlich und in eigener Verantwortung fällen, wenn die Kinder den kommenden Auftrag als logische Folge ihrer Arbeiten im Reisetagebuch verstehen sollen. Nur wenn es der Lehrerin und den Kindern klar ist, was für ein Stand des Wissens und Könnens mit der Lösung eines Auftrags erreicht ist, kann entschieden werden, wie es sinnvollerweise weitergehen soll. Vielleicht kann man jetzt auf einen Auftrag im Lehrbuch zurückgreifen, vielleicht muss man in eigener Regie fortfahren.

In einem Unterricht, der sich konsequent am dialogischen Kreislauf orientiert, beschreiten Kinder und Lehrkraft eigene Wege. Rückmeldungen nehmen dabei eine Schlüsselstellung ein. Indem sie Rückmeldungen schreiben, geben sich Lehrende und Lernende Rechenschaft über Vorstellungen, Wertungen und Triebkräfte, die beim Stellen und beim Lösen des Auftrags wirksam waren. Und weil durch die Rückmeldungen das in den Unterricht eingebracht wird, was die Kinder aus den Aufträgen gemacht haben, verbinden sie die vorangehende Arbeitsphase mit der nachfolgenden Arbeitsphase und geben dem Unterricht so seine innere Kontinuität und sein unverwechselbares Gepräge. Je konkreter und persönlicher die Rückmeldungen sind, desto mehr Gewicht und Bedeutung gewinnt das Reisetagebuch: Die Arbeiten der Kinder werden mehr und mehr zu einem bestimmenden Faktor des Unterrichts.

Ist den Kindern erst einmal bewusst, was für ein prinzipieller Wert ihren Arbeiten im Unterricht beigemessen wird, ertragen sie es auch, wenn sie im Einzelfall nur einen oder sogar keinen Bildstempel erhalten. Entscheidend ist das Gefühl, jemand zu sein und ernst genommen zu werden. Die Lehrkraft mag eine Arbeit dann und wann über- oder auch unterschätzen. Damit können die Kinder leben. Einzelne Fehlurteile werden mit der Zeit auch auskorrigiert und zwar nicht nur durch die Häufigkeit der Beurteilung, sondern auch durch den Einbezug der Kinder in die hohe Schule des Rückmeldens. Kinder, das machen die folgenden drei Beispiele aus dem Fortgang der Arbeit am Verb deutlich, können beim Rückmelden mit Erwachsenen durchaus Schritt halten. Sie machen die Lehrkraft auf Aspekte aufmerksam, an die sie vielleicht nicht gedacht hat, und helfen ihr so, ihr eigenes Repertoire an erkennbaren Leistungen zu erweitern und zu differenzieren. Werden die Kinder nach und nach in allen Stationen des dialogischen Kreislaufs als vollwertige Partner einbezogen, lernen beide Seiten sich immer besser verstehen und können immer mehr voneinander lernen.

Die Geschichte einer Reise erzählen

Den Auftakt zur dritten Runde bildet der dritte Teil des Auftrags aus dem Lehrbuch. Die Kinder werden aufgefordert, über die Reise eines ihrer Tiere eine kleine Geschichte zu erzählen: *Wo wohnt das Tier? Warum will es weg? Was hat es für ein Ziel?* Am Anfang steht wiederum ein erzählender Text aus dem Lehrbuch, der aufzeigt, wie aus einem Satz eine ganze Geschichte werden kann.

Wenn du eine Geschichte erzählst,
begibst du dich auch auf eine Reise:
eine Reise ins Land der Wörter.
Vielleicht ist die Reise ganz kurz und du schreibst nur
Der Frosch hüpft ins Wasser.
Vielleicht wird die Reise etwas länger.
Du schreibst nicht nur, wohin der Frosch hüpft,
du schreibst auch,
wie er im Wasser schwimmt,
wie er auf ein Blatt klettert,
wie er eine Fliege fängt,
wie er an der Sonne döst
und wie er vor der Katze flieht.

Wiederum schreiben die Kinder ihre Texte ins Reisetagebuch. Und wiederum wählt die Lehrerin ein paar Arbeiten aus und spielt sie erneut in die Klasse ein. Zuerst schreiben die Kinder ihre Rückmeldung, dann ein paar Erwachsene, die zufällig zugegen sind. Wie wertvoll die Perspektive der Kinder ist und wie stark sie die Erwachsenen beeinflusst, wird gerade in diesen Beispielen besonders deutlich. Um das Rückmelden für Zweitklässler ein wenig zu erleichtern, hat die Lehrerin

ein großes Plakat in ihrem Schulzimmer aufgehängt, auf dem mögliche Satzanfänge für Rückmeldungen aufgelistet sind: *Mir gefällt, dass ... Ich habe nicht gewusst, dass ... Mich nimmt wunder, ob ... Kannst du mir erklären, wie ... Ich verstehe nicht, warum ...*
Seda weiß viel über Fische zu erzählen, erwischt aber die falsche Textsorte.

Auftrag 3

Die Fische und schwangersaft
Wenn ein Fisch schwanger ist beibt es meistens unter dem Wasser. Wenn Fische schwanger sind sind sie ein bischen Schwerer. Wiest ihr wie man unterscheiden kann ob es Weibchenn ist oder ein Männchen? Ein Männchen unterscheided man von untergrund es ist einbischen schpitzig, und ein Weibehen ein bischen rund.
T ✓
16.9.96
Rückmeldung
Ich verstehe nicht ganz es ist ein bisch Komplizirt. (SH) →

Seda

Ich fine das keine Geschichte (vF)
Ich finde es ist wie im Sachbuch. (DR)
Aber es ist intresant. (DR)
Ich habe nicht gewust wie man Fische unter sei den kan. (F)

Du hast sehr interessant über die Fische geschrieben, wirklich fast wie in einem Sachbuch. Du weisst schon viel über die Fische. Du hast auch gute Sätze gemacht, sogar einen Fragesatz! Aber eine "Geschichte" ist das eigentlich nicht. (Silvia Jenny)

Ich merke, dass du schon viel über Fische weisst. Doch mit deinem Text hast du die Fragen aus dem Auftrag nicht beantwortet. (R. Ruf)

Für Seda
Du hast mit den zehn Zahlenversen gelernt, richtig in die Häuschen zu schreiben.
Dabei musstest du folgende Regeln beachten:
> Die Buchstaben müssen die Häuschen
> oben und unten berühren.
> Die Buchstaben dürfen sich selber
> nicht zu nahe kommen.

Zu den Versen 9 und 10 möchte ich dir sagen:
> Du hast die Regeln gut beachtet.
> Du hast die Texte richtig abgeschrieben.
> Mir gefallen deine Zeichnungen.

Rückmeldungen an Seda

Patricks Geschichte nimmt eine Wendung, die auf Widerspruch stößt.

Auftrag 3

Es wareinmal ein Kenguru. Es wonte in einer Höle. Es war eines tages Ferschwunden. Aber wo es zurük gekomen ist hat es einen Freund. Sie haten fiel Spas. Sie waren fort gegangen und sie haten eine neuen Wonug. Sie haben plözlich ein Beibi bekomen. Sie haben nicht gewust was sie mit im anfangen solen. Sie haten in getötet.

16.9.96   TW

Rückmeldung
Ich möchte gern wissen was für ein Freund es hat. (SH)

Patrick

Ich verstehe nicht warum sie das Kind umbriengen. (DG)

Ich vinde eine schöne Geschichte. (BC)

Ich finde es gut das es einen Feund gefunden hat. (DB)

Patrick hat eine trauriege Geschiechte geschrieriben. SP

Ich vinde das eine trauriege Geschiechte. (sst)

Die Geschichte ist sehr spannend. Ich möchte sehr gern wissen, warum das Känguru auf die Reise gegangen ist. (Mi)

Den Schluss deiner Geschichte finde ich sehr traurig. Könntest du dir auch ein anderes Ende vorstellen? (R.B.)

Mir gefällt der erste Teil deiner Geschichte. Es nimmt mich wunder, wieso plötzlich ein Freund da ist. Warum hast du diesen traurigen Schluss gewählt? (R.Ruf) →

Rückmeldungen an Patrick

Angelika schließlich weiß schon sehr genau, wie man Spannung erzeugt. Ihre Geschichte kommt gut an.

> **Auftrag 3**
>
> Es war ein mal eine kleine Maus. Die Lebte in einem grosen Haus. Sie get zur Küche und sucht Kese. Aber sie findet keinen. Da sit sie Kese. Und rent darauf los. Da macht es Peng es war der Kese in der maus fale. Die kleine Maus erschrak als es Peng machte. Da komt ein Mätchen und rif Mama Papa komt wir haben wider eine Maus gefangen. Komt sagt ire fater wir tun sie in den Wald. Und wen sie nicht geschtorben ist dan lebt sie heute noch.
> 16.9.96 Ende   T 〰
> Mir gefällt das du schön gschriben hast. (JB)
> →

Angelika

Der lezte Saz gibz in vielnen Märchen.
Ich finde es toll Angelika. (SSe) (DR)

Angelicka kan schön Schreiben (MB)

Angelika hat eine schöne Geschichte
geschriben. Ich finde die Mausfale
ser Lustig. PE

*Die beiden ersten Sätze reimen sich, wie ein kleines
Gedicht. Das gefällt mir.
Ich bin froh, dass die Maus im Wald weiterleben darf.
Du hast eine schöne Geschichte schön geschrieben.*

Viele Grüsse
A. Schweizer

Mir gefällt, dass du so schön der Reihe nach deine
Geschichte aufschreibst. Hast du eine Idee, was die
Maus dann im Wald fressen wird? Soviel ich weiss,
hat es dort keinen Käse! Aber in einer Geschichte
ist ja alles möglich.   M. Stähle

Es ist schön, dass die kleine Maus im Wald weiterleben kann.
Ich finde diesen Satz lustig: Da macht es peng – es war der
Käse in der Mausefalle. (R. Ruf)

Rückmeldungen an Angelika

Vom Erfinden zum Überarbeiten des Textes: Das Satzbaumodell zeigt, wie man die Kraft der Verben beim Erzählen nutzen kann

Liegen die Texte der Kinder in einer ersten Fassung vor, kommt der Schritt von der Phase des Erfindens in die Phase des Überarbeitens. Wiederum wird der Blick auf die Verben gelenkt, diesmal aber nicht nur auf ihren Inhalt, sondern auch auf ihre grammatische Rolle im Satz.

Wenn du eine lange Geschichte schreibst,
brauchst du spannende Verben.
Die Verben treiben die Geschichte voran.
In jedem Verb steckt die Kraft für einen Sprung.
Diese Kraft kannst du spüren,
wenn du ein Verb auf ein Blatt Papier schreibst
und dir überlegst, was für Wörter dazu passen.
Jetzt merkst du, wie das Verb von sich aus Fragen stellt:
Wer hüpft? Wer hüpft wohin? Wer hüpft warum wohin?
Antworten gibt es viele:
Ich hüpfe.
Du hüpfst ins Bett.
Der Frosch hüpft ins Wasser, weil er Angst hat.

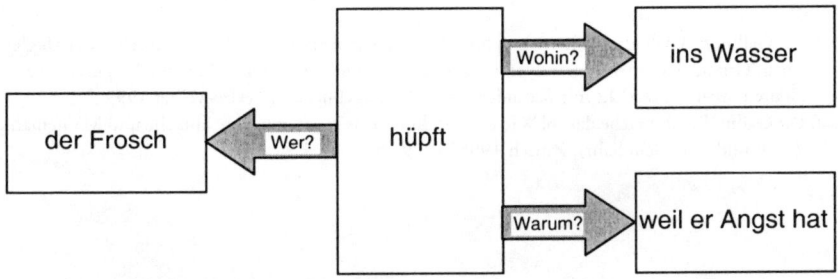

Dieses Bild zeigt dir, wie man einen Satz baut.
Du siehst das Gerüst mit seinen Bausteinen und Verbindungen.
Im Satz dreht sich alles um das Verb.
Darum steht das Verb in einem hohen Rechteck in der Mitte.
Auf den Pfeilen stehen die Fragen, die das Verb stellen kann.
Jede Antwort kommt in ein breites Rechteck.

Es gibt aber noch viele andere Fragen,
die das Verb stellen kann.
Alle diese Fragen stehen auf Pfeilen, die nach rechts zeigen:
Wem? Wen? Wann? Wie? Wo? Wie oft? Seit wann? Warum?
Wenn alle wichtigen Fragen beantwortet sind,
kann man den Satz ziemlich frei vom Modell ins Heft übertragen:

Weil er Angst hat, hüpft der Frosch ins Wasser.
Hüpft der Frosch ins Wasser, weil er Angst hat?
Bestimmt findest du noch andere Möglichkeiten.

Von den Verben her kann man Fragen stellen und Satzglieder als Antworten aufrufen. Auf diese Möglichkeit macht das Satzbaumodell aufmerksam. Das Satzbaumodell ist nicht nur ein wirksames Instrument der Reflexion, sondern auch der Produktion. Es macht den Bau von Sätzen durchschaubar und es zeigt, wie man kurze Sätze durch konsequentes Weiterfragen in längere Sätze verwandeln kann. Erfahrungen mit dem Satzbaumodell zeigen, dass bereits Schulanfänger dieses Instrument nutzen können, um ihre Texte zu erweitern und zu verbessern. Grammatik wird so von allem Anfang an in den Dienst der Textproduktion und der Stilistik gestellt. Durch das Verschieben der Satzglieder lernen Kinder früh, die Satzverknüpfungen zu verbessern und den Satzfluss zu steuern. So bauen die Kinder im dialogischen Unterricht nicht nur ihr Selbstvertrauen und ihre Sozialkompetenz auf; durch den Austausch mit andern und durch die Vermittlung wirkungsvoller fachlicher Instrumente entwickelt sich rasch auch eine solide und individuell verankerte Fachkompetenz.

Literatur

Ruf, U./ Gallin, P.: Dialogisches Lernen in Sprache und Mathematik. Band 1: Austausch unter Ungleichen. Grundzüge einer interaktiven und fächerübergreifenden Didaktik. Band 2: Spuren legen – Spuren lesen. Unterricht mit Kernideen und Reisetagebüchern. Seelze-Velber 1999

Ruf, U./ Gallin, P.: Ich mache das so! Wie machst du es? Das machen wir ab. Sprache und Mathematik (1.-3. und 4.-6. Schuljahr). Zürich 1995/ 1999

Ingrid Kaiser, Friedlinde Mann

Auf Schatzsuche –
Lesetagebücher als Entdeckungsreise

Lesen: Wölfe in der Tundra – Marktgeschrei in Rom

„Ich bin mit Miyax und ihren Wölfen den langen Weg durch die eisige, einsame aber faszinierende Tundra gegangen. Nun fand ich es traurig, dass Miyax ihren lang ersehnten Traum vom traditionellen Leben der Eskimos schließlich doch aufgegeben hat und bei ihrem Vater in der modernen Wohnung lebt.
Heute habe ich mir die Fortsetzung des Romans „Julie von den Wölfen" ausgeliehen, sie heißt nur „Julie" und ich bin gespannt, wie ihr Leben weitergeht."
(„Julie von den Wölfen", Schülerin einer 5. Klasse)

Dieses Zitat steht stellvertretend für viele ähnliche Schlusskommentare. Schülerinnen und Schüler der Klassen 5 bis 8 haben sich vier Wochen lang intensiv und sehr persönlich mit einem Roman auseinander gesetzt und hierüber ein Lesetagebuch geführt. Es enthält eine Inhaltsangabe, zusätzliche Informationen zu dem Lesestoff aus anderen Quellen, unterschiedliche Textarten und Darstellungsformen, Zeichnungen, Bilder und andere Illustrationen und ein schön gestaltetes Deckblatt. Mit ihrer Bearbeitung nahmen die Schüler am Geschehen des Romans teil, haben sich mit den Personen identifiziert und wurden selbst Teil der Handlung.
Wieder einmal ist der Prozess des Lesetagebuch-Schreibens abgeschlossen. Vor uns liegen 52 Lesetagebücher zweier sechster Klassen – zum Teil schon schön anzusehen. Unsere Schülerinnen und Schüler haben nach vielen Buchvorstellungen und nach ihrem ersten Lesetagebuch Erfahrung im Gestalten von Einbänden. Sie sollen informativ sein, Neugier auf den Inhalt wecken und ein überlegtes Layout haben.
- Melanie hat sich selbst übertroffen. Ihr umfangreiches Tagebuch (drei dicke DIN-A4-Hefte) gleicht dem aufregenden Bericht über ein Leseabenteuer.
- Stefans Lesetagebuch endet nach zwölf Seiten mit dem lapidaren Satz: „Ich habe viel über das Leben in der Steinzeit erfahren."
- Lydia hat sich ganz persönlich in das Leben der beschriebenen Menschen hineinversetzt. Sie führt Gespräche, hilft beim Töpfern und trauert mit. Einfühlsame Zeichnungen, in denen sie selbst vorkommt, unterstreichen ihre Form der Bearbeitung.

- Tills Werk kann als Sachbuch zum Roman durchgehen. Mit akribischem Eifer hat er Zusatzinformationen aus wissenschaftlichen Büchern zusammengetragen. Ein eher distanziertes Lesetagebuch.
- Kati hat sich Mühe gegeben. Ihrem Lesetagebuch merken wir an, dass sie noch nicht viele Bücher gelesen und darüber nachgedacht hat.
- Anna hat ihren Schwerpunkt auf Zeremonien, Riten, religiöse Vorstellungen und Rollenverhalten gelegt, sie ausführlich beschrieben und sich aus ihrem heutigen Blickwinkel kritisch damit beschäftigt.

„Dieses Kapitel hat mir in vieler Hinsicht gut gefallen. Ich weiß nicht, ob ich an Dilgos Stelle auch den Bauern geholfen hätte. Wenn ich daran denke, wie unfreundlich sie Dilgo empfangen und verspottet haben, zweifle ich eher daran. Andererseits weiß Dilgo auch, dass es von ihm abhängt, ob dieses Dorf überlebt oder nicht. Sehr gut gefallen hat mir der Vergleich zwischen Bauern und Wildwasser. Ich kann die Waldmenschen verstehen, dass sie ihr Wissen nicht an die Bauern weitergeben wollen, an die Vernichter des Waldes. Die Stelle, an der der Großvater sagt: „Lasst ihn gehen. Ihr könnt ihn nicht aufhalten. Nichts könnt ihr aufhalten, nichts. Euren Sohn nicht und die Zeit nicht. Die Sonne bleibt nicht stehen" hat mir sehr gut gefallen. Ich habe das Buch weggelegt und habe darüber nachgedacht, was der Großvater damit meint „Ihr könnt nichts aufhalten". Ich glaube, er wollte damit ausdrücken, dass man den Fortschritt nicht aufhalten kann. Oder aber er meint, dass man nicht aufhalten kann, dass Dilgo erwachsen wird."
(„Die Sonne bleibt nicht stehen", Schülerin einer 6. Klasse)

Lesen: Verloren in den Büchern und herausgelockt

Unsere ersten Lesetagebücher sind Teil eines Projekts, das sich jeweils über acht bis zehn Wochen erstreckt. Während dieser Zeit sind die Stunden fast aller Fächer zu einem Block zusammengefasst. Im Mittelpunkt der Arbeit steht die Sache mit ihren ganz unterschiedlichen Anforderungen. So sind die Lesetagebücher nicht eigentlich im Deutschunterricht angesiedelt. Vielmehr wird hier Literatur als Quelle der Anschauung im Sachunterricht genutzt, als besondere Form der Erfahrung, in der auch das Fremde, das ganz Andere zum persönlichen Erlebnis werden kann. Im Lesetagebuch wird dieser Prozess der Annäherung festgehalten.
Zwei Wochen nach Projektbeginn steigen die Schülerinnen und Schüler in die Arbeit an Lesetagebüchern ein. Dies wird sie vier Wochen beschäftigen. Das Führen eines Lesetagebuches ist etwas Besonderes, so verdienen Einstieg, Präsentation, Anfang und Ende eine besondere Würdigung. Sie werden als gemeinsames Erlebnis gestaltet. Zum Einstieg gibt es viele Ideen und gute Möglichkeiten.
Zu der Lektüre liegt umfangreiches Informationsmaterial im Klassenzimmer aus. Im Laufe der Jahre ist das Arbeitsblatt „Was du alles in dein Lesetagebuch schreiben oder zeichnen kannst" mit vielen Schülerideen entstanden und immer weiter ergänzt worden.

Ein für die Arbeit mit Lesetagebüchern typischer Unterrichtsablauf wird hier am Beispiel der Lektüre „Julie von den Wölfen" von Jean Craighead George (Jahrgang 5) vorgestellt:

1. **Einstieg (Block-Stunde)**
- Im Stuhlkreis: Austeilen der Lektüre, Anschauen des Covers. Schülerinnen und Schüler äußern sich spontan.
- Lehrerin oder Lehrer liest den eindrucksvollen Beginn des Romans vor.
- Schülerinnen und Schüler geben ihre Eindrücke wieder, stellen Fragen, antworten, möchten den Fortgang der Ereignisse erfahren.
- Im Stuhlkreis: Austeilen und Besprechen der Arbeitsblätter. Es wird nicht erwartet, dass die Schülerinnen und Schüler sofort alle Punkte überblicken. Die Arbeitsblätter sind Merkblätter, auf die sie immer wieder schauen können.
- Schülerinnen und Schüler gehen an ihre Plätze, in den Schülertreff oder in die Leseecke, beschäftigen sich mit der Lektüre: Ideen werden aufgeschrieben, Notizen gemacht, Fragen an den Text gestellt, man liest sich gegenseitig vor oder still für sich, unterhält sich über die Geschehnisse, diskutiert unterschiedliche Meinungen oder Wahrnehmungen.

2. **Arbeit am Lesetagebuch (Block-Stunde)**
- Stuhlkreis: Erste Bilanz. Schülerinnen und Schüler haben zu Hause erste Eintragungen vorgenommen. Jede/jeder stellt einen Beitrag aus ihrem/ seinem Lesetagebuch vor, der mit Beifall honoriert wird. Besonders gute Ideen werden hervorgehoben, Tipps weitergegeben. Ein reger Austausch wird in Gang gesetzt, Ideen werden geboren ...
- Lehrerin und Lehrer bekommen einen Überblick, wo Unterstützung notwendig ist.
- Die Arbeit am Lesetagebuch wird jetzt mehr nach Hause verlagert. Schülerinnen und Schüler treffen sich nachmittags, um gemeinsam zu arbeiten.

3. **Zwischenbilanzen**
- Jede Woche wird bilanziert: Eintragungen vorlesen, Rückmeldungen geben, diskutieren, sich austauschen. Hier lernen die Schülerinnen und Schüler viel voneinander. Manche von ihnen müssen zu zügigerem Arbeiten ermuntert werden.
- Bei Bedarf wird der Arbeit am Lesetagebuch im Unterricht immer wieder Raum gegeben, wenn Schülerinnen oder Schüler es begründet einfordern.
- Die Gestaltung des Einbandes findet im Kunstunterricht statt. Techniken, wie kolorieren oder verschiedene Schriften zu benutzen, werden den Schülerinnen und Schülern an die Hand gegeben.

4. Präsentation

Am Ende der vier Wochen steht die Präsentation der Lesetagebücher. Jeder Einband der Tagebücher wird gewürdigt, die jeweiligen Schüler stellen ihre Techniken sowie die inhaltlichen und künstlerischen Absichten vor.

Nach intensiver Vorbereitung tragen die Schülerinnen und Schüler am Lesepult Eintragungen vor und zeigen dazu (z. B. auf Overheadfolie) Illustrationen oder ganze Bildgeschichten.

Die Mitschüler geben zu Form und Inhalt der Präsentation kompetente Rückmeldungen. Auch wenn sie selbst andere Schwerpunkte gesetzt oder unterschiedliche Wahrnehmungen haben, würdigen sie die Leistungen ihrer Mitschülerinnen und Mitschüler. Dabei überrascht die Erfahrung, wie ernst Schülerinnen und Schüler die Beurteilung der Texte ihrer Klassenkameradinnen und -kameraden sowie ihrer eigenen nehmen, sie kritisieren oder ihre Gedanken als Bereicherung in ihren eigenen Erfahrungsschatz übernehmen.

Auch Eltern haben an Elternabenden die Gelegenheit, während der Projektpräsentation einige Tagebucheintragungen kennen zu lernen. Die Lesetagebücher werden ausgestellt und häufig mit großem Interesse betrachtet.

„Diese drei Kapitel haben mir bisher am besten gefallen. Die Spannung, die hier vorkam war kaum zu übertreffen und sie hat mich richtig gefesselt. Besonders die Stelle, an der Quintus sich den Bogen und die Pfeile nimmt und wirklich die Hand aus zehn Metern Entfernung trifft. Ich konnte meine Augen gar nicht mehr von dem Text lösen.
Ich denke, der Autor hat besonders in diesen Kapiteln die Gefühle der einzelnen Personen sehr gut beschrieben."
(„Quintus geht nach Rom", Schüler einer 7. Klasse)

Lesen: Wenn Hänschen nicht liest ...

Beim Lesen der Tagebücher fällt auf, dass neben einem breiten Mittelfeld von Schülerinnen und Schülern zwei weitere Gruppen existieren. Die einen verfügen im Lesen, in der Sprache und der Auseinandersetzung mit dem Textinhalt über ein unsicheres und ungeübtes Sprachverhalten, die anderen zeigen besondere Berichtslust, Farbigkeit in der Sprache und im Wortreichtum, Fantasie, Genauigkeit der Auseinandersetzung mit dem Inhalt des Buches und einen differenzierten Satzbau. Man könnte auch sagen, die Klasse teilt sich in eine Gruppe, die leidenschaftlich gern liest, eine zweite, die liest, wenn sie angeregt oder aufgefordert wird, und eine dritte Gruppe, die gar nicht liest.

„Der Albtraum, den Karin gehabt hat, kann alles Mögliche bedeuten. Ich stelle es mir so vor: Karin ist das Rosenfeld, Pferd mit Reiter sind Karins Probleme, die größer und größer werden bis sie über Karin siegen – Das Pferd trampelt das Rosenbeet kaputt."
(„Nun red doch endlich", Schüler einer 6. Klasse)

Schule kann nicht davon ausgehen, dass Schülerinnen und Schüler das Interesse am Lesen mitbringen. Sie muss vielmehr Möglichkeiten schaffen, dass sie eine Haltung zum Lesen erwerben können. Deshalb sollte Zeit zum Lesen fester Bestandteil des Unterrichts sein. Einer Sache Zeit geben heißt: sie wichtig nehmen. Dabei spielt die gemeinsame Leseerfahrung eine wichtige Rolle: Im Raum verteilt sitzen, sich in einer Atmosphäre von Ruhe und Konzentration in einen Text vertiefen, in einer Gruppe sitzen, in der einer vorliest, Leseerfahrungen mit anderen machen. Gemeinsames Lesen ist für viele Schülerinnen und Schüler eine neue Erfahrung. Sie erleben es, ihrer eigenen Neugier zu folgen, Empfindungen zuzulassen, sich selbst in anderen Geschichten zu entdecken oder eine andere Welt kennen zu lernen. Texte ermöglichen ihnen, eigene Fragen zu stellen, eigene Antworten und Erkenntnisse zu gewinnen und sich für neue Verhaltensweisen zu entscheiden.

Häufig wundern sich Betrachter, wie unterschiedlich in Gestalt und Anspruch Lesetagebücher angefertigt sind. Damit wird aber ein wichtiger Grundsachverhalt in Erinnerung gerufen: Lesetagebücher dokumentieren in besonders auffälliger Weise, wie stark Lernergebnisse von Schülerinnen und Schülern an deren Biografie und schulische Lerngeschichte gebunden sind. Sie sind ein recht zuverlässiger Spiegel der Literalität dieser Schüler. Es ist offenkundig, dass die Schülertexte abhängen von der Wahrnehmungsfähigkeit und -differenziertheit, der Konzentration und Aufmerksamkeit, der Anstrengungsbereitschaft und dem Horizont bisheriger Erfahrungen. Es ist jedoch ebenso offenkundig, dass das Lerntagebuch selbst ein hervorragendes Instrument zur Entwicklung und Schulung von Literalität ist, gerade weil es so viele unterschiedliche Gestaltungsmöglichkeiten zulässt. Viele Ergebnisse bestätigen dies.

„Lieber Quintus,
ich lese gerade deine Geschichte, bin ein Junge aus der Zukunft und lebe ca. 2000 Jahre nach dir. Ich bin 13 Jahre alt, also etwas jünger als du. Ich finde, du bist ein sehr mutiger Junge. Zum Beispiel fand ich es mutig, wie du Aulus verteidigt hast (bei der Schlägerei), obwohl du ihn gar nicht näher kanntest und er dich davor ja nicht gerade nett behandelt hat.
Ihr habt euch ja eine richtig wilde Verfolgungsjagd mit den „Weißen" geleistet. Es war wirklich spannend! Hattest du eigentlich Angst? Ich hätte bestimmt Angst gehabt, wenn mich zwölf Leute verfolgen würden, die mich noch verprügeln wollen. Weißt du, der Schriftsteller, der deine Geschichte nacherzählt, schreibt nämlich wenig über deine Gefühle. Aber er schreibt über die gesellschaftliche Barriere, die zwischen dir und Aulus steht."
(„Quintus geht nach Rom", Schülerin einer 7. Klasse)

Ein *ausgesuchter* Kanon von Literatur muss sich an bisherigen Erfahrungen der Kinder orientieren, an ihren Interessen, aber auch an kulturellen Anforderungen. Mit der Technik des Erstellens von Lesetagebüchern ist wenig gewonnen, wenn sie nicht mit Forderungen und mit unterrichtlichen Verfahren und Anforderungen zur Schulung und Entwicklung von Literalität verbunden sind. Lesetagebücher bieten die Möglichkeit sehr individueller Förderung und Ansprache und sind somit ein besonders geeignetes Mittel der Differenzierung. Sie bedienen nicht nur fachliche Qualifikationen, sondern auch überfachliches und soziales Lernen. Ein Unterricht, der in der Leseförderung solche Möglichkeiten der Differenzierung nicht nutzt, vernachlässigt eine wesentliche pädagogische Aufgabe.

Lesetagebücher: Verspielt, verschachtelt und versteckt

„Ein Lob an die Wissenschaftler, die alle gefundenen Dinge aufbewahren und studierten und uns darüber berichteten und erzählten. Dieses Buch hat etwas Geheimnisvolles, aber trotzdem Natürliches. Ich finde, dass man aus diesem Buch viel über die Steinzeit erfährt. Man lernt viel und es ist trotzdem spannend. Der Autor hat erreicht, dass hier jeder am Lernen Spaß hat. Man erfährt, wie sie gejagt, gekocht, Häuser gebaut, Steine (Werkzeuge) hergestellt, gewebt, Früchte und Pflanzen gepflückt und wie sie gelebt haben. Das ganze Buch ist s u p e r."
(„Rokal, der Steinzeitjäger", Schülerin einer 6. Klasse)

„Liebes Tagebuch,
jedes Kapitel war abwechslungsreich, interessant, witzig. Am meisten fasziniert hat mich, dass das Lesen richtig Spaß gemacht hat und man trotzdem unendlich viel von den Lebensbedingungen in Rom und den Römern erfahren hat, wie sie lebten, was sie aßen, welche Kleidung sie trugen, über Kriege und und und ..."
(„Quintus geht nach Rom", Schüler einer 7. Klasse)

Kinder, die ihre Lektüre so beschreiben, haben sie als spannende und abenteuerliche Reise in eine ferne Vergangenheit erlebt. Das Buch war ihnen Wegweiser, Informationsquelle und lebendige Anschauung zugleich. Sie betonen vor allem, wie viel Sachwissen sie ihm verdanken. Natürlich ist ihnen auch die eigene Schreibleistung bewusst, wenn sie ihre Lesetagebücher stolz präsentieren. Was das alles mit dem Zuwachs an literalen Kompetenzen zu tun hat, tritt demgegenüber in den Hintergrund und das ist gut so. Die Sache selbst und die Literatur als Erlebnis- und Lernquelle haben hier den Deutschunterricht in die Hand genommen.

Lesetagebuch zu Jean Craighead George: „Julie von den Wölfen"

Was du alles in dein Lesetagebuch schreiben oder zeichnen kannst:
1. Du kannst Textstellen zitieren, die du besonders spannend, wichtig, traurig, aufschlussreich ... findest – aber nicht mehr als etwa drei Sätze; Zitate kennzeichnen! Erkläre in einem Kommentar dazu, warum du diese Textstelle spannend, wichtig, ... findest.
2. Du kannst die Personen und Tiere des Buches zeichnen und dazu schreiben, was das Besondere an ihnen ist.
3. Du kannst die Personen des Buches vorstellen (mit Bild und Text), auch mit Sprechblasen.
4. Du kannst deine eigene Meinung (Stellungnahme) zu dem aufschreiben, was die Personen in besonderen Situationen tun oder denken. Vielleicht würdest du auch so handeln, vielleicht aber auch ganz anders.
5. Du kannst den Inhalt eines Kapitels, das du besonders wichtig findest oder das dir besonders gefällt, mit eigenen Worten nacherzählen. (Erzähle aber nicht den Inhalt des ganzen Buches nach!)
6. Du kannst Miyax interviewen.
7. Du kannst eine Reportage z. B. über die bedrohte Umwelt der Eskimos schreiben.
8. Oder eine Reportage über die von der Ausrottung bedrohten Wölfe.
9. Oder eine Reportage über das Leben im ewigen Eis.
10. Du kannst zu einem Kapitel eine Geschichte in der Ich-Form schreiben. Stelle dir vor, du wärst Miyax oder ein Kind in einer ähnlichen Situation.
11. Es ist wichtig, dass du Miyax gut kennen lernst. Unterstreiche gleich beim Lesen eines Kapitels alles, was sie beschreibt: ihr Wesen, ihre Erscheinung ... Das Wichtigste davon kannst du in dein Lesetagebuch übertragen.
12. Es ist wichtig, dass du das Verhalten der Wölfe, z. B. auch ihre Körpersprache, gut kennen lernst. Verfahre wie in Punkt 11.
13. Wichtige Gespräche (z. B. zwischen Miyax und Kapugen oder zwischen Miyax und Pearl) kannst du als Rollenspiel aufschreiben.
14. Du kannst auch Zusatzinformationen aus dem Lexikon in deinem Lesetagebuch verwenden.
15. Du bist Miyax und schreibst einen Brief an Amy.

Dies sind einige Ideen. Natürlich kannst du auch nach eigenen Ideen schreiben, zeichnen, ...

Das Führen eines Lesetagebuches
1. Du sollst zu jedem Kapitel des Buches etwas schreiben oder zeichnen.
2. Schreibe verständlich und so, dass du und andere es gut lesen können.
3. Nummeriere die Seitenzahlen deines Lesetagebuches.
4. Schreibe das Datum deiner Eintragungen oben rechts auf.
5. Schreibe jedes Mal den Titel des Kapitels sowie die Seitenzahlen an den Anfang. Du kannst auch selbst für jedes Kapitel eine Überschrift schreiben. Hebe diese Überschrift vom übrigen Text ab z. B. durch Unterstreichen, Farbe, Größe und Art der Schrift.
6. Wenn du etwas wörtlich aus dem Buch abschreibst, also zitierst, setze das Zitierte in Redezeichen. Schreibe die Seitenzahl aus dem Buch hinter das Zitat.
7. Lege zum Schluss ein Inhaltsverzeichnis an.

Peter Böhning

„Vieles festigt sich im Bewusstsein" – Erfahrungen mit Lerntagebüchern in der Oberstufe

Der folgende Bericht schildert Erfahrungen aus dem Bielefelder Oberstufen-Kolleg. Ich habe dort im Wintersemester 1998 im Rahmen des Themenschwerpunkts „Kulturen und Geschichte" den Kurs „Schöpfungsmythen der Völker"[1] angeboten, unterrichtet in drei Doppelstunden pro Woche. Als ein Leistungsnachweis konnte ein Lerntagebuch (LTB) geführt werden.
In seiner äußeren Form bestand das LTB aus einer Sammlung von Einzelblättern in einem Hefter, denen zwei Informationsblätter vorangestellt waren. Sie enthielten:
- die vier Hauptfunktionen, die das LTB erfüllen sollte
- Anregungen für die Eintragungen ins LTB

Die Eintragungen erfolgten nach jeder Sitzung. Am Ende einer Woche gaben die Schreibenden einen Wochenrückblick bzw. Wochenkommentar, dem sich Rückmeldungen des Lehrenden anschlossen. Auf diese Weise entstand ein fortlaufender Dialog. Um den Kommunikationsprozess nicht zu stören, habe ich keine sprachlichen und stilistischen Korrekturen vorgenommen, sondern nur inhaltliche Fehler verbessert.
Es hat sich herausgestellt, dass bestimmte Themen, Einschätzungen, Probleme in den verschiedenen LTB mehr oder weniger häufig wiederkehrten. Solche Kategorien waren:[2]
- Notizen zum Kursverlauf
- Äußerungen zum Kursklima
- Äußerungen über Gelingen bzw. Misslingen eines Referates, einer Sitzung usw.
- Anregungen und Hinweise für den Lehrenden
- Reflexionen über den eigenen Lernprozess, Einschätzungen der eigenen Leistungen
- Bedeutung des Themas und einzelner Aspekte für die eigene Person

Diese Kategorien wurden in den einzelnen LTB jedoch nicht mit jeweils gleicher Intensität behandelt. Vielmehr ist in den meisten Tagebüchern eine deutliche Gewichtung festzustellen, so dass sich verschiedene Typen herausgebildet haben. Dies möchte ich im Folgenden durch drei Beispiele demonstrieren.

Vorangestellt sei hier noch die Bemerkung, dass der Gebrauch des „Du" zwischen den Schreibenden und dem kommentierenden Lehrenden nicht Ausdruck besonderer Vertraulichkeit, sondern allgemeine Umgangsform am Oberstufen-Kolleg ist.

Drei Beispiele

1. Typ: Protokoll des Kursverlaufs
Im Lerntagebuch einer Kollegiatin überwiegen Äußerungen wie diese:
- Wir haben in dieser Sitzung einen neuen Text besprochen und teilweise gelesen.
- Interessante Antworten und Gedanken kamen zu diesen Fragen zum Vorschein.

Zu ihren Eintragungen während der Einstiegsphase des Kurses habe ich angemerkt:

Du schreibst beispielsweise: „Interessante Antworten und Gedanken kamen zu diesen Fragen zum Vorschein." Es wäre doch sinnvoll, einige dieser Antworten und Gedanken hier festzuhalten, wenn dieses Tagebuch auch eine Art Kursmitschrift für Dich sein soll.

Trotz meiner Anregung änderte sich diese Art der Tagebuchführung kaum. Erneut wies ich die Kollegiatin darauf hin, dass es nicht nötig ist, alle Einzelheiten des Kursverlaufs festzuhalten. Ich fragte sie unter anderem, ob sie etwas gelernt, ob etwas sie bewegt habe, ohne dass diese Anregungen zum gewünschten Erfolg führten.

Von einem Dialog zwischen Schülerin und Lehrer, der mit dem Lerntagebuch ja angestrebt wird, kann in diesem Fall nur sehr bedingt die Rede sein. Ich habe darum ein persönliches Gespräch gesucht, um Probleme und Unklarheiten genauer besprechen zu können. Immerhin konnte ich auch in dem hier vorgestellten Fall gegen Kursende positive Veränderungen feststellen.

2. Typ: Reflexion des eigenen Lernprozesses
Die Einschätzung und Beurteilung eigener Leistungen fällt Schülerinnen und Schülern (und nicht nur ihnen) in der Regel schwer. Die Lerntagebücher des hier vorgestellten Typs erwarten das auch nicht, bieten aber die Möglichkeit, den eigenen Lernprozess, die auftretenden Schwierigkeiten, aber auch die individuellen Stärken zu reflektieren, sie sich im Verlauf des Schreibens vor Augen zu führen und im Dialog mit dem Lehrenden zu besprechen. Wie die folgenden Textauszüge zeigen, kann dieser dabei auch wertvolle Hinweise auf seine eigene Rolle erhalten. Eine Kollegiatin schreibt:

Ich bin immer froh, wenn Kursteilnehmer viel über den Text sagen, weil ich so Zusammenhänge besser verstehe, die für mich alleine vielleicht unverständlich waren. Außerdem werde ich auf Details aufmerksam, die ich zuvor übersehen hab´, aber die doch wichtig sind.
Ich verstehe Peters (des Lehrenden) Fragen oft nicht. Das ist echt übel, weil ich mich dann weniger einbringen kann. Aber ich finde es auch doof, immer zu fragen: „Wie meinst du das?" Peter beginnt eine Frage und fügt im gleichen Satz viele Ergänzungen, Erläuterungen, Nebensätze usw. hinzu, dass ich dann den Anfang vergesse und die Frage nicht kapiere. Vielleicht kann man da was ändern.

Ich habe in meiner Rückmeldung Besserung gelobt, zugleich aber auch die Gelegenheit benutzt, einige meiner eigenen Schwierigkeiten zu benennen:

Ich möchte hier auf deine Schwierigkeiten mit meinen Fragen eingehen: Zunächst werde ich darauf achten, sie knapper zu formulieren, keine Ergänzungen usw. nachzuschieben – das ist ein wichtiger Hinweis für mich. Ob damit alles geklärt ist, wage ich zu bezweifeln. Die Ruhe im Kurs hat zumindest teilweise auch andere Gründe. Außerdem ist es grundsätzlich nicht leicht, über einen komplizierten Text zu reden. Meine wiederholten Nachfragen haben immerhin auch ergeben, dass vieles im Text nicht verstanden war, dass das aber niemand gesagt hat. Meine Frage muss unverständlich bleiben, wenn sie sich auf etwas bezieht, was ebenfalls unverstanden ist. Es ist daher wichtig für mich, dass du und die anderen sagen, wenn etwas nicht verstanden ist.

Wie alle anderen Teilnehmerinnen und Teilnehmer hatte auch diese Kollegiatin die Aufgabe, einen Schöpfungsmythos im Kurs zu präsentieren und dazu auch die notwendigen Hintergrundinformationen und Interpretationshilfen zu geben. Die Bedeutung und das Gewicht, die ein solches Referat für viele hatte, wird durch die Tagebucheintragungen recht deutlich.

Dadurch, dass du dich mit unserem Referat [in einer Vorbesprechung, P. B.] auseinander gesetzt hast, hast du uns ganz schön geholfen. Wir haben endlich einen Anfang gefunden, um das Ganze ins Rollen zu bringen. ... Nach unserem Gespräch haben Moni und ich in der Bibliothek gearbeitet ... Wir haben jetzt einen richtigen festen PLAN! So richtig eben. Es kam uns so vor, als wäre der Groschen gefallen.
Moni hat die Götter „geordnet" und eine Übersicht erstellt und zu dem Ganzen auch noch Erklärungen geschrieben. Ich hab´ meine Internetklamotten endlich (aus-) sortiert und viele gute Stellen im Text gefunden. Heute kam die „Erleuchtung" über uns beide. Mit einemmal war uns klar, wie wir das Thema unter uns aufteilen.

Dazu die Rückmeldung des Lehrenden:

An den Eintragungen der letzten Woche habe ich wieder erkannt, welche Bedeutung ein solches Lerntagebuch haben kann. Ich erfahre Dinge, die mir ja sonst weit gehend verborgen bleiben, selbst wenn ich mit den einzelnen Gruppen ihre jeweiligen Themen und

„Auftritte" einigermaßen sorgfältig vorbereite. Ich meine die Befürchtungen, Zweifel, Ängste, die du im Hinblick auf euer anstehendes Referat geäußert hast. Wenn ich nichts davon höre, neige ich dazu anzunehmen, so etwas gebe es nicht bzw. ihr hättet in dieser Hinsicht keine besonderen Schwierigkeiten.

3. Typ: Verarbeitung eines persönlichen Entwicklungsprozesses

Die folgenden Auszüge stammen aus einem recht umfangreichen Lerntagebuch, das die vorgegebenen Anregungen zwar berücksichtigt, bei dem die inhaltliche Thematik und die eigene Auseinandersetzung mit ihr jedoch ein deutliches Übergewicht haben. Die im Folgenden wiedergegebenen längeren Auszüge aus dem Tagebuch einschließlich meiner Reaktionen sollen überwiegend für sich selbst sprechen. Schon die Eintragung zur zweiten Sitzung lässt erkennen, wo die besonderen Interessen und Fragen der Kollegiatin liegen:

> Ich schrieb alles auf, was mir zum Begriff „Schöpfung" einfiel und merkte, dass ich nicht schnell genug schreiben konnte. Mit jedem weiteren Begriff kam mir eine weitere Frage auf. Über dieses Thema könnte ich stundenlang nachdenken und komme doch zu keinem Ergebnis. Ich glaube, so ergeht es den meisten Kollegiaten in diesem Kurs. Und was erstaunlich ist, es haben nur ganz wenige eigene Vorstellungen zu dem, wie unsere Welt entstanden sein könnte. Der Rest von uns kennt die Geschichte der Schöpfung aus der Bibel, an die keiner so richtig glauben kann. Die Evolutionsgeschichte ist ebenfalls bekannt (oder zum Teil), doch auch die deckt mehr Fragen als Antworten auf. Die Erwartungen des Kurses: Wie sehen bzw. sahen es die anderen Völker?

Einen weiteren Anstoß gab der Film „Evolutionsgeschichte und Religion im Dialog", der im Mittelpunkt der nächsten Sitzung stand.

> Eine Aussage fand ich persönlich die zutreffendste: Je mehr man zu der Schöpfungsgeschichte erfährt bzw. vermutet, desto mehr Fragen kommen auf. Und je mehr man die Wissenschaft mit Religion vergleicht und verbindet, desto komplexer wird die Sache. Ich sitze oft da und denke darüber nach, versuche mir selber Antworten auf meine Fragen zusammenzureimen, doch das Fragen hat bisher nie ein Ende gefunden. Und wenn ich länger darüber nachdenke, bin ich irgendwann so verwirrt, dass ich gar nicht mehr weiß, wie ich zu der letzten Frage gekommen bin.

Die einleitende Kursphase wurde mit der gemeinsamen Bearbeitung eines theoretischen Textes abgeschlossen. In der dann folgenden Spezialisierungsphase setzte sich die Kollegiatin mit einigen Schöpfungsmythen nordamerikanischer Indianer auseinander. Darauf bezieht sich die folgende Eintragung ins LTB:

> Ehrlich gesagt kam ich mir vor, als würde ich irgendein Kindermärchen lesen. Dann dachte ich an unsere Schöpfungsgeschichte aus der Bibel. Wenn man darüber nachdenkt, ist es

genau so ein Märchen, das irgendwie völlig unrealistisch erscheint. Es ist nur eben vertraut, weil wir es mehr oder weniger von klein auf eingetrichtert bekommen und irgendwann daran glauben. Es ist also total egoistisch zu sagen: Unsere Geschichte ist wahr, die anderen sind bloß Märchen. Ich schätze, dasselbe sagen (können sagen) die anderen Völker von unserer Schöpfung.

Dazu die Rückmeldung des Lehrenden als kurze Bestätigung bzw. Ermunterung:

Ich denke, dass du durch die Arbeit mit den konkreten Märchen-/Mythentexten deutlich einen Schritt weiter als bisher gekommen bist. Wenn sich auf diese Weise neue Perspektiven eröffnen, sowohl auf fremde Kulturen als auch auf die eigene, dann ist damit schon ein wichtiges Kursziel erreicht.

Im Rückblick der folgenden Woche wird verstärkt deutlich, dass die Beschäftigung mit den Schöpfungsmythen bei der Kollegiatin mehr als nur einen Perspektivenwechsel[3] ausgelöst hat:

Ich merke, dass ich immer mehr Zweifel habe an meiner (eigenen) Religion und auch an anderen Religionen dieser Welt. Es ist sicherlich nicht schlecht, sich an die 10 Gebote aus der Bibel zu halten, aber Gott – gibt es ihn? Es ist verwirrend. Ich hatte bis vor einigen Wochen keine Zweifel daran, dass es so etwas wie eine höhere Kraft (Gott) gibt, aber mittlerweile verschwindet auch dieses Bild aus meinem Kopf. Der Kurs bringt mich zum Nachdenken, und das nicht nur im Unterricht. Er öffnet mir die Augen und bringt andere Sichtweisen.

Rückmeldung des Lehrenden:

Es ist für mich einerseits sehr erfreulich, dass der Kurs dich so intensiv beschäftigt und zum Nachdenken bringt. Andererseits bin ich schon ein wenig darüber erschrocken, dass damit auch dein eigenes religiöses Weltbild erschüttert wird. Wahrscheinlich wird jetzt etwas verstärkt, was auch schon vorher in dir gearbeitet hat. Aus eigener Erfahrung kann ich dir dazu sagen: Die Beschäftigung mit so unterschiedlichen religiösen Vorstellungen und Weltbildern relativiert zunächst einmal die eigenen. Das kann man auch positiv sehen. Es muss sich damit nicht alles verflüchtigen, sondern es können sich auch neue Möglichkeiten und Sichtweisen auftun.

In den folgenden beiden Sitzungen wurde im Kurs der Schöpfungsbericht in Genesis 1 behandelt. Die Kollegiatin, die ihn vorstellte und einordnete, machte keinen Hehl daraus, dass er für sie den Status der Offenbarung hat. Bei den meisten anderen Kursteilnehmenden konnte ich das beobachten, was mir auch schon in anderen Kursen begegnet war: Aussagen und Texte der Bibel wurden schlichtweg abgelehnt, überwiegend ohne Begründung; dabei sind die tatsächlichen Kenntnisse in der Regel minimal, so dass die Ablehnung eher im Emotionalen begründet sein dürfte.

Die Kollegiatin, deren Lerntagebuch hier vorgestellt wird, hat sich im Kurs selbst überhaupt nicht zu diesen Fragen geäußert. Ihre weiteren Eintragungen im Tagebuch aber zeigen, wie stark sie die Angelegenheit weiterhin bewegte. Darin heißt es:

Es ist für mich unbegreiflich, wie man den biblischen Mythos oder überhaupt die ganze Bibel als ‚die Wahrheit' ansehen kann, zumal da in der Bibel alleine zum Schöpfungsmythos zwei Versionen aufgeführt sind. Zum Zweiten: je nach dem, von wem die Bibel übersetzt wurde, unterscheiden sich die Texte ebenfalls von einander. Ich glaube, in den verschiedenen Schöpfungsmythen der Völker kann man nicht nach der Antwort suchen. Am glaubwürdigsten ist für mich immer noch die Theorie der Evolution.
Irgendwie merke ich, dass ich immer mehr die Bibel und meine Religion hasse. Es ärgert mich, dass mir jahrelang irgendwelche Märchen von „der Wahrheit" eingetrichtert wurden.

An dieser Stelle habe ich zunächst folgende Rückmeldung gegeben:

Wenn man anfängt, die Bibel als historisches Dokument zu sehen, das von Menschenhand geschaffen ist, muss man zwangsläufig zu relativierenden Einsichten kommen. Die Auffassung von der Schöpfung als evolutionärem Prozess steht allerdings nicht im Widerspruch zu anderen Schöpfungsvorstellungen. Die Frage nach dem Beginn und der zuerst bewegenden Kraft bleibt bestehen und natürlich auch die Frage nach Sinn und Ziel.

Es schien mir in diesem Zeitraum notwendig, den Dialog im LTB durch ein persönliches Gespräch zu ergänzen, um zu versuchen, den aufgebrochenen Fragen weiter nachzugehen und bei ihrer Verarbeitung eventuell Hilfen zu geben, die mit den Kommentaren im LTB schwer zu vermitteln sind.
Welche Wirkungen die Auseinandersetzungen mit Fragen und Problemen im Zusammenhang eines Kurses hervorruft, wird gewöhnlich höchstens in Andeutungen erkennbar. Ich hätte von dieser Kollegiatin, die ich vor Kursbeginn nicht gekannt habe und die in den Kurssitzungen bis zum Schluss sehr zurückhaltend war, sicher nichts erfahren über das, was das Kursgeschehen bei ihr ausgelöst hat. Allerdings bleibt die Tatsache, dass die außergewöhnlichen Chancen und Einsichten, die jedes LTB für den Entwicklungs- und Lernprozess bietet, nur durch besonderen Aufwand von beiden Seiten verwirklicht werden können.

Einschätzungen zur Funktion und Wirksamkeit von Lerntagebüchern

Obwohl die empirische Basis schmal ist, sollen abschließend doch einige zusammenfassende und verallgemeinernde Beobachtungen notiert werden. Die Kollegiatinnen und Kollegiaten haben zum Abschluss eine Gesamteinschätzung dieses Instruments gegeben.

Rückmeldungen der Tagebuchschreibenden

Das Lerntagebuch hatte für alle einen besonderen Reiz, weil sie ihre erste Erfahrung damit machten:

Für mich war es das erste Mal, dass ich ein Lerntagebuch für einen Kurs führte und ich muss sagen, es hat mir sehr geholfen, den Kurs/Unterricht nochmals rückblickend zu betrachten.
Ein Tagebuch im Unterricht zu führen, war für mich eine absolut neue Erfahrung (...) und wie persönlich darf es werden, auch in Bezug auf den Lehrenden, den ich vorher nicht gekannt habe.
Ich musste feststellen, dass ich mich auf einem für mich bisher unbekannten Territorium bewege.
Das Lerntagebuch fand ich 'ne gute Sache. Vieles festigt sich im Bewusstsein, was man vielleicht ohne Niederschreiben schnell wieder vergessen hätte.

Aber auch die mit dem Schreiben verbundene Anstrengung wird mehrfach betont. Hervorgehoben wird durchweg der Dialogcharakter des LTB; der Dialog mit dem Lehrenden war allen wichtig.

Einschätzung des Lehrenden

Die meisten Beobachtungen und Einschätzungen kann ich bestätigen. Wichtig ist der Dialog, der Dimensionen erschließen kann, die sonst verborgen bleiben, insbesondere bei Schülern und Schülerinnen, die im Kurs ihre Meinungen eher zurückhalten. Auch Rückmeldungen zur Unterrichtsgestaltung sind wertvoll und können oft direkt aufgegriffen werden. Auch für die Lehrenden ist der Umgang mit Lerntagebüchern relativ aufwändig, vor allem, wenn man nicht in die Falle eines kurzen, routinemäßigen Abhakens geraten will. Es gibt aber sicher Möglichkeiten, mit dem Instrument so umzugehen bzw. es so einzusetzen, dass sich die zeitliche Belastung in Grenzen hält. Auf jeden Fall sollte es freiwillig geführt und als besondere Chance der Reflexion und des Dialogs gesehen werden.

Anmerkungen

[1] Die in dem Kurs bearbeiteten Schöpfungsmythen entstammen recht unterschiedlichen Textpublikationen. Sie sind den Teilnehmenden in einem zu diesem Zwecke angefertigten Leseheft zur Verfügung gestellt worden. Das Heft kann bezogen werden über: Peter Böhning, Am Balgenstück 25, 33611 Bielefeld.

[2] Winter, Felix: Mit Leistung anders umgehen lernen – das Beispiel Lerntagebuch. In: Huber, L./ Asdonk, J./ Jung-Paarmann, H./ Kroeger, H./ Obst, G. (Hrsg.): Lernen über das Abitur hinaus. Erfahrungen und Anregungen aus dem Oberstufen-Kolleg Bielefeld. Seelze 1999, S. 196-207

[3] Vgl. dazu: Krause-Isermann, Ursula/ Kupsch, Jochen/ Schumacher, Michael: Perspektivenwechsel. Beiträge zum fächerübergreifenden Unterricht für junge Erwachsene. Bielefeld (Oberstufen-Kolleg) 1994

Literatur

Krause-Isermann, Ursula/ Kupsch, Jochen/ Schumacher, Michael: Perspektivenwechsel. Beiträge zum fächerübergreifenden Unterricht für junge Erwachsene. Bielefeld (Oberstufen-Kolleg) 1994

Winter, Felix: Mit Leistung anders umgehen lernen – das Beispiel Lerntagebuch. In: Huber, L./ Asdonk, J./ Jung-Paarmann, H./ Kroeger, H./ Obst, G. (Hrsg.): Lernen über das Abitur hinaus. Erfahrungen und Anregungen aus dem Oberstufen-Kolleg Bielefeld. Seelze 1999, S. 196–207

Beatrix Ahlswede-Stefanink

Journal Writing als Lernmethode – Wege der persönlichen Annäherung an eine Fremdsprache

Die Fremdsprache zur eigenen Sprache werden lassen

Wenn wir unsere Muttersprache unter den selben Bedingungen lernen müssten, unter denen wir in der Schule eine Fremdsprache lernen, wären viele von uns noch als Erwachsene stumm.
Als Kleinkinder lernen wir sprechen, indem wir zuerst einzelne Laute, dann einzelne Worte, dann Phrasen und irgendwann schließlich Sätze sprechen. Fehler werden liebevoll und über lange Zeiträume geduldig korrigiert, bis wir irgendwann das „Richtige" internalisiert haben und anwenden können.
Beim Lernen einer Fremdsprache in der Schule läuft es leider anders. Die Schüler lernen diese Sprache im Kontext von Bewertung und Konkurrenz. Viele werden dadurch entmotiviert und auch alieniert, die Sprache bleibt etwas Fremdes, eben ein Schulfach, das auch auf dem Zeugnis mit einer Benotung erscheint. Die Note ergibt sich aus dem Fehlerquotient der Klassenarbeiten und der mündlichen Mitarbeit. Klassenarbeiten bedeuten für die meisten Schüler Stress, weil sie unter Zeitdruck ihre Kenntnisse beweisen müssen – ein denkbar ungeeigneter Kontext, um produktiv arbeiten zu können. Zu kritisieren an dem System der Benotung ist zudem dessen Zentrierung auf Fehler: Nicht was die Schüler gut können, sondern das, was sie noch nicht gut können, ist entscheidend für die Note.
Mein Anliegen beim *journal writing* im Fremdsprachenunterricht ist, die Fremdsprache für die Lernenden zur eigenen Sprache werden zu lassen, zu einer zweiten Muttersprache. Dies ist möglich, wenn sie erleben, dass sie persönliche Interessen und eigene Mitteilungsbedürfnisse in der fremden Sprache erleben und zum Ausdruck bringen können. Englisch nicht als Fremdsprache, sondern Englisch als Mittel zum *personal growth*, als Chance, die eigene Persönlichkeit zu entwickeln und zu entfalten – wenn Unterricht so angelegt ist, dann schließt sich der Kreis und die

Fremdsprachenschüler werden (so wie das Kleinkind) aus Sehnsucht, sich ausdrükken und mitteilen zu können, die Sprache lernen wollen.
Wie kann man diese Sehnsucht wecken? Am geeignetsten sind Themen, bei denen das Individuum als Subjekt im Mittelpunkt steht. Ein weiteres wichtiges Kriterium ist, dass es sich um Inhalte handelt, bei denen Lehrende und Lernende gleichermaßen kompetent sind mitzureden. Fremdsprachenlehrende neigen bekanntlich dazu, eine dominante Rolle im Unterricht einzunehmen, da sie zugleich als Sprachmedium dienen. Aus diesem Grund arbeite ich gerne mit Themen wie z. B. ‚*Families*', ‚*Love Stories*', ‚*Identity and Culture*', ‚*Youth*' usw., bei denen Lernende und Lehrende gleichermaßen kompetent und erfahren sind.
Kurse zu einem der oben genannten Themen bieten sich wunderbar für *journal writing* an, denn sie lassen Platz für die persönlichen Erfahrungen, die die Lernenden mitbringen. „Journalschreiben ist privates Schreiben, welches das Was und Wie individuellen Lernens dokumentiert und reflektiert" (Bräuer 1998, S. 130). Darüber hinaus haben die meisten Jugendlichen ein großes Interesse an Themen wie Liebe, Familie oder Identitätsfindung, denn sie befinden sich in einem Lebensabschnitt, in dem bekanntlich gerade darüber intensiv nachgedacht wird (Erikson 1959, S. 136). Auch Gerd Bräuer hebt diesen Lerneffekt hervor: „Journalschreiben eröffnet das Verbalisieren von emotionalen Komponenten institutionalisierter Bildung" (Bräuer 1998, S. 139).

Ein Kurs und sein Verlauf

Der Kurs, über den ich berichten möchte, fand am Oberstufen-Kolleg statt. Es handelte sich um einen fünfwöchigen Prüfungskurs. Wir haben zwölf Stunden pro Woche miteinander gearbeitet, pro Tag eine Doppelstunde (90 Minuten) und an einem Tag zwei Doppelstunden. 22 Kollegiatinnen und Kollegiaten haben an dem Kurs teilgenommen; am Ende der fünften Woche haben sie die Abschlussprüfung gemacht.
Der Kurs behandelte das Thema Eltern-Kind-Beziehungen. Dazu haben wir Kurzgeschichten, Zeitungsartikel, Gedichte und Songs gelesen und gehört. Um den Kurs zu bestehen, mussten die Lernenden folgende Leistungsnachweise erbringen:
- das Buch *The Color of Water* außerhalb des Unterrichts lesen (pro Woche 55 Seiten). Es handelt sich in dem 1999 erschienenen autobiografischen Buch um eine Mutter-Sohn-Beziehung, die von besonderem Interesse und eben solcher Brisanz ist, denn die Mutter, die aus einer weißen, jüdischen Einwandererfamilie aus Polen stammt, heiratet einen amerikanischen christlichen Schwarzen. In diesem Buch schildert ihr Sohn die Geschichte seiner Identitätsfindung inmitten dieser äußerst komplexen Familienbeziehungen. Dieser Text diente als Rahmenlektüre für den Kurs. Jede Woche wurden in Gruppenarbeit die zu

lesenden Seiten gemeinsam besprochen: Fragen konnten gestellt, interessante Punkte diskutiert werden. Oft wurden Aspekte des Buches, die im Unterricht aus Zeitmangel nicht besprochen werden konnten, dann von den Lernenden in den *journals* behandelt. In unserem Kurs hat sich gezeigt, dass die Lektüre einer Ganzschrift, kombiniert mit *journal writing*, ein sehr intensives Lernerlebnis sein kann.

- ein *journal* schreiben.
- einen Essay (Test) in der vierten Woche schreiben als Vorbereitung auf die Abschlussprüfung; dieser Leistungsnachweis wurde als einziger zensiert.

Die Lernenden haben in ihrem *journal* über jede Unterrichtsstunde berichtet und anschließend die Stunde kommentiert – d. h. ihre Ideen über die gelesenen Texte, die Unterrichtsgespräche, die Beiträge anderer und auch die der Lehrerin reflektiert.

Jeden Freitag wurden die *journals* eingesammelt, übers Wochenende von mir gelesen, sprachlich korrigiert, inhaltlich kommentiert und dann am Montag zurückgegeben. Bis zum folgenden Mittwoch mussten die Fehler korrigiert sein. Nach der Korrektur der *journals* (mit rotem Stift!) kam jedoch noch eine weitere Evaluation: Die Texte wurden ein zweites Mal von mir gelesen Bei diesem Korrekturdurchgang ging es darum, besonders gelungene Formulierungen, komplexe Sätze, gute Wortschatzkenntnisse anzuerkennen, wobei hier mit einem grünen Stift gearbeitet wurde. Für die Lehrenden bedeutet dieses Verfahren natürlich zusätzlichen Zeitaufwand, aber er ermöglicht m. E. sowohl für sie als auch für die Lernenden ein so beglückendes Erfolgserlebnis, dass es sich einfach lohnt, diese Anstrengung zu machen. Viele Kollegiatinnen und Kollegiaten haben zum ersten Mal erlebt, dass sie sich auch über einen korrigierten Text freuen konnten! Positivkorrekturen wirken sehr motivationsfördernd.

Während des Korrigierens habe ich eine Liste der typischsten und häufigsten Fehler nach Kategorien angelegt – *Grammatik, Tense, Word, Spelling, Sentence Structure*, etc. Diese Fehlerliste wurde zusammen mit den korrigierten *journals* am Montag verteilt und gemeinsam im Unterricht korrigiert. Lehrende haben oft Angst, Sätze mit Fehlern zu verteilen, weil sie glauben, dass die Schüler dadurch zum Fehlermachen geradezu angeleitet werden. Meine Erfahrung mit Fehlerlisten ist – ganz im Gegensatz zu solchen Befürchtungen – ausgezeichnet: Die Lernenden wissen, dass es sich um Falsches handelt; sie entwickeln mit der Zeit – wenn man regelmäßig so arbeitet – ein Auge für die typischsten Fehler und lernen somit, sie schnell zu erkennen und allmählich beim eigenen Schreiben zu vermeiden.

Im Anschluss an die gemeinsame Korrektur gab es jeweils eine Stillarbeitsphase, in der die Kollegiatinnen und Kollegiaten mir zu spezifischen Fehlern oder inhaltlichen Aspekten Fragen stellen konnten. Diese intensive Form der Fehlerkorrektur wird nicht von allen Autoren befürwortet. Bräuer (1998, S. 37) schildert einen

fiktiven Dialog zwischen ihm selbst als Lehrer (B) mit einer seiner Schülerinnen (A):
A: Wirst du meine Fehler korrigieren?
B: Nein
A: Warum nicht?
B: Mich interessieren deine Ideen, nicht deine Fehler. Schreiben ist ein Hervorbringen von Ideen, nicht von Fehlern.

An einer anderen Stelle dieses Dialogs präzisiert Bräuer noch einmal, warum er nicht korrigiert: „Da dein Journalschreiben nicht im Vakuum stattfindet, sondern im Kontext mit schriftlichen und mündlichen Arbeiten, bei denen du auch Feedback in Sachen Regelhaftigkeit erhältst, wirst du solche Hinweise – oftmals unbewusst – in dein tägliches Schreiben übernehmen. Eine hohe Schreibquantität bürgt dafür, dass du dir fremdvermittelte Hinweise dann auch zu eigen machst, sie durch ihre praktische Anwendung verstehen lernst" (a. a. O.).

Die oder der einzelne Lehrende wird letztendlich selber entscheiden müssen, wie der Umgang mit Fehlern zu handhaben ist. Im Fremdsprachenunterricht gehört m. E. die Fehlerkorrektur unbedingt dazu.

In den ersten beiden Wochen haben die Lernenden häufig massiv *Tense*- und Grammatikfehler gemacht – z. B. anstelle von *simple past* wurde häufig *present perfect* oder *past perfect* oder *simple present* benutzt, um über die Stunde zu berichten; hartnäckige Grammatikfehler wie „*he don't*" oder „*the mother worked not*" sind immer wieder vorgekommen. Spätestens in der dritten Woche zeigte sich aber bei den meisten Kollegiatinnen und Kollegiaten eine Veränderung in der Art der Fehler, die sie machten – *Tense*- und Grammatikfehler wurden seltener und mehr Korrekturzeit konnte für komplexere Aufgaben wie Satzbau oder Wortschatzerweiterung verwendet werden.

Am Ende der vierten Woche wurden die *journals* zum letzten Mal eingesammelt und korrigiert, in der fünften Woche wurde dann der Essaytest besprochen und korrigiert, danach wurde gezielt für die Abschlussprüfung geübt.

Vorteile des Journal Writing für den Fremdsprachenunterricht

Sprachverbesserung

Meiner Einschätzung nach konnten alle Kollegiatinnen und Kollegiaten durch das *journal writing* ihre Zensuren bei der Abschlussprüfung deutlich verbessern. Die intensive Auseinandersetzung mit der englischen Sprache, die dabei stattgefunden hat, und die harte Fehlerkorrekturarbeit haben sich gelohnt. Weil die Leistung tagtäglich über einen längeren Zeitraum erbracht werden musste, war die optimale Chance gegeben, die eigenen typischen chronischen Fehler wahrzunehmen und zu korrigieren. Die Schüler sahen von Woche zu Woche, wie die Fehler weniger wurden. Der Kommentar einer Kursteilnehmerin zu diesem Punkt: *„Ich denke, ein Journal hat gegenüber einem Test noch einen Lerneffekt. Denn in einem Test geht es nur darum, schnell das zu schreiben, was der Test verlangt. In einem Journal dagegen, hat man Ruhe, außerdem soll man sich Zeit lassen und darüber nachdenken – dadurch merkt man eher, wenn man Fehler macht".*

Authentizität
Die Fremdsprache hört auf, fremd zu sein, und wird zur eigenen, zweiten Sprache, wenn und weil man persönliche Inhalte in ihr ausdrückt, d. h., man wird in der Fremdsprache „authentisch".
„Aus meiner Sicht ist der große Vorteil an dem täglichen Schreiben des Journals, dass man seine eigenen Gedanken, das, was man selbst aussprechen würde, in Englisch formulieren muss. Es gibt keine vorgelegten Texte, mit denen man arbeitet und von denen man in seiner Ausdrucksweise beeinflusst wird. Das ‚Journal' ist das eigene Werk, von jedem selbst" (Zitat einer Kursteilnehmerin).

In der „Fremd"sprache denken lernen
Durch das *journal writing* lernen die Schülerinnen und Schüler, auf Englisch zu denken – ohne großartig übersetzen zu müssen. Ihr Englisch klingt mit der Zeit wie Englisch und nicht mehr wie deutsche Sätze, die in englische Wörter gekleidet sind.
„Für das Journal musste ich meine ganzen Englischkenntnisse wieder aufrufen. An den Tagen, an denen ich das Journal geschrieben habe, war ich so vertieft, dass ich, als ich von meiner Freundin Besuch bekam, ohne es zu wollen, mit ihr Englisch geredet habe" (Zitat einer Kursteilnehmerin).

Partizipation der Lernenden am Unterricht
Die Schülerinnen und Schüler werden aktiver im Unterricht, weil sie ihn selbst evaluieren müssen, wodurch sie einen ‚kritischen Blick' entwickeln. Sie hinterfragen Entscheidungen der Lehrenden und mischen sich mehr in die Gestaltung des Unterrichts ein.
„Es hat mir auch geholfen, mich besser im Unterricht zu konzentrieren, weil ich den Unterricht immer wieder in meinem Journal beschrieben und wiedergegeben habe" (Zitat eines Kursteilnehmers).

Vorteile für die Lehrenden
Oft schreiben Schülerinnen und Schüler Beiträge in ihre *journals*, die sie nicht mündlich im Unterricht machen würden, weil sie vielleicht zu schüchtern sind oder sich nicht trauen oder Angst haben, in der Fremdsprache vor dem ganzen Kurs zu sprechen, oder weil ihr Beitrag einfach sehr persönlich oder auch kontrovers ist. Als Lehrende hört man viele Stimmen und sieht den Unterricht aus ver-

schiedenen Perspektiven. In unserem Kurs hatte es einen Konflikt zwischen mir und einer Kollegiatin gegeben. Viele haben darüber geschrieben und sich auch in ihren *journals* auf die Seite der Kollegiatin gestellt. Für mich war dies eine große Chance, meine Entscheidungen noch einmal in Ruhe zu überdenken. Durch diese Art der Auseinandersetzung wird die Beziehung zwischen Lehrenden und Lernenden enger, intimer und es entsteht eine Art Partnerschaft, in der die Verantwortung für den Unterricht als etwas Gemeinsames erlebt wird.

Personal Growth
Journal writing sollte immer an Inhalte gebunden sein, die alle am Unterricht beteiligten zutiefst betreffen, Inhalte, die uns in unserem Privatleben beschäftigen, Inhalte, die emotionale Intelligenz fordern und fördern. Indem man beispielsweise Einblicke bekommt, wie Menschen in anderen Kulturkreisen (in unserem Fall den USA) ein Thema wie z. B. Eltern-Kind-Beziehungen erleben, wird unser Horizont erweitert und wir werden entsprechend bereichert. Eine Lehrerin aus Texas beschreibt die Vorteile, mit dieser Methode mit bilingualen Jugendlichen (englisch-spanisch) zu arbeiten: „My students wanted to see their own personal growth, not be constantly compared to others" (Lujan 1997, S. 59).
Die Fremdsprache zur eigenen Sprache machen – darum ging es hier. Ich möchte mit einem letzten Zitat enden: „Das Beste, was mir *journal writing* gebracht hat, ist jetzt im Moment sichtbar. Mir und meinen Tischnachbarn fällt es schwer, diesen Text auf Deutsch zu schreiben".

Literatur

Bräuer, G.: Schreibend lernen. Innsbruck/ Wien 1998
Erikson, E.: Identität und Lebenszyklus. Frankfurt 1959
Lujan, R.: „Using Writing Portfolios in a Fifth-and-Sixth-Grade Bilingual Classroom". Portfolio Assessment, eds J. Barton and A. Collins. New York 1997

Erika Altenburg

Schreibleistungen würdigen – auf dem Weg zu einer gerechteren Bewertung

Leistungen fördern: Offene Schreibanlässe als Möglichkeit, Schreibfähigkeiten zu entfalten, individuelle Leistungen in den Blick zu nehmen

Ausgehend von den Ansätzen der Reformpädagogik hat in den letzten 20 Jahren ein tief greifender Wandel in der Betrachtung des Lernens von Kindern in der Grundschule stattgefunden. In zahlreichen Richtlinien und Lehrplänen wird die Bedeutung des individuellen Lernens und Förderns hervorgehoben. In diesem Zusammenhang steht auch der Einsatz offener Lernangebote sowie offener Unterrichtsformen insgesamt.

Mit der Kritik am Gleichschritt-Lernen war u. a. die Kritik am traditionellen Aufsatzunterricht verbunden (Sennlaub1980; Bambach 1994; Spitta 1992 und 1998). Texte schreiben von Anfang an, ab der ersten Klasse, wurde schnell akzeptiert und umgesetzt. Freies Schreiben wurde generell – in Anlehnung an Freinet – in vielen Grundschulen praktiziert. Es zeigte und zeigt sich allerdings häufig eine merkwürdige Diskrepanz zwischen dem „Zulassen" beim freien Schreiben und den nach wie vor rigiden Anforderungen beim so genannten „Aufsatzschreiben". Wenn es darum geht, Schreibleistungen von Kindern zu fördern, so muss überprüft werden, ob das, was im Unterricht geschieht, tatsächlich diesem Ziel dient.

Schreibleistungen können gefördert werden durch Aufgabenstellungen, die es ermöglichen, eine individuelle Textidee zu entwickeln. Eine Schreibidee ist die Voraussetzung für das schriftliche Formulieren. *Rahmenthemen*, d. h. offene Schreibanlässe mit thematischen Anregungen ohne Festlegung der Textsorte, bieten diese Möglichkeit. Je nach Rahmenthema schreiben Kinder Sachtexte, appellative Texte, Erzähltexte etc.

Das Schreiben zu einem solchen Rahmenthema kann sich auch situativ im Unterricht ergeben. So zeigte sich beispielsweise ein intensives Äußerungsbedürfnis im Zusammenhang mit der Besprechung eines Gedichtes zum Thema „Spuren im Schnee". Dieses Mitteilungsbedürfnis wurde als aktueller Schreibanlass genutzt.

Alle Kinder äußerten ihre Gedanken schriftlich, das heißt, sie produzierten einen Text zum Thema „Spuren". Hierbei entstanden zahlreiche Sachtexte (Erklärungen zur Verschiedenartigkeit von Spuren, z. B. im Sand, im Schlamm, in Steinen etc.), einige Erlebniserzählungen sowie zwei Gedichte.

Die Erfahrungen vieler Kolleginnen und Kollegen zeigen, dass Kinder bei *freier Wahl der Textsorte* eher zum Schreiben kommen als bei mehr oder weniger engen Vorgaben. Auf diese Weise können auch Kinder, die dazu neigen, Sachtexte zu verfassen, zu einer erfolgreichen Textproduktion kommen. Die (nicht unbedingt bewusste) Entscheidung für eine Textsorte bei einem bestimmten Rahmenthema kann durch individuelle Vorlieben bedingt sein oder durch Anknüpfungen auf der Basis von Vorwissen, Vorerfahrungen etc. Bei der Auswertung der geschriebenen Texte finden Kinder oft weit gehend selbstständig Merkmale bestimmter Textsorten heraus. Sie bemerken beispielsweise, dass einige Texte in einem Kinderlexikon stehen könnten. Die speziellen Merkmale von Sachtexten können damit auf der Basis der eigenen Erfahrungen bzw. der Analyse der eigenen Texte ermittelt werden.

Wenn wir davon ausgehen, dass das Ziel der schriftlichen Textproduktion, das Ziel der schulischen Bemühungen im Bereich des schriftlichen Sprachgebrauchs darin liegt, sich schriftlich ausdrücken zu können, so tritt die Frage der jeweiligen Aufgabenstellung zurück hinter die Anforderung, allen Kindern bzw. Jugendlichen Gelegenheit zu geben, zu einer erfolgreichen Textproduktion zu kommen.

Neben den klassischen zielgerichteten Schreibanlässen sollten daher offene Schreibanlässe bzw. freies Schreiben ohne Festlegung auf eine Textsorte bzw. vorgegebene Aufgabenstellungen ins schulische Repertoire aufgenommen werden. Dies sollte meiner Ansicht nach nicht auf Grundschulunterricht beschränkt werden, wenn wir die generelle Zielsetzung der Förderung der schriftlichen Ausdrucksfähigkeit auf alle Schulstufen beziehen.

Sprachliche Leistungen erkennen: „Sehen lernen" und würdigen – Auswirkungen eines veränderten Lernbegriffs

In den letzten Jahren erfolgte eine Veränderung des Lernbegriffs weg von der Vorstellung, dass Kinder leere Köpfe mitbringen, in die von Seiten der Lehrperson das Notwendige systematisch bzw. Schluck für Schluck nach Art eines Trichters eingefüllt wird. Die Veränderung dieser Vorstellung hin zu einem Verständnis von Lernen als eines aktiven individuellen Vorgangs mit Einbeziehen des Vorwissens und Anknüpfen an Erfahrungen (konstruktivistischer Lernbegriff) hat sich auch auf die Gestaltung von Lernsituationen bzw. die Organisation von Lernwegen ausgewirkt. Eine weitere Konsequenz ist die veränderte Betrachtung von Lernergebnissen wie zum Beispiel die Auswertung individueller Rechenwege (offene Pro-

blemstellung) oder die Analyse von Kindertexten.
Wenn man *nicht* davon ausgeht, dass Kinder nur zeigen können, was vorher im Unterricht gelernt wurde, wenn man also Kindertexte unvoreingenommen betrachtet, so stellt man fest, dass Kinder erstaunliche sprachliche Leistungen vollbringen. Eine Leistung von Kindern, die viele Kolleginnen und Kollegen überrascht, besteht darin, ohne vorherige Instruktion stimmige Texte produzieren zu können, und zwar schon in der ersten Klasse. (Ohne systematische Unterweisung haben Kinder in den ersten sechs Lebensjahren gelernt, grammatisch korrekte Äußerungen zu tun.)
Dies wird deutlich am Beispiel eines Textes, der von einem Kind in einer ersten Klasse geschrieben wurde, das vorher noch keinen schriftlichen Text verfasst hatte. Es wurde lediglich die Rechtschreibung korrigiert. Punkte wurden vom Kind gesetzt. Schreibanlass war ein Bild. Die Überschrift wurde auf Nachfrage nach dem Textschreiben ergänzt.

Der tolle Moment auf dem Fluss
Peter und Ina haben viel Spaß. Sie wollten immer mal mit einem Boot fahren. Sie haben viel Glück, die Wellen sind besonders groß, der Wind saust. Die Vögel zwitschern, es ist herrlich.
(In: Altenburg 1994, S. 20)

Kinder verwenden – wenn sie nicht schulisch gebremst werden – interessante sprachliche Mittel mit den entsprechenden Wirkungen. Dies soll an drei weiteren Beispielen deutlich werden:

Thomas, 2. Klasse (Schreibanlass: Bild)
Der *Teddybär*
Er lag in einer großen Wiese in einem großen Wald. Er lag und lag. Ein Bein war hoch und das andere Bein war unten. Und es hatte geregnet. Der Teddybär war ganz verschrumpelt.
(In: Altenburg 1994, S. 16)

Wiederholung und Parallelismus haben Wirkung, ebenso der Satzanfang mit „Und". Wie drückte es eine Lehramtsanwärterin aus?: „Da spürt man das ganze Bärenelend. (Und ... auch noch Regen!)". Dieser Junge hatte glücklicherweise noch nicht gelernt, das man sich nicht wiederholen darf, dass man keinen Satz mit „Und" anfängt und was dergleichen an unsinnigen Textnormen in manchen Schulen vermittelt wird.

Christoph, 2. Klasse (Schreibanlass: Frühlingsblumen)
Eine schöne Blumengeschichte
Ein schöner Frühlingsgarten mit vielen bunten Blumen. Ein schöner Weidenkätzchenstrauch.

Eine schöne Hyazinthe.
Eine schöne Osterblume.
Zwei schöne Stiefmütterchenblumen.
Eine schöne Tulpe.
(In: Altenburg 1996, S. 59)

David, 3. Klasse (Schreibanlass: Besuch der örtlichen Orgel)
Die Orgel
Heute haben wir eine Orgel besichtigt.
Toll war, dass sie 1618 Pfeifen hatte.
Manchmal war es schrecklich laut.
Zwei Tastaturen.
1618 Pfeifen, der Preis eines Reihenhauses
und die Töne!
Irre! Im ganzen es hat Spaß gemacht.
Zeichensetzung und Textaufteilung erfolgten durch das Kind
(Text in: Altenburg 1996, S. 73)

Dieser Text hat eine Rezeptionsgeschichte: Die Lehrerin hatte unter diesen Text geschrieben: „Du schreibst im Telegrammstil. Das ist gar nicht irre, bilde ganze Sätze und verbinde diese geschickt."
Dieser Kommentar wurde vor mehr als 10 Jahren geschrieben, wäre so aber in vielen Schulen denkbar.
Der Junge David hat inzwischen die Aufnahmeprüfung zu einer Journalismus-Fachschule auf Anhieb geschafft, er hat die Ausbildung dort glänzend abgeschlossen und sieht rückwirkend seine schulische Schreibsozialisation sehr kritisch.
Viele Kolleginnen und Kollegen, denen der Text in Fortbildungsveranstaltungen vorgelegt wurde, analysierten, dass das Beeindrucktsein, das das Kind wiedergibt, gerade durch die Verwendung von Ellipsen, durch die Wiederholungen, durch die persönliche Sprache bzw. Gefühlsäußerung wiedergegeben wird. Zweifel wurden jedoch häufig laut, ob Kinder nicht doch zuerst lernen müssten, was „richtig" ist. Diese textuale „Richtigkeit" ist außerordentlich zweifelhaft.
An diesen wenigen Beispielen soll deutlich werden, dass Kinder, die noch nicht mit den tradierten schulischen Vorgaben für die Gestaltung von Texten konfrontiert wurden, erstaunliche sprachliche Leistungen vollbringen. Die tradierten schulischen Textnormen „keinen Satz mit ‚Und' anfangen, keine Wiederholungen, kein Zeitwechsel, vollständige Sätze, wechselnde Satzanfänge verwenden, wörtliche Rede einsetzen, farbige Adjektive, treffende Verben etc." sind sowohl aus linguistischer Sicht wie auch aus der Perspektive des Alltagsverstandes so nicht haltbar. Das Argument, dass Kinder es erst einmal „richtig" lernen müssten, ist falsch. Hier werden unreflektierte Traditionen bzw. subjektive Sichtweisen zur handlungslei-

tenden Norm von Lehrpersonen und – trotz bester Absichten – zur Behinderung für Kinder.

Hinzu kommt ein weiterer Aspekt: Dürfen Kinder, was Dichterinnen und Dichter dürfen? Kinder lesen Texte von Autorinnen und Autoren und stellen fest, dass es Wiederholungen gibt, dass Sätze mit „Und" anfangen, dass nicht immer in vollständigen Sätzen geschrieben wird ...

Die Widersprüche, die Kindern in Form von unsinnigen Textnormen begegnen, sind geeignet, „kognitive Dissonanzen" entstehen zu lassen und kindliche Sprachkraft zu unterdrücken.

Lehrerinnen und Lehrer spüren oft die Sprachkraft von Kindern, sie sind beeindruckt ob ihrer Kreativität und Vielseitigkeit. Es geht mir darum, Kolleginnen und Kollegen zu ermutigen, ihrem gesunden Menschenverstand zu folgen, sich auf eine linguistische Textanalyse einzulassen, die Wirkungen bestimmter sprachlicher Mittel zu erkunden und in diesem Zusammenhang tradierte Textnormen zu reflektieren. Damit Kinder überall dürfen, was die Dichterinnen und Dichter dürfen!

Unterschiedliche Textprodukte/Textsorten bewerten können

Auf der Basis einer linguistischen Textanalyse können klare Aussagen gemacht werden, ob ein Text im textualen Sinne stimmig ist. Hierzu kann ein vereinfachtes Textmodell Hilfestellung geben (Altenburg 1994 und 1996). Auf diese Weise können vorschnelle Negativ-Urteile über Kindertexte vermieden werden.

Eine produktbezogene Textbewertung ohne Einbeziehen der Vorkenntnisse und -annahmen über das Kind, seine Biografie etc., ohne Kenntnis der Schreibaufgabe bzw. der Themenvorgabe ist durchaus möglich. Man kann von jedem Produkt sagen, ob es sich um einen *stimmigen* Text und damit um eine *zufrieden stellende Leistung* im Sinne der Fähigkeiten zur Textproduktion handelt. Stimmige Texte haben einen Anfang und ein Ende – wobei viele Varianten möglich sind –, die Einzelteile sind im textualen Sinne miteinander verknüpft. Ein solcher Text ist verständlich. Zusätzliche Leistungen könnten vorliegen bei auffallenden sprachlichen Leistungen (Wiederholung und Parallelismus, Tempuswechsel, offenes Ende, besonders interessante Überschrift etc.) sowie inhaltlich positiven Auffälligkeiten. Dieses schlichte Bewertungssystem für alle Textsorten (stimmiger Text: Note befriedigend, Schwächen im textualen Sinne: ausreichend, besondere Leistungen: gut und sehr gut) könnte erweitert werden um Beobachtungsaspekte im Hinblick auf den Schreibprozess. Gelungene Texte sind zufrieden stellende Leistungen, wenn wir davon ausgehen, dass das generelle Ziel des schriftlichen Sprachgebrauchs darin liegt, sich schriftlich ausdrücken zu können. Besondere sprachliche Leistungen sollten gesehen und gewürdigt werden und führen zu einer Note über „befriedigend" hinaus.

Für eine sinnvolle Bewertung im Bereich „Texte schreiben" müssen die Grundlagen dieses schulischen Arbeitsbereiches geklärt werden:
- Was ist das generelle Ziel des „schriftlichen Sprachgebrauchs" in der Grundschule?
- Was ist ein „gelungener Text"?
- Welche Schreibanlässe sind sinnvoll?
- Welchen Stellenwert hat die Rechtschreibung?
- Wann und wie erfolgt eine rechtschriftliche Korrektur von Kindertexten?
- Wann erfolgt eine textuale Korrektur?
- Wann erfolgt eine stilistische Überarbeitung von Texten?

Ich denke, es ist sinnvoll, in Kollegien ins Gespräch zu kommen über die eigenen Vorstellungen, darüber, worin diese begründet sind, und sich dann unvoreingenommen den Produkten von Kindern zuzuwenden.

Literatur

Altenburg, Erika: Schreiben zu Erzählbildern. Donauwörth 1994
Dies.: Erfundene Geschichten erzählen es richtig. Lesen und Leben in der Schule. Lengwil ²1995
Altenburg, Erika: Offene Schreibanlässe. Donauwörth 1996 (3. Aufl. 2000)
Altenburg, Erika: Grammatik für Texte. Texte lesen – Texte schreiben – kann Grammatik helfen? Essenzials Lesen und Schreiben. In: DGLS Deutsche Gesellschaft für Lesen und Schreiben. Balhorn, H. (Hrsg.): Handlungsorientiertes und fächerübergreifendes Lesen und Schreiben in der Primarstufe, Chemnitz/Zwickau, Raum für das Wachsen von Sprache, Rauischholzhausen, Beiträge 1996
Altenburg, Erika: Fordert Qualitätssicherung von Unterricht auch ein Nachdenken über „Kunstfehler"? In: SchulVerwaltung NRW 9.(1998), H. 6/7, S. 180-181
Altenburg, Erika: Offene Schreibsituationen regen an. In: unterrichten/ erziehen, H. 3 (1999)
Altenburg, Erika: Regularitäten von Texten mit Kindern entdecken. In: Grundschulunterricht, H. 3 (1999), S. 22-25
Bambach, Heide: Ermutigungen. Nicht Zensuren. Lengwil 1994
Sennlaub, Gerhard: Spaß am Schreiben oder Aufsatzerziehung? Stuttgart u. a. 1980
Spitta, Gudrun: Schreibkonferenzen in Klasse 3 und 4. Frankfurt/ M. 1992
Spitta, Gudrun: Kinder schreiben eigene Texte: Klasse 1 und 2. Frankfurt/ M. 1998

Hartmut Glänzel, Winfried Uesseler

Lernen begleiten und Vereinbarungen treffen – Erfahrungen mit dem Konzept Stadt-als-Schule Berlin

„Praxislernen" als Prozess und seine Organisation

Der didaktisch-methodisch zentrale Ansatz im Bildungskonzept der Stadt-als-Schule ist das Praxislernen.[1] Die Jugendlichen lernen dabei zu einem großen Teil nicht in der Schule, sondern in Betrieben, Verwaltungen und kulturellen Einrichtungen. Für diesen Teil ihrer Ausbildung werden individuelle Lernvereinbarungen formuliert. Praxislernen wird als ein Prozess verstanden. Die Schüler müssen dabei Interessen und entsprechende Ziele formulieren, bestimmte Tätigkeiten planen, sich die Aufgaben erschließen und bearbeiten und später ihre Ergebnisse und Erfahrungen dokumentieren und präsentieren. Praxislernen setzt Impulse frei (Eigenimpulse der Schüler, Impulse durch Mitschüler, Mentoren, Lehrer) und entfaltet sich als Prozess positiver Selbstverstärkung.

Für die Organisation solcher individueller Praxisprojekte braucht man etliche Mittel, die sonst an Schulen nicht unbedingt üblich sind:
- Prozeduren für Absprachen und Entscheidungen, Termin- und Arbeitspläne,
- Karteien/Dateien mit Praxisplätzen und Ansprechpartnern,
- Frage- und Erhebungsbögen (z. B. zu Interessen, Fertigkeiten, Fähigkeiten),
- Informationsbögen und Laufzettel (z. B. für den Praxisplatz oder die Lernwerkstatt),
- didaktisches Unterrichtsmaterial für „Praxislernen",
- spezielle Unterrichts- und Veranstaltungsformen (z. B. „mind mapping" als Methode der Erschließung von Lernmöglichkeiten am Praxisplatz, Präsentation von Projektergebnissen und andere Auswertungsrunden),
- Formulare für verschiedenste Vereinbarungen (z. B. „Praxisplatz-Vereinbarung" zwischen Betrieb und Schule sowie Schüler, Mentor und Lehrer),
- Gesprächsleitfäden für unterschiedliche Beratungsgespräche,
- Anforderungskataloge und Beispiele (Muster) für Lernpläne, Dokumentationen, Aufgaben und Projekte,

---

[1] Eine kurze Darstellung des Konzeptes der Schule ist im Anhang zu finden

- Kriterienlisten für die Evaluation und Leistungsbewertung,
- Auswertungsbögen für die Selbstevaluation,
- Bildungsberichts- und Zeugnisformulare und nicht zuletzt
- eine „Lernwerkstatt" als Ort des Lernens, der die erforderlichen Ressourcen (Informationen zum Praxislernen, Archiv mit ausgewählten Dokumentationen vergangener Praxislernprojekte, Präsenzbibliothek, Zeitschriften, Dokumentationen, PC, Experimentierkästen, Schreibautomaten etc.) für das interdisziplinäre Lernen zur Verfügung stellt.

Regeln, Vereinbarungen, Kontrakte

Schon im Aufnahmeverfahren gibt der Jugendliche, der zur Stadt-als-Schule wechseln möchte, Erklärungen u. a. zu seinen Lerninteressen ab, die er im Verlauf des zweijährigen Bildungsgangs verfolgen möchte. Diese Interessen machen sich zumeist an Praxisplätzen fest, die der Jugendliche besuchen möchte.

Der Ansatz des Praxislernens ist mit einer Individualisierung des Lernens verbunden. Auch im innerschulischen Bereich wird – freilich weniger stark als in den individuellen Praxislernprojekten – mehr und mehr versucht, den Unterricht hin zu individuell differenzierten Themen zu öffnen. Ein solcher Lernansatz kann leicht verunsichern – Schüler und Lehrer. Traditionelle Artikulationsschemata von Unterricht werden aufgelöst, neue Unterrichtsstrukturen müssen an deren Stelle treten. Zugleich verlangt diese Art des Lernens von den Jugendlichen ein hohes Maß an Selbststrukturierung und Selbstorganisation, die zumeist noch entwickelt und gefestigt werden muss. In vielfältiger Weise müssen die Jugendlichen Vereinbarungen treffen, sich verbindlich erklären, sich selbst verpflichten und sich selbst und den anderen Beteiligten gegenüber Rechenschaft über die Einlösung solcher Absprachen und Verpflichtungen ablegen, z. B.:

- Terminvereinbarungen mit Pädagogen und Mentoren am Praxisplatz,
- Abschluss von Praxisplatzverträgen,
- Übernahme von Erkundungsaufgaben am Praxisplatz,
- inhaltliche und zeitliche Strukturierung verschiedener Arbeitsvorhaben,
- Absprachen zur Lösung von Konflikten (zur Zeit wird ein Mediationsverfahren bei der Stadt-als-Schule „implementiert"; der Sozialpädagoge und einzelne Mitarbeiter bilden sich im Bereich der Mediation fort und einige Schülerinnen und Schüler werden zu Konfliktlotsen ausgebildet),
- „Verhaltensverträge" zur Initiierung von Selbstverpflichtungen, Schritt-für-Schritt-Vorhaben und Selbsterziehungsprogramme (z. B. im Zusammenhang mit Unpünktlichkeit und „Schwänzen"),
- die Vereinbarung des Trimester-Lernplans (der hauptsächlich das Lernen am Praxisplatz erfasst, teilweise aber auch Aufgaben aus dem innerschulischen Bereich einbezieht),

- das Ausfüllen eines Auswertungsbogens zum Erfolg/Misserfolg am Ende des Trimesters,
- das Auswertungsgespräch, in dem das zurückliegende Trimester – mit Blick auf den Bildungsbericht und die erzielten Punkte – bilanziert wird und neue Ziele für das kommende Trimester zu formulieren sind.

Lernbegleitung und individuelle Lernplanung

Die Lehrer begleiten die Jugendlichen in den individuellen Lernvorhaben, und zwar grob gesehen in „spiralförmig" angelegten Prozessen der Orientierung, Realisierung und Evaluation. In einem vierseitigen Formular zur „Dokumentation der Lernbegleitung im Praxislernen" werden auf der Vorderseite alle wichtigen Informationen (Adresse, Name der Mentorinnen und Mentoren sowie der Erziehungsberechtigten, Telefonnummern, Arbeitszeiten, Anwesenheit an den Praxistagen, Besuche der Lehrer am Praxisplatz) festgehalten. Auf den beiden Innenseiten werden Themen, Gesprächsziele und Ergebnisse von Telefonaten und Beratungsgesprächen vor Ort protokolliert. Auf der Rückseite wird der individuelle Lernplan notiert.

Im Folgenden sind Fragen/Impulse aufgeführt, die den Jugendlichen beim Beginn eines Praxislernprojekts und in seiner eigenständigen Planungs- und Handlungskompetenz unterstützen sollen (zusammengestellt aus verschiedenen Arbeitshilfen):

Lernplanung – aber wie?

- Warum soll ich gerade diesen und nicht einen anderen Praxisplatz nehmen? Was will ich dort tun? Welchen persönlichen Gewinn verspreche ich mir? Welche Tätigkeiten vermitteln mir ein Gefühl der Zufriedenheit? Welche Ziele sprechen mich an? Wäre ich stolz und zufrieden, wenn ich sie erreichte? An welchen kulturell und gesellschaftlich bedeutsamen Tätigkeiten kann ich bzw. möchte ich teilhaben?
- In welcher Richtung will ich mich schulisch, beruflich, ja insgesamt als Person entwickeln?
- Was macht mich am Praxisplatz besonders neugierig? Was weiß ich schon? Was will ich erkunden? Was will ich erschließen? (Eine Landschaft, eine Umgebung kann ich erkunden; ein Gelände, ein Gebiet kann ich mir erschließen, d. h. mir zugänglich machen. Wie kann ich Zugang zu meinem Praxisplatz bekommen, wie kann ich ihn erkunden und erschließen? Durch Fragen. Fragen sind Sätze mit W-Wörtern – wie folgt.)
- Fragen stellen:

Wer?
Wie?
Was?
Wo?
Wann?
Warum?
Wozu? ...

> „Ich hatte sechs ergebene Diener, sie lehrten mich alles, was ich wissen musste: ihre Namen waren Wo und Was und Wann und Warum und Wie und Wer." (Rudyard Kipling)
>
> „Der, die, das,/ Wer, wie, was,/ Wieso, weshalb, warum,/ Wer nicht fragt, bleibt dumm./ Tausend tolle Sachen, die gibt es überall zu sehn,/ Manchmal muss man fragen, um sie zu verstehn."
> (Song aus der „Sesamstraße")

- Was will bzw. sollte ich aus persönlichen, fachlichen, beruflichen, kulturellen und gesellschaftlichen Gründen wissen?
  - das will ich aus persönlichem Interesse wissen,
  - das muss z. B. zur Zeit jeder wissen („Allgemeinbildung"),
  - das brauche ich, um im Alltag klarzukommen,
  - das brauche ich, um ein bestimmtes Problem zu lösen,
  - das brauche ich, um ein bestimmtes Ziel zu erreichen,
  - das brauche ich, um etwas herzustellen,
  - das brauche ich für meinen späteren Beruf,
  - das brauche ich noch in 10 oder 20 Jahren,
  - das will mein Lehrer von mir wissen,
  - das will meine Kommunikationsgruppe wissen,
  - das wollen meine Eltern, das meine Freunde, Freundinnen wissen ...
- Was kann ich besonders gut? Was will ich können? Was will ich besonders üben?
- Welches zentrale Thema, welche zentrale Frage will ich bearbeiten? Welcher Bereich und welches Fach interessiert mich in diesem Trimester besonders?
- Welches selbstständige Vorhaben verfolge ich? Will ich etwas schreiben, herstellen, bauen, filmen, zeichnen, malen ...?
- Was muss detaillierter geplant werden?
  - Zeitplanung?
  - Woher bekomme ich meine Informationen?
  - Wenn ich etwas herstellen will, welche Materialien brauche ich dann und wie sieht mein Entwurf dafür aus?
  - Wie will ich mein Thema darstellen? (Dokumentation)
  - Wie will ich wichtige Erkenntnisse, Ergebnisse meiner Gruppe, meinen Lehrern, meinen Eltern präsentieren?
- Was erwarte ich von meinem Lehrer, meiner Lehrerin? Wobei soll er, sie mir helfen? Was muss ich mit ihm/ihr absprechen?
- Was erwarte ich von meinem Mentor, meiner Mentorin? Was muss ich mit ihm/ihr absprechen?

Das folgende Beispiel zeigt eine Möglichkeit der Lernplangestaltung. Der Lernplan ist unter aktiver Beteiligung des Jugendlichen erarbeitet worden. Die Erkundungsthemen und sonstigen Aufgaben sind im Vertrauen auf die Selbstständigkeit des Schülers grob skizziert. Wie ein Lernplan zu gestalten ist, muss im Einzelfall entschieden werden. Je nach Schüler können/ müssen die Aufgaben deutlich enger gefasst werden und z. B. durch W-Fragen strukturiert werden, wobei sich der Pädagoge auf die Sichtweise und Interessen des Jugendlichen einzustellen versucht.

Individueller Lernplan

Schüler/-in: ....
Pädagoge: ....
Zeitraum: ....
Praxisplatz: Einzelhandel-Laden für Rollen- und Abenteuerspiele Aufgaben:
1. Ein Rollenspiel entwerfen (Rollenkarten: Situationen, Personen, Verhaltensweisen, Charaktere) – mit Hilfe von schriftlichen Erläuterungen und Beschreibungen sowie eigenen Zeichnungen.
2. Interessierte Mitschüler in ein Rollenspiel einführen, ein Spiel beginnen und eine Spielsequenz durchspielen.
3. Den Sinn von Rollenspielen darlegen.
4. Eine eigene Fantasy-Geschichte entwerfen (Fantasy-Hefte können als Vorlage genutzt und zeichnerisch/ malerisch sowie textlich umgestaltet werden).
5. Elemente von Fantasy-Geschichten und Rollenspielen nach Vorlage und aus der Vorstellung zeichnen (Figuren, Gesichter, Räume, Ortspläne, Kostüme, Wappen, Utensilien wie Schwerter, Rüstungen etc.).
6. Vergrößere bzw. verkleinere Bildvorlagen mit Hilfe der Rastertechnik (Arbeitsmaterialien werden vom Lehrer gestellt).
7. Zeichne einen Raum mit Hilfe des Einpunktperspektivenrasters und zeichne einen oder einige wenige Gegenstände hinein, die für die Fantasy-Geschichte bzw. für das Rollenspiel bedeutsam sind (Arbeitshilfen vom Lehrer).
8. Passende mathematische Aufgaben zum Praxisplatz erfinden (Dreisatz, Prozentrechnung, Maßstabsverkleinerung, -vergrößerung, Mengenumrechnungen, Dezimalbrüche, geeignete Wertetabellen anlegen und Durchschnittswerte errechnen – Arbeitsmaterialien vom Lehrer).
9. Das Warenangebot des Ladens.
10. Fotodokumentation des Ladens, der Mitarbeiter (auch eigener Videofilm möglich).
11. Wochenberichte.
12. Was will ich nach der Zeit an der Stadt-als-Schule (beruflich) tun? Überlegungen dazu aufschreiben.
13. Festlegung/Verabredung eines Minimums an Anwesenheitstagen am Praxisplatz und in der Schule bis zum ....
14. Ziel: In jedem Fall am Praxisplatz/ in der Schule anrufen, wenn – aus welchen Gründen auch immer – verhindert.
15. Bei Entschuldigungen: „Keine faulen Ausreden", immer bei der Wahrheit bleiben.

Selbstständige Aufgabe: Ein eigenes Rollenspiel oder eine eigene Fantasy-Geschichte entwerfen (Text, Zeichnung, Foto, Collage)/ ein möglichst echt aussehendes Utensil für ein Rollenspiel herstellen (z. B. ein Schwert aus Kunststoff mit entsprechender Bemalung).
Abschließende Aufgabe: Wie war es am Praxisplatz? – Erstellung eines Berichtes über den Verlauf des Praktikums; kritische Bewertung der Erfahrungen, Probleme, Erfolge am Praxisplatz: „Was ist gut gelaufen, was sollte anders laufen? Was würde ich wieder so machen, was würde ich anders machen?"

Dieser Jugendliche hatte – dies als Zusatzinformation – sowohl vor seiner als auch während seiner Zeit an der Stadt-als-Schule Probleme mit dem „Schwänzen". Es wurde deshalb versucht, einen Lern- und Trainingsprozess einzuleiten, der für alle Seiten (Schüler, Lehrer, Mentor) akzeptabel war. Der Pädagoge, einer der Autoren dieses Artikels, versuchte die Balance zu halten zwischen der non-direktiveren Berater-Rolle und der direktiveren Rolle des Leistungsbewerters, der auch die Einhaltung des Schulgesetzes zu beachten hat. Pädagogische Maßnahmen waren folgende: regelmäßige Beratungsgespräche unter Einbeziehung des Sozialpädagogen der Stadt-als-Schule sowie der Heimbetreuer und der zuständigen Mitarbeiter des Jugendamtes; Abgabe der Verantwortung an den Jugendlichen; keine Beschönigung, aber auch keine Überbewertung von Rückschlägen; Auswahl von Praxisplätzen mit größerem Spielraum („flexible Arbeitszeit", kein moralisierendes und disziplinierendes Verhalten der Mentoren); Einweihen der Mentoren in das Problem des Schwänzens von Anfang an. Die gemeinsame Lernplanung ermöglichte es, sachlich und Punkt für Punkt Erfolge und Misserfolge zu bilanzieren, so dass dem Schüler trotz der Ambivalenz von hohem Anspruch an sich selbst und Versagensängsten und trotz der mit Misserfolgserlebnissen einhergehenden Scham- und Schuldgefühle immer wieder ein Neuanfang mit realistischeren Zielen möglich war.

Im Zentrum der Bemühungen steht generell die Selbstaktualisierung der Jugendlichen. (Lern-)Störungen lassen sich als Inkongruenzen in diesem Prozess begreifen. Lernplanung im Sinne einer kommunikativen Pädagogik und Didaktik schließt nicht aus, dass in die Lernvereinbarungen – insbesondere wo es um Kontrakte zur gezielten Verhaltensänderung geht – „behavioristische" Elemente der Verhaltenssteuerung einfließen, dies umso mehr, je genauer und kleinschrittiger Lernziele formuliert und die Kriterien für den Lernerfolg an einem sichtbaren Verhalten festgemacht werden. In dem beschriebenen Rollenverständnis wird der Lehrer sich aber solcher „Verstärker" bedienen, die er aus der Perspektive des Schülers in dessen Lebensweltinterpretation als zumindest latent vorhandene „Selbstverstärker" erkennt; er wird also den Jugendlichen in diesem Sinne zur „Selbsterziehung" anregen.

Die persönlichen Motivationen und Wissensvoraussetzungen der Schülerinnen und Schüler können in der Stadt-als-Schule leichter individuell berücksichtigt werden, als dies im Unterricht der Regelschulen möglich ist: In welchem Verhältnis stehen Defizit- und Wachstumsmotive? Ist der Jugendliche wissbegierig, dominiert die intrinsische oder die extrinsische Motivation? Welche Einstellungen und Attitüden, welches Vorwissen, welche Fähigkeiten und Fertigkeiten sind vorhanden, welche Erfahrungen mit Erfolg und Misserfolg wurden gemacht. Im Kontext dieser Fragen ist der Praxisplatz (Lage, räumliches Ensemble, Tätigkeitsfeld, Persönlichkeit des Mentoren und anderer Mitarbeiter) unter anreiztheoretischen Gesichtspunkten zu betrachten. Auf diese Weise können persönlich, gesellschaftlich, kulturell, fachlich und beruflich relevante Themen bzw. Lernziele („Allgemeinbildung") aufgegriffen und verfolgt werden.

Gemeinsame Evaluation, Bildungsbericht und Bewertungssystem

Leistung wird in der Stadt-als-Schule im Sinne eines kriteriumsbezogenen Bewertungsverfahrens verstanden, in das Bildungsstandards nur indirekt – als prinzipiell pädagogisch zu legitimierende Inhalte – eingehen. Der Lernplan als Instrument individueller Zielvereinbarungen macht diese Art von Bewertung möglich: Sind die vereinbarten Ziele erreicht, teilweise erreicht oder gar nicht erreicht worden? Die dreistufige Bewertungsskala („mit besonderem Erfolg bestanden", „bestanden", „nicht bestanden") passt zu dieser Betrachtungsweise, wobei die Absicht einer qualitativen Sicht teilweise dadurch konterkariert wird, dass den drei genannten Bewertungsprädikaten je nach Wochenstundenanteil der betreffenden Bildungsteile bestimmte Punktwerte zugeordnet sind. Die von den Jugendlichen anzufertigenden Dokumentationen könnten zukünftig im Sinne eines „Portfolio" und einer „direkten Leistungsvorlage" weiterentwickelt werden.

In der derzeitigen Praxis lassen sich aber anknüpfend an den Lernplan Auswertungsgespräche führen, die Erfolge und noch vorhandene Defizite in ausgewogener Weise, d. h. mit dem nötigen pädagogischen Takt benennen. Dabei sind die Bewertungskriterien den Jugendlichen in verständlicher Sprache zu verdeutlichen, geeignete Arbeitsmaterialien zur Selbstevaluation eines Trimesters bereitzustellen und die Ergebnisse dieser Evaluation unter Betonung der persönlichen Ressourcen der Jugendlichen im Trimesterbericht (Text des Lehrers, Mitteilung der erreichten Punkte) festzuhalten.

Literatur

Stadt-als-Schule Berlin (Hrsg.): Die Stadt zur Schule gemacht ... Ein Rückblick auf die erste Schulversuchsphase 1992-1996. Berlin 1997
Stadt-als-Schule Berlin (Hrsg.): Die Stadt zur Schule gemacht ... „Praxislernen" – von der Idee zum Programm. Die Entwicklung der Konzeption 1992-1997. Berlin 1999
Verein zur Förderung der Stadt-als-Schule e. V. (Hrsg.): Die Stadt zur Schule gemacht ... Ein Rückblick über die ersten zwei Schulversuchsjahre. Berlin 1995

Anhang

Die Stadt-als-Schule Berlin – Von Tätigkeiten zur Allgemeinbildung

Die Stadt-als-Schule Berlin arbeitet seit dem Schuljahr 1992/ 93 als Berliner Schulversuch mit dem Bildungsangebot „Praxislernen" mit Schülern und Schülerinnen der 9. und 10. Klasse. Mit Beginn des Schuljahres 2001/2002 wird der Status einer Schule besonderer pädagogischer Prägung angestrebt. Die Stadt-als-Schule wendet sich an Schülerinnen und Schüler, die sich durch diesen Ansatz anderen Lernens angesprochen fühlen, ausdrücklich auch an jene Jugendlichen, die mit der Regelschule in Konflikt geraten sind. Die Adressatengruppe des Schulversuchs – deutsche und Schüler nichtdeutscher Staatsangehörigkeit bzw. nichtdeutscher Herkunftssprache – kommt aus allen Berliner Bezirken mit Schwerpunkten im innerstädtischen Bereich sowie aus allen Schulformen der Sekundarstufe I. Die Aufnahme findet auf freiwilliger Basis statt. Bisher wurden im Allgemeinen solche Jugendlichen aufgenommen, die in ihrer bisherigen Schullaufbahn gescheitert sind. Sie befanden sich bei Aufnahme in die 9. Klasse in der Regel bereits in ihrem individuellen 10. oder 11. Schulbesuchsjahr. Bei dieser Schülergruppe handelt es sich zumeist um Jugendliche mit ausgeprägten pychosozialen Problemen. Zudem ist nahezu allen gemeinsam, dass sie Bildung im Grunde den Rücken zugekehrt hatten. Viele können kaum auf positive Erfahrungen mit Schule zurückblicken.

In der Stadt-als-Schule können die Schüler und Schülerinnen in einem der allgemein bildenden Schule gleichwertigen Bildungsgang zum Ende der 9. Klasse einen dem (einfachen) OH-Abschluss vergleichbaren Schulabschluss und zum Ende der 10. Klasse einen dem erweiterten Hauptschulabschluss bzw. (bei besonderer Qualifikation) einen dem Realschulabschluss vergleichbaren Schulabschluss erreichen.

Tätig werden in authentischen Situationen („Ernstsituationen"), in persönlich zugeschnittenen „Praxislernprojekten" an den verschiedensten Lernorten der Stadt ist der Ausgangspunkt für Allgemeinbildung und Lernen in der Stadt-als-Schule.

Ausgehend von ihren Interessen werden die Schülerinnen und Schüler an drei Tagen pro Woche an ihren außerschulischen Lernorten, den im gesamten Stadtgebiet verteilten „Praxisplätzen" (u. a. in Berliner Betrieben, Verwaltungen, sozialen und kulturellen Einrichtungen) tätig und bilden sich dort durch konkrete „Praxislernprojekte" von jeweils mehrwöchiger Dauer. Unter Beratung und Anleitung durch ihre Lehrerinnen und Lehrer sowie die „Praxismentorinnen und -mentoren" (das sind die anleitenden und Aufsicht führenden Fachleute am Praxisplatz) planen und reflektieren sie ihr Tun, bearbeiten sie ihre Aufgaben, eignen sie sich Kenntnisse und Fertigkeiten, Arbeits- und Lernmethoden und weitere Schlüsselqualifikationen an und entwickeln ihre Persönlichkeit. Ein Praxislernprojekt wird durch einen individuellen Lernplan strukturiert und beinhaltet komplexe Handlungs-, Erkundungs-, Fach- und Dokumentationsaufgaben.

In der Schule werden in den Kommunikationsgruppen die Praxislernprojekte bearbeitet und vorgestellt, gesellschaftsrelevante Themen und soziales Lernen vermittelt. Hinzu kommen Englisch, Mathematik, die Lernbereiche „Natur und Technik", „Gesellschaft und Wirtschaft", „Sprache, Kunst und Kommunikation" sowie ein Wahlpflichtangebot.

Günter Lange
Die Laufrichtung ändern – lektorieren statt korrigieren

Als Unterrichtende tun wir notwendigerweise etwas, das im Unsichtbaren wirkt. Natürlich bemühen wir uns, uns ein Bild zu machen von dem, was aus unseren Lernangeboten in der Verarbeitung durch die Schülerinnen und Schüler entsteht. Wir beobachten, wir schließen aus Anzeichen, wir vermuten, wir fragen nach, aber wir wissen, dass wir nie genau wissen können, welche Lernprozesse ablaufen. Weil wir die Schülerinnen und Schüler ernstnehmen als Menschen, die sich ihre Welt selbsttätig konstruieren, haben wir einen Respekt vor der irreduziblen Andersheit des anderen Menschen.

(Kaspar H. Spinner)[1]

Die Menschen brauchen den anderen

Sebastian, Jahrgangsstufe 12, hat sich diesmal große Mühe mit der Erledigung seiner Hausaufgabe im Grundkurs Deutsch gegeben. Nun hat er vorgelesen und aus den Worten seiner Mitschülerinnen und Mitschüler Lob und großen Respekt vor seiner Leistung herausgehört. Während des gesamten weiteren Unterrichts liegt sein Text vor ihm auf dem Tisch. Fest ruht die Hand darauf und immer wieder richtet sich sein Blick auf sein Werk.

Bei der Betrachtung dieser subtilen körpersprachlichen Geste fällt mir eine Bemerkung Horst Rumpfs ein: „Die Menschen brauchen den anderen, um – sozusagen im Spiegel der Erwartungen und der Reaktionen des anderen – sich selbst bestätigt und ratifiziert zu sehen. Niemand kann sich selbst stabilisieren, ein kontinuierliches Ich aufbauen, wenn er nicht den Umriss dieses Ich in den Reaktionen und Erwartungen anderer vorgezeichnet sieht" (Rumpf 1976).

Sebastians Leistung ließe sich differenziert und kriteriengerecht nur von seiner Grundkurslehrerin beschreiben. Aber wozu sollte sie dies tun? Nur zweimal im Semester muss sie eine schriftliche Leistungsüberprüfung vornehmen, im übrigen Unterricht kann sie darauf vertrauen, dass auch die selbstständig und gemeinsam an den Fragestellungen und Gegenständen arbeitenden Mitschülerinnen und Mitschüler Sebastian eine zuverlässige Spiegelung seiner Leistung vermitteln können.

Hans Rauschenberger plädiert in seinem Beitrag für eine entschiedenere Kultivierung des individuellen Leistungswillens und entwirft die Vision eines stabilisierenden Zentrums des Leistungsdialogs zwischen Lehrendem und Lernendem auf der Grundlage gegenseitigen Vertrauens. Ich denke, er würde mir zustimmen, wenn ich davon ausgehe, einen Leistungsdialog könne es zusätzlich auch zwischen den Lernenden geben. Das erfordert allerdings ein hierzu passendes Unterrichtskonzept, in dem die Lehrperson einen Großteil ihrer Lenkungsfunktion („gelenktes Unterrichtsgespräch!") aufgibt zu Gunsten eigenverantwortlicher Tätigkeit der Schülerinnen und Schüler.

Ich füge hierzu eine Fallstudie aus teilnehmender Beobachterperspektive ein: Die Deutschlehrerin hat ihre Klasse 10 aufgefordert, sich mit englischsprachigen Ausdrücken in der Alltagssprache zu beschäftigen. Nun legt sie ihren Schülerinnen und Schülern zur kritischen Erörterung ein Schreiben der „Gesellschaft zur Wahrung der deutschen Sprache" vor, in dem über das Überhandnehmen der Anglizismen geklagt wird, ergänzt durch einen populistischen Artikel aus „Bild am Sonntag", der viele Beispiele bringt.

Die zum angesprochenen Thema entstandenen erörternden Aufsätze der Schülerinnen und Schüler müssen nun begutachtet werden. Diese Gutachten verfasst aber nicht die Lehrerin, die AutorInnen selbst wechseln vielmehr in die Rolle kompetenter Leserinnen und Leser. Alle Hefte liegen in einem Stapel auf dem Tisch, werden von der Lehrerin gemischt und neu verteilt. Auftrag: „Du bist Anwältin/Anwalt dieses Textes. Schreibe ein kurzes positives Gutachten."

Danach werden die Hefte wieder eingesammelt, gemischt und neu verteilt. Der zweite Auftrag lautet: „Du bist Kritikerin/Kritiker dieses Textes. Verfasse ein Gutachten, in dem du heraushebst, was noch besser gemacht werden könnte." Innerhalb einer Dreiviertelstunde erhalten alle Schülerinnen und Schüler ein von zwei Mitschülerinnen oder Mitschülern erstelltes, ernst zu nehmendes Feedback. Auf diesem Wege lernen die jungen Menschen, zugewandt, fair und anspruchsvoll die Leistung ihrer Mitschüler zu würdigen, und erfahren an sich selber, welche Art von Spiegelung, welche emotionale und sachbezogene Qualität ein solches Verfahren für sie selber erbringt. Möglicherweise haben einige Autorinnen oder Autoren im Anschluss daran sogar das Bedürfnis, sich noch einmal mit ihren Gutachterinnen und Gutachtern zu treffen und auszutauschen. Solchen Verfahren, die individuelle Leistungen in einen dialogischen Zusammenhang stellen, liegt ein Umdenken in der Handhabung der Rolle der Lehrenden zu Grunde.

Die „Alltagskultur" des Korrigierens und die Theoriebildung der „Beletage"

Als 1982 Hubert Ivo die Ergebnisse seiner großen empirischen Untersuchung „Lehrer korrigieren Aufsätze"[2] vorlegte, lenkte er den Blick auf einen blinden Fleck unserer „didaktischen Landkarte": Es bestehe eine erhebliche Diskrepanz zwischen unserem progressiven didaktisch-pädagogischen Reden und unserem korrekturpraktischen Tun. In unserem Reden bedienen wir uns der aktuellen Einsichten aus der Unterrichts- und Lernforschung, beziehen uns – wie Ivo sagt – „in Legitimationsfragen auf die Theoriebildung der Beletage". Dies entspricht auch unserem eigenen Selbstbild von Professionalität. Wenn es dann aber darum geht, die Arbeiten unserer Schülerinnen und Schüler am heimischen Schreibtisch zu „korrigieren", dann greifen wir auf veraltetes Gewohnheitswissen zurück, das – wie Ivo sagt – „imitativ erlernt und zu unterrichtlichem Brauchtum geronnen ist".

Wir handhaben „exekutiv" unsere Rolle als Richterinnen und Richter, indem wir ausschließlich normorientiert urteilen, wir sitzen quasi mit dem Rücken zu den „Angeklagten", ohne diese zu ihren Texten zu hören, und konfrontieren sie dann – oft ohne ausführliche Begründung und fast immer ohne Revisionsmöglichkeit – mit unseren Urteilen. So weit Ivo. Was wir aus unserem „Richter-Ich" heraus als Herstellung von Gerechtigkeit und Chancengleichheit interpretieren, berücksichtigt weder die fortschrittlichen Lernarrangements unseres eigenen Unterrichts noch die neuen Einsichten aus der Kognitionspsychologie.

Diese beschreibt uns nämlich Lernen als hochindividuellen Konstruktionsprozess, dem sich keine pluralisierenden Lernziele vorgeben lassen, weil er von jeder Lernerin, jedem Lerner in eigener Weise verfolgt wird, abhängig von Vorwissen, Vorerfahrungen, bereits vorhandenen Lernmustern, emotionaler und sozialer Befindlichkeit. Wenn unsere Schüler und Schülerinnen also eigene Lernwege beschreiten müssen, um erfolgreich sein zu können, dann müssen wir als Lehrende nach neuen Wegen suchen, um die Lernprozesse kritisch zu begleiten. Ein solcher Weg könnte sein, dass wir uns in ein grundsätzlich dialogisches Verhältnis zu den anvertrauten jungen Menschen versetzen.

„Lernersensitiv" lesen lernen – förderlich reagieren – einen Dialog anbahnen

Wie aber erlerne ich den „Leistungsdialog"? Hans Rauschenberger verweist auf das erfolgreiche Kommunikationsverhältnis zwischen Erwachsenen – „Trainern" – und Heranwachsenden – „leistungsorientierten Jugendlichen" – in Sportvereinen. Hier herrsche eine Beratersprache: Dies ist dir schon gelungen ... versuche doch noch Folgendes ... du schaffst es!

Hilfreich für eine neue Lesehaltung gegenüber Texten von Schülerinnen und Schülern kann z. B. das Frageverfahren des „Segeberger Kreises" sein. Während dessen regelmäßig stattfindenden Schreibtagungen werden von den (erwachsenen) Teil-

nehmenden verfasste und vor einer Zuhörerschaft verlesene Texte ausschließlich nach „nicht-exekutiven" Prinzipien besprochen:
1. Was glaube ich verstanden zu haben?
2. Was beeindruckt mich?
3. Was erscheint mir „fraglich" bzw. womit habe ich Schwierigkeiten beim Lesen/ Hören?

Tatsächlich gelingt mir nach einiger Übung, meine Haltung zu Hause am Schreibtisch wenigstens teilweise an die partnerschaftlich-beratende Haltung beim Unterrichten anzugleichen. Ich beginne meinen Kommentar unter den Arbeiten der Schülerinnen und Schüler mit einer Anrede – das verändert meinen Sprachgestus, ich kann nicht mehr nur apodiktisch reden. Ich versuche, den Text der/des Jugendlichen nicht mehr nur mit einer festen Erwartung zu lesen, sondern mich verständnisvoll in deren/dessen Haltung als Schreibende(r) zu versetzen, wie ich es ja auch beim Lesen literarischer Texte tue. Mechthild Dehn hat vorgeschlagen, das Wort „Korrigieren" aufzugeben und von „lernersensitivem Lesen" zu sprechen (Dehn 1991).

Ich vollziehe in den Arbeits- und Hausheften eine „Entmischung", indem ich in allen Lerngruppen das Prinzip „Deine Seite – meine Seite" einführe: Beim Schreiben der Arbeit bleibt immer die gegenüberliegende Seite frei für mögliche Lehrer-Leser-Reaktionen. So vermeide ich das expansive Hineinschreiben in die Texte der Schülerinnen und Schüler und symbolisiere auf diese Weise auch meinen Respekt vor der Autorschaft des jungen Menschen. Der routinierte „Eingriff" mit roter Tinte und das folgende „Berichtigungs-Reglement" entstammen dem Geist einer Schule, die sich als „Korrekturanstalt" verstand. An dieser Art „unterrichtlichen Brauchtums" mag ich mich nicht mehr beteiligen. Auf „meiner" Heftseite kann ich bestärkend und fragend reagieren, aber auch einen Impuls setzen, dass die Autorin oder der Autor an einer bestimmten Stelle freiwillig einen kleinen Fortsetzungs- oder Überarbeitungs-Schreibversuch unternimmt.

Interpretierendes Lesen zu Gunsten der Autorinnen und Autoren? Lektorieren statt Korrigieren? Gesprächseröffnung statt Urteilsspruch? Mit der Zeit gelingt es mir besser, in den Leistungsüberprüfungen „die Menschen zu stärken, die Sachen zu klären" (von Hentig 1985).

Was ist anders geworden in meiner Kommunikation mit meinen Schülerinnen und Schülern? Ich liste einmal ein paar indirekte Grundbotschaften auf, von denen meine Rand- und Schlussbemerkungen in wachsendem Maße bestimmt werden:
- Ich will deinen Überlegungen folgen und dich verstehen.
- Ich will dir sagen, dass du etwas Wichtiges/Bedeutendes geleistet hast.
- Ich will dir aufzeigen, wo dir etwas besonders gelungen ist und wo du etwas noch nicht erreicht hast.
- Ich will dir Ratschläge für deine persönliche Weiterarbeit geben.

- Ich will dich mit Kritik konfrontieren, auch wenn es dir unangenehm ist, aber die Kritik soll so ausfallen, dass du konstruktiv damit umgehen kannst oder dir ein positiver Ausweg bleibt.
- Ich will dich mit den Leistungen der anderen in der Gruppe vergleichen, ohne dass du dich ausgegrenzt fühlen musst, so dass du lernen kannst, mit deinen Stärken und Schwächen umzugehen.[3]

Anmerkungen

[1] Kaspar H. Spinner (1994, S. 154f.) in seiner Zürcher Rede über die kognitionspsychologische Wende in der Fachdidaktik (auch in Müller/ Rupp 1995).

[2] Ivo 1982. Die wörtlichen Zitate sind seinem zusammenfassenden Bericht entnommen: Ivo 1985

[3] Ausführlicher sind die hier vorgelegten Erörterungen dargestellt in: Lange 1999

Literatur

Dehn, Mechthild: Stil von Grundschülern? Schülertexte verstehen lernen - und die Folgen für den Unterricht. In: Der Deutschunterricht (1991), H. 3, S. 37–51

Hentig, Hartmut von: Die Menschen stärken, die Sachen klären. Ein Plädoyer für die Wiederherstellung der Aufklärung. Stuttgart 1985

Horst Rumpf: Schullernen und die Bedrohung der Identität. In: ders.: Unterricht und Identität. Perspektiven für ein humanes Lernen. München 1976, S. 10

Ivo, Hubert: Lehrer korrigieren Aufsätze. Frankfurt a. M./Berlin/München 1982

Ivo, Hubert: Das Wissen der Deutschlehrer, das Wissen der Deutschdidaktiker und das Wissen der Bildungspolitiker. In: Stötzel, G. (Hrsg.): Germanistik – Forschungsstand und Perspektiven. Vorträge des Deutschen Germanistentages 1984. Berlin 1985, Teil 1, S. 615-632

Kaspar H. Spinner: Neue und alte Bilder von Lernenden. Deutschdidaktik im Zeichen der kognitiven Wende. In: Beiträge zur Lehrerbildung. Bern 1994, H. 2, S. 154f. Auch in: Müller-Michaels, Harro/ Rupp, Gerhard (Hrsg.): Jahrbuch der Deutschdidaktik 1994. Tübingen 1995

Lange, Günther: Die Laufrichtung ändern. Überlegungen zu veränderten Bewertungsverfahren im Literatur- und Schreibunterricht. In: Praxis Deutsch, H. 155 (1999), S. 58-62

Leistung neu sehen: Besonderes zur Geltung bringen

Katrin Höhmann

Besondere Lernleistungen in allen Altersstufen – Erfahrungen aus der Laborschule

Es ist Mai, über mehrere Wochen waren die Ausstellungsflächen auf der Schulstraße, jenem langen, breiten Flur, der alle Bereiche der Bielefelder Laborschule miteinander verbindet, ungenutzt. Nun gibt es neue Aktivitäten: In eine der Ausstellungsecken wird Sand geschüttet. Backsteine werden geholt, die Sanddecke umzäunt. Einen Tag später wird sichtbar, wofür der Sand angehäuft wurde: Eine Schülerin stellt ihre Jahresarbeit aus und hat sich hierfür eine passende Präsentation ausgedacht. Drei Kleider aus ungewöhnlichen Materialien wurden von ihr kreiert und angefertigt. Eines ist aus Kunstrasen inklusive selbst genähter Schuhe und Hut. Auch in den Vitrinen wird Neues ausgestellt. Als Erstes taucht ein großes, detailgetreu nachgebautes Segelschiff aus Holz auf. Auch dies ist Teil einer Jahresarbeit. Ebenso zählen die auf großen Plakaten aufbereiteten Daten zur Wasseruntersuchung dazu, die nun auf den Pinnwänden ausgehängt werden.
Die Jahresarbeiten der Laborschule stehen am Ende einer langen Kette von besonderen Lernleistungen, die die Lernenden im Laufe ihrer Schulzeit an der Laborschule erbringen. Besondere Lernleistungen durchziehen wie ein roter Faden diese elf Jahre. Sie haben in der Laborschule eine besondere Bedeutung, da sie eine wesentliche Grundlage für die Beurteilung der Schülerleistungen im Rahmen der Lernberichte sind. Lernberichte ersetzen an dieser Schule die klassischen Notenzeugnisse.
Die Laborschule ist eine besondere integrierte Gesamtschule mit eigener Grundschule. Die Schülerinnen und Schüler werden mit fünf Jahren in Jahrgang 0 eingeschult[1]. Nach Jahrgang 10 kann die Schule jeden Abschluss vergeben. Die Schule arbeitet sehr bewusst ohne äußere Differenzierung mit ausgesprochen heterogenen Gruppen. Das Begabungsspektrum innerhalb einer Gruppe reicht von lernbehinderten Kindern bis hin zu Kindern und Jugendlichen mit besonderen Begabungen. Besondere Lernleistungen sind ein wesentliches Mittel, um jedes Kind entsprechend seiner Interessen und Begabungen fördern zu können. Daher werden die Schülerinnen und Schüler mit besonderen individuellen Aufgaben bereits in den ersten Schuljahren vertraut gemacht.

Besondere Lernleistungen von Jahrgang 0-10: Ein kleiner Überblick

Die Möglichkeiten besonderer Lernleistungen sind in den Jahrgängen 0-7 sehr vielfältig.

In Stufe I werden die Schülerinnen und Schüler der Jahrgänge 0, 1 und 2 in jahrgangsgemischten Gruppen unterrichtet. Groß angelegte Projekte sind in diesen Gruppen ein fester Bestandteil des Schuljahres. Die Kinder können sich – je nach Alter und Befähigung – in das jeweilige Projekt einbringen. Ein solches Projekt kann vom „Alten Ägypten", von „Chagall" oder von „Dinosauriern" handeln. Die Möglichkeiten, eine besondere Lernleistung zu erbringen, sind umfangreich: Es können kleine selbst geschriebene Geschichten oder auch Bilderserien oder plastische Objekte sein, um nur einige Möglichkeiten zu nennen. Die Ergebnisse werden jeweils bei Präsentationen auf einem der regelmäßig stattfinden Eltern-Kind-Nachmittage vorgestellt.

Stufe II umfasst die Jahrgänge 3 und 4, in denen die Kinder überwiegend in jahrgangshomogenen Gruppen unterrichtet werden. Eine der zentralen besonderen Lernleistungen ist hier das freie Schreiben von Geschichten. Jedes Kind schreibt solche Geschichten, trägt sie in Autorenrunden vor, überarbeitet sie und illustriert sie mit Aquarellen. Schließlich entsteht daraus ein kleines gebundenes Buch.

Neben diesen freien Geschichten gibt es so genannte Themenhefte. In einem Zeitraum von etwa drei Monaten beschäftigen sich die Kinder zu festen Zeiten in der Woche mit einem Thema, das sie besonders interessiert. Zunächst sammeln sie Texte und Bilder, die sie dann auswerten. Daraus entstehen kleine Referate oder es werden wichtige Passagen abgeschrieben – je nach Leistungsstand der Kinder. Auch diese Themenhefte werden vorgestellt – zum Beispiel bei einem Eltern-Kind-Nachmittag, auf dem jedes Kind über das Thema berichtet, das es bearbeitet hat.

In Stufe III tritt teilweise der kreative Anteil der besonderen Lernleistungen stärker in den Hintergrund und die theoretische, sachorientierte Auseinandersetzung mit den behandelten Themen gewinnt an Bedeutung. Die Auseinandersetzung mit einem frei gewählten Thema ist in vielen Gruppen auch in dieser Stufe fester Bestandteil des Schuljahres. Es geht nun nicht mehr nur darum, interessantes Material zu sammeln und zu beschreiben, sondern es ist das Ziel, die Schülerinnen und Schüler dazu zu ermutigen, dieses auch auszuwerten und zu interpretieren. Bei der Gestaltung der Ergebnisse treten formale Aspekte wie Gliederung, Inhaltsverzeichnis, Vor- oder Nachwort stärker in der Vordergrund.

Neben diesen besonderen Lernleistungen gibt es auch solche, die innerhalb themengleicher Projekte ihren Platz haben. Ebenso wie in Stufe I und II kann von den Lehrenden in Absprache mit den Kindern und Jugendlichen festgelegt werden, welchen Inhalts ihre besondere Lernleistung sein kann und welche Form sie wählen.

Die individuellen bzw. gruppenbezogenen Konzeptionen von besonderen Lernleistungen ändern sich erstmals mit Jahrgang 7, in dessen zweiter Hälfte alle Kinder ihr erstes Praktikum machen. Es ist ein einwöchiges Praktikum in einem der Kindergärten der Stadt. Diese Erfahrung, auf der „anderen pädagogischen Seite" zu stehen, wird von jedem Kind in einem Praktikumsbericht dargestellt. Dieser ist für alle verbindlich. Es ist der erste von insgesamt vier Praktikumsberichten, die die Schülerinnen und Schüler bis zu ihrem Schulabschluss schreiben. Es gibt, wie in den anderen Texten, fakultative wie verbindliche Elemente. Zu den verbindlichen Bestandteilen des Berichts zum Kindergartenpraktikum gehört beispielsweise die Aufgabe, einen Jungen und ein Mädchen während dieser Woche zu beobachten und darüber zu schreiben.

In Stufe IV sind alle besonderen Lernleistungen verbindlich. Zu nennen wären hier zum einen die drei Praktikumsberichte. Die Schüler und Schülerinnen absolvieren ein jeweils dreiwöchiges Praktikum in Jahrgang 8 und 9 sowie ein Berufsfindungs- und Schulpraktikum in Jahrgang 10. Jedes dieser Praktika wird in Praktikumsberichten ausgewertet. Höhepunkt aller besonderen Lernleistungen ist die eingangs erwähnte Jahresarbeit, auf die nun näher eingegangen werden soll.

Das Beispiel für besondere Lernleistungen: Die Jahresarbeiten

In Jahrgang 8, 9 und 10 fertigen die Lernenden eine so genannte Jahresarbeit an. Diese Jahresarbeiten können sowohl rein theoretische als auch praktische Arbeiten sein (wie etwa das eingangs beschriebene Kleid). Die Schülerinnen und Schüler können das Thema und die Arbeitsform eigenständig und nach Interessenlage wählen, wobei sie auf Wunsch bei der Wahl des Themas von ihren Betreuungslehrenden Hilfe bekommen. Für die Betreuung des Themas müssen sie sich dann einen „Experten" oder eine „Expertin" in der Schule suchen. Während alle besonderen Lernleistungen der Stufen I, II und III sowie die Praktikumsberichte von den Lehrenden, die die Schülerinnen und Schüler unterrichten, betreut werden, sind es nun überwiegend fremde Personen, Lehrende also, die sie selbst nie im Unterricht gehabt haben. Es gehört zur Vorarbeit für die eigene Jahresarbeit, eine betreuende Lehrkraft zu finden, Kontakt zu ihr aufzunehmen, einen gemeinsamen Termin zu vereinbaren, ihr die Vorstellungen über das eigene Thema zu vermitteln und sie dafür zu gewinnen, die geplante Jahresarbeit zu betreuen. Um den richtigen Experten finden zu können, gibt es eine Liste, in der alle Lehrerinnen und Lehrer der Schule (auch des Primarstufenbereichs) mit ihren Hobbys und Interessen aufgeführt sind. Diese Interessen sind oft völlig andere, als es die Unterrichtsfächer nahe legen. So bietet beispielsweise eine Französischlehrerin an, Arbeiten zum Thema Klöppeln zu betreuen, ein Sportlehrer entpuppt sich als Katzenexperte und eine Mathelehrerin hat sich intensiv mit Fragen des Rechtsradikalismus in Bielefeld beschäftigt. So vielfältig die Menschen dieser Schule sind, so vielfältig sind die Themen. Und darin liegt die Chance für die Schülerinnen und Schüler, jemanden zu finden, der sich – ebenso wie sie – ganz speziell für ein Thema interessiert oder für eines der Schülerinnen und Schüler offen ist und sie durch das Jahr begleitet.

Bevor die Lernenden mit ihrer Jahresarbeit beginnen, erhalten sie ein Jahresarbeiten-INFO. Auf zwei Seiten finden sie Informationen dazu, was eine Jahresarbeit ist, wie sie aussehen kann, und Informationen über den möglichen Umfang einer solchen Arbeit sowie darüber, ob es auch eine Gruppenarbeit sein kann. Außerdem erfahren sie etwas zu den Terminen, der Korrektur und Bewertung und wozu das Ganze eigentlich gut ist: „Du sollst lernen, eine dir interessant erscheinende Sache selbstständig durchzuführen", lautet das zentrale Motto (Jahresarbeiten-Info, S. 2). Anders als bei den besonderen Lernleistungen der Stufen I, II und III müssen die Jahresarbeiten außerhalb des Unterrichts angefertigt werden. Dies stellt zusätzliche organisatorische Anforderungen an die Schülerinnen und Schüler.

Schließlich werden die Jahresarbeiten von den betreuenden Experten ausführlich beurteilt. Die mindestens zwei Seiten starken Gutachten[2] müssen auf folgende Punkte eingehen:
- Äußere Form und Aufbau der Arbeit,
- Inhalt der Arbeit,
- Stärken der Arbeit,
- Schwächen der Arbeit,
- Fazit.

Die Präsentationsformen der Jahresarbeiten sind sehr unterschiedlich. Es können z. B. Ausstellungen sein, ähnlich wie die eingangs beschriebenen. Theoretische Arbeiten werden in der Bibliothek ausgelegt. Teilweise gibt es Jahrgangselternabende, auf denen Jahresarbeiten vorgestellt werden. Manche Klassen feiern mit den Eltern ein Fest am Schuljahresende, auf dem sie die Jahresarbeit präsentieren.

Das Kennzeichnende für die besonderen Lernleistungen an der Laborschule

Wie die kurze Übersicht über die Stufen gezeigt hat, sind die Formen besonderer Lernleistungen unterschiedlich, sie haben aber dennoch Gemeinsamkeiten:
- Besondere Lernleistungen ermöglichen es den Lernenden, auf der inhaltlichen und/oder der formalen Ebene eigene Vorstellungen zu realisieren
- Besondere Lernleistungen setzen dort an, wo die Schülerinnen und Schüler mit ihren individuellen Fähigkeiten und Begabungen stehen
- Besondere Lernleistungen setzen auf das selbstbestimmte Arbeiten und Lernen und fördern es

- Besondere Lernleistungen verlangen es, sich mit der eigenen Planung von Zeit auseinander setzen
- Besondere Lernleistungen brauchen einen zeitlichen Rahmen, der altersangemessen und groß genug ist, damit Schülerinnen und Schüler die notwendigen Phasen des Schaffensprozesses durchlaufen können, der aber auch klare Endpunkte hat
- Besondere Lernleistungen erfordern systematisches Vorgehen
- Besondere Lernleistungen fördern besondere formale Fertigkeiten
- Besondere Lernleistungen schulen allgemeine Qualifikationen und metakognitive Kompetenzen (planen, Methoden anwenden, Informationen sammeln, verarbeiten, sich kritisch mit der Sache und später mit der eigenen Arbeit auseinander zu setzten)
- Besondere Lernleistungen führen Kinder und Jugendliche an vorgeschriebene Standards heran (Gliederung, Literaturverzeichnis etc.)
- Besondere Lernleistungen brauchen eine kompetente Beratungsperson, die weiterhilft, wo dies notwendig ist
- Besondere Lernleistungen bestehen immer aus verschiedenen Anforderungselementen. Planung, Produkt, Präsentation sind drei davon
- Besondere Lernleistungen münden in besondere Präsentationsformen
- Besondere Lernleistungen müssen Beachtung erfahren
- Besondere Lernleistungen brauchen eine schulische Öffentlichkeit, die über die Mitschüler der eigenen Klasse hinausreicht
- Besondere Lernleistungen müssen differenziert beurteilt, nicht aber benotet werden

Anmerkungen

[1] In der Laborschule wird von Jahrgang statt Klasse gesprochen.

[2] Die insgesamt drei Jahresarbeiten, die jeder Schüler und jede Schülerin am Ende des Jahrgangs 10 vorzuweisen hat, werden mit der Nennung des Themas auch im Abschlusszeugnis vermerkt.

Besondere Lernleistungen und Lernerfahrungen an der Laborschule Bielefeld

Bettina Henn

Jahresarbeiten an der Rudolf-Steiner-Schule Bochum

Einleitung

Die Idee der Jahresarbeiten an der Bochumer Rudolf-Steiner-Schule entstand Ende der 1960er Jahre, als die Schule etwa zehn Jahre bestand und eine Konzeption der Oberstufe entwickelt wurde, die aktuellen Anforderungen genügen und den pädagogischen Ideen der Waldorfpädagogik entsprechen sollte.

Das Ziel der Konzeption der Oberstufe war es, ein möglichst breites Angebot für die verschiedenen Interessen und Fähigkeiten der Schüler zu schaffen, um den Schülern vielfältige praktische und künstlerische Erfahrungen zu ermöglichen. So entstanden z. B. die Praktika, die in Klasse 9-12 stattfinden. Da die Schüler von Klasse 1-12 in ihren Jahrgangsklassen bleiben und nicht – z. B. aufgrund von schwachen Leistungen im kognitiven Bereich – sitzen bleiben, findet sich in den 12. Klassen ein breites Leistungs- und Begabungsspektrum der Schüler mit den unterschiedlichsten Interessenschwerpunkten. Folglich streben auch gar nicht alle Schüler einer 12. Klasse das Abitur an. Um diesem Faktum und dem Anspruch der Waldorfpädagogik nach Förderung der individuellen Fähigkeiten aller Schüler Rechnung zu tragen, wurde eine Form des Abschlusses nach Klasse 12 gesucht, die zum einen Leistung von den Schülern erfordert, zum anderen den individuellen Fähigkeiten und Interessen der Schüler gerecht wird. Dieser Abschluss sollte eine schuleigene Prüfung auf der Grundlage von Jahresarbeiten sein, die das Ergebnis selbstständiger Arbeit an einem frei gewählten Thema sein sollten, wobei nicht ein einheitlicher Bewertungsmaßstab für alle angelegt, aber auf Objektivität auch nicht verzichtet werden sollte (Fuchs 1976, S. 212f.).

Um eigene Erfahrungen, Beobachtungen und Versuche und einen persönlichen Bezug zum Thema der Jahresarbeit zu gewährleisten, wurde Wert darauf gelegt, dass die Arbeit nicht nur einen theoretischen schriftlichen Teil, sondern auch einen praktischen, experimentellen oder künstlerischen Teil enthielt. Im schriftlichen Teil sollte gezeigt werden, dass die Schüler in der Lage sind, eine Bibliothek zu benutzen, sich Informationen aus Büchern zu beschaffen, das Thema einzugrenzen und eigene Gedanken von fremden zu unterscheiden, d. h., wissenschaftliche Arbeitsweisen anzuwenden. Das Thema der Jahresarbeit und ein Betreuer aus dem Kollegium sollten frei gewählt werden können, um das individuelle Engagement nicht durch zu enge Vorgaben zu blockieren und eine möglichst große Selbstständigkeit bei der Bearbeitung des Themas zu gewährleisten.

Die heute praktizierte Form der Jahresarbeiten entspricht diesen Vorstellungen. Jeder Schüler kann sich sein Thema und seinen Betreuer ohne Einschränkungen frei wählen, solange sich ein Betreuer aus dem Kollegium für das Thema findet. Den Abschluss der Arbeit bildet ihre Präsentation. Sie findet in Form einer Ausstellung der Werkstücke sowie eines mündlichen Vortrags vor dem Kollegium und Schüler- und Elternvertretern statt. Den Rahmen bildet der so genannte künstlerische Abschluss, zu dem die Jahresarbeiten öffentlich ausgestellt und besichtigt werden, Vorführungen aus den einzelnen Jahresarbeiten, aber auch Darbietungen der gesamten Klassen stattfinden. Die Jahresarbeit und ihre Präsentation bilden den Abschluss der zwölfjährigen Waldorfschulzeit. Die Vorbereitung auf das Abitur schließt sich dann in der 13. Klasse für einen Teil der Schüler an.

Pädagogische Ziele

Die Jahresarbeiten sind zum einen eine entwicklungsfördernde Herausforderung, zum anderen haben sie auch wissenschaftspropädeutischen Charakter, aber nicht generell, da nicht alle Schüler ein Studium anstreben. Im Vordergrund steht, dass die Schüler sich ein Jahr lang an einem selbst gewählten Thema erproben, Methoden, Lösungswege, Fragestellungen finden, Kreativität und Ausdauer zeigen, Zeiteinteilung lernen, Ideen in die Praxis umsetzen und Verantwortung und Selbstständigkeit unter Beweis stellen. Das heißt, die Jahresarbeit ist auf die persönliche Entwicklung und die Erprobung der individuellen Fähigkeiten und der Leistungsfähigkeit der Schüler ausgerichtet. Folgende Qualitäten spielen dabei eine Rolle: a) wie engagiert beschäftigt sich ein Schüler oder eine Schülerin mit einem Thema, b) wie kreativ sind die Wege, die er/ sie einschlägt, c) wie wertet er/ sie die eigenen Erfahrungen aus, d) wie groß ist die Ausdauer, e) wie teilt er/ sie sich die Zeit ein, f) wie geht er/ sie mit den eigenen Grenzen um, g) wie geht er/ sie mit auftretenden Problemen um?

Die Schülerinnen und Schüler sollen sich mit dem gewählten Thema nicht nur theoretisch, sondern auch praktisch, künstlerisch oder beobachtend auseinander setzen und ihre Erfahrungen und Erkenntnisse in einer schriftlichen Arbeit dokumentieren. Der praktische Teil kann entweder ein praktisches Werkstück, ein künstlerisches Werkstück, eine künstlerische Darstellung, eine experimentelle bzw. beobachtende Arbeit sein. Wichtig dabei ist, dass die Schülerinnen und Schüler persönliche Fragestellungen entwickeln und eigene Erfahrungen mit dem Thema machen, die dann selbstständig beschrieben und ausgewertet werden.

Die Durchführung

Nach den Osterferien fangen die Schüler mit der Suche des Themas und des Betreuers an. Darin sind sie frei. Die einzige Einschränkung ist die, dass das Thema der Jahresarbeit nicht unbedingt ein schon lange gepflegtes Hobby sein sollte. Bei umfangreicheren Themen gibt es auch die Möglichkeit, als Gruppe ein Thema zu bearbeiten.

Schüler und Betreuer treffen sich in regelmäßigen Abständen (einmal pro Woche – einmal pro Monat, je nach Selbstständigkeit) und besprechen den Verlauf der Arbeit, die weiteren Schritte oder auftauchende Probleme. Die Kollegen, die Jahresarbeiten betreuen, treffen sich einmal im Monat zu Jahresarbeitskonferenzen, in denen berichtet wird, wie die einzelnen Schüler mit ihren Arbeiten zurechtkommen, wo Probleme auftauchen und Hilfestellung notwendig ist. Es gibt einen Vorsitzenden, der die Treffen koordiniert. Bis zu den Sommerferien sollten Thema und Betreuer feststehen. Für die schriftliche Arbeit soll bis zu den Herbstferien eine Gliederung und für die praktischen Arbeiten ein Arbeitsplan erstellt sein. Die schriftliche Arbeit wird vor der endgültigen Abgabe mit dem Betreuer durchgesprochen. Der Abgabetermin für die Arbeit liegt in den Osterferien. Nach den Osterferien findet dann die Präsentation der Arbeiten in drei Teilen statt:

- In einem künstlerischen Teil, dem so genannten künstlerischen Abschluss, in dem einzelne Schüler ihre individuellen Arbeiten darstellen, also z. B. tänzerische, musikalische, szenische Darstellungen, und Darbietungen der ganzen Klassen aus den verschiedenen Unterrichtsfächern stattfinden.
- In einer Ausstellung: Die schriftlichen Arbeiten, praktischen und künstlerischen Werkstücke, Bilder, Fotos etc. werden parallel dazu in einer Ausstellung gezeigt, die in den Pausen besichtigt werden kann. Die Schüler sind in der Ausstellung anwesend und geben Auskunft über ihre Arbeit.
- In einer mündlichen Darstellung: Im Anschluss an den künstlerischen Abschluss, am Montag und Dienstag, finden vor dem Kollegium, Vertretern der Oberstufenklassen und der Eltern die Darstellungen der Jahresarbeiten statt. Die Klassen der Unterstufe haben schulfrei, damit alle Kollegen an der Darstellung der Jahresarbeiten teilnehmen können. Jeder Schüler stellt in einem zehnminütigen Referat sein Thema dar oder einen wichtigen Aspekt daraus, danach haben die Zuhörer in weiteren zehn Minuten Gelegenheit, Fragen zu stellen. Es sind immer vier bis fünf Schüler, die in einem Block ihre Arbeiten darstellen.

Jede Arbeit wurde bis zur mündlichen Präsentation von einem weiteren Kollegen gelesen, der mit der Entstehung der Arbeit nicht vertraut ist. Der Co-Korrektor schreibt ein Gutachten, das der Betreuer in sein Abschlussgutachten mit einbezieht. Wenn alle Schüler ihre Darstellung gegeben haben, findet eine Abschlusskonferenz statt. Am Abend findet ein Treffen aller Schüler einer Klasse und an der

Darstellung beteiligten Kollegen, Eltern- und Schülervertreter statt, in dem jeder Betreuer der Schülerin oder dem Schüler eine mündliche Rückmeldung über die Arbeit gibt, in der auf den Prozess und das Ergebnis, die Zusammenarbeit, die selbstständige Durchführung oder auch die Probleme eingegangen wird. Abgerundet wird das ganze durch Beiträge des Klassenbetreuers der Oberstufe, des Klassenlehrers der Unterstufe und eines Elternvertreters und einen musikalischen Ausklang.

Bewertung

Die Kriterien der Bewertung sind nicht an einem einheitlichen, für alle Schüler gültigen Maßstab orientiert, sondern daran, wie der betreffende Schüler sich mit seinen Fähigkeiten eingebracht hat, wie intensiv, oberflächlich oder gründlich er sich mit seinem Thema auseinander gesetzt hat, wie eigenständig die Wege und Fragestellungen sind, die er im Lauf des Jahres gefunden hat, wie er mit Problemen und Schwierigkeiten umgegangen ist, wie er seine Fähigkeiten genutzt hat, ob er eine dem Thema angemessene Realisierung gefunden hat, wie die Qualität des praktischen oder künstlerischen Werkstücks ist. Das heißt: Den Maßstab der Bewertung bilden der Schüler selbst und das Produkt, das er hergestellt hat. Dabei wird der Schüler nicht mit den anderen Schülern, sondern mit sich selbst verglichen und die Sache, das jeweilige Werkstück, wird an seiner praktischen Funktion oder seiner künstlerischen Qualität gemessen, d. h. an der sachgemäßen Herstellung oder Darstellung. Es wird also versucht, in der Bewertung zu beschreiben, ob und wie der betreffende Schüler in seiner Arbeit seinem eigenen Leistungsvermögen und dem Gegenstand, den er bearbeitet hat, gerecht geworden ist. Das Gutachten über die Jahresarbeit ist Bestandteil des Zeugnisses nach der 12. Klasse.

Themen von Jahresarbeiten

Um einen Einblick in die Themen zu geben, die für Jahresarbeiten gewählt wurden, seien hier stellvertretend einige Themen der Jahresarbeiten der Klasse 12 genannt.
Orientalischer Tanz, Street Jazz, Tango Argentino, Die Fotografie, Porträtfotografie, Zeichnen von Porträts, Wirkung von Bildern/Porträts, Keith Haring: sein Leben – seine Kunst, Graffiti, „Ein ganz besonderer Tag" – eine Geschichte für Kinder, Hinduismus, Frauen in der Renaissance, Mode und Architektur, Abendmode im 20. Jahrhundert, Die Aborigines, Kommerzialisierung des Sports, Reportage über die USA, Bau eines NF-Vorverstärkers, Überlebenstraining, Wechselspiel zwischen Baum, Umwelt und Mensch, Die Stimmbildung anhand des klassischen

Gesangs, Umbau des Informatikraumes der Schule (Gruppenarbeit von zwei Schülern)

Die Schwerpunkte und Stärken der einzelnen Jahresarbeiten waren sehr unterschiedlich. Es gab Jahresarbeiten, in denen der praktische Teil durch saubere handwerkliche Arbeit beeindruckte, während der schriftliche Teil sehr knapp und einfach formuliert war. Dann gab es Arbeiten, in denen der schriftliche Teil sehr ausführlich und anspruchsvoll war, der praktische Teil weniger Gewicht hatte, oder Arbeiten, die von der künstlerischen Qualität her sehr überzeugend waren, z. B. eine mit Mitschülern einstudierte gelungene Choreografie und einen ausführlichen Textteil enthielten, sowie Arbeiten, die einen wissenschaftspropädeutischen Anspruch erfüllten und ausführliche praktische Befragungen einbezogen. Manche Arbeiten hatten zwar ein umfangreiches Thema, dieses war aber nicht genügend eingegrenzt, so dass die Realisierung hinter dem Anspruch des Themas zurückblieb. Es gab Arbeiten, die in der mündlichen Darstellung durch die Fachkompetenz und die persönliche Erfahrung und das Engagement beeindruckten, mit der über das Thema gesprochen wurde, und auch solche, bei denen das persönliche Engagement nicht so stark zum Tragen kam. Es gab auch Arbeiten, deren Thema durch Umwege erst gefunden werden musste und bei denen dieser Prozess die wichtige persönliche Erfahrung bildete. Es gab aber keinen Schüler, der seine Jahresarbeit nicht abgegeben hatte.

Die Themenschwerpunkte der Jahrgänge wechseln – es gibt Klassen, in denen z. B. mehr handwerkliche Arbeiten gewählt werden, andere, in denen Arbeiten aus der bildenden Kunst oder der Musik überwiegen, oder sozialpädagogische oder technische Arbeiten. Es lässt sich auch kein Trend vorhersagen, da vom Konzept her die Wahl der Themen nicht eingeschränkt ist.

Schlussbemerkung

Am künstlerischen Abschluss wurden die Tänze gezeigt, die selbst genähten Kleider in einer Modenschau präsentiert, Klavier-Improvisationen, Beatbox und Chansons, Gedichte und Lieder vorgetragen, ergänzt durch Darbietungen der Klassen aus den verschiedenen Unterrichtsfächern, wie Eurythmie, Deutsch und den Fremdsprachen, und abgeschlossen durch ein gemeinsames Chorwerk, das alle drei Klassen zusammen einstudiert hatten.

Die Präsentation der Jahresarbeiten bildet einen festlichen Höhepunkt in unserem Schulleben. Die Eltern und besonders die Schüler der unteren Klassen besuchen mit großem Interesse die Ausstellung der Jahresarbeiten und die künstlerischen Darstellungen und lassen sich durch die Vielfalt der Themen anregen und motivieren. Für Kollegen, Elternvertreter und Mitschüler ist es immer wieder beeindruckend zu erleben, wie einzelne Schülerinnen und Schüler ihre Arbeiten vortragen oder den künstlerischen Teil präsentieren und mit welch konzentriertem Interesse die Mitschüler zuhören und Fragen stellen. Auch wenn Arbeiten nicht so gelungen sind oder ein Schüler in seinem Auftreten nicht so souverän ist, wird nicht versucht, jemanden bloßzustellen. So konnten wir immer wieder beobachten, dass die Jahresarbeit und ihre Präsentation nicht nur auf die Selbsteinschätzung und das Selbstvertrauen der einzelnen Schülerinnen und Schüler positive Auswirkungen hat, sondern auch auf die Klassengemeinschaft.

Literatur

Fuchs, E.: Individuelle Bewährung in der Schule, Jahresarbeiten und schuleigene Abschlussprüfung. In: Bai, S./ Barkhoff, W. E.: die rudolf-steiner-schule ruhrgebiet, leben, lehren, lernen in einer waldorfschule. Hamburg 1976, S. 210-247

Ida Hackenbroch-Krafft, Helga Jung-Paarmann, Hans-Hermann Schwarz, Andreas Stockey, Dieter Vohmann

Facharbeiten – besondere Lernleistungen vorbereiten, anleiten und bewerten

Facharbeiten bieten eine anspruchsvolle und lohnende Gelegenheit, alternative Formen der Leistungsbegleitung und Leistungsbewertung zu entwickeln und zu erproben. Im Bielefelder Oberstufen-Kolleg haben wir seit mehr als 20 Jahren Erfahrungen mit größeren Hausarbeiten gesammelt (vgl. Stückrath 1993, 1999). Unter anderem wird eine fächerübergreifende Gruppenarbeit geschrieben, deren Ergebnis in die Abschlussprüfung eingeht. Außerdem gibt es, ebenfalls als Teil der Abschlussprüfung, eine große Facharbeit, die in einem der beiden Schwerpunktfächer anzufertigen ist. Sie hat von den Anforderungen her den Charakter und die Funktion einer Hausarbeit des Grundstudiums.[1] Diese beiden Hausarbeiten werden von den Kollegiatinnen und Kollegiaten als Hürde und Bewährung auf dem Weg zum Ausbildungsabschluss erlebt.

Vorbereitung auf Facharbeiten – die „kleine Facharbeit"

Aus den Erfahrungen mit den vielfältigen Schwierigkeiten, die sich bei den Facharbeiten zunächst zeigten, erwuchs die Erkenntnis, dass das Schreiben einer größeren Arbeit am besten schrittweise gelernt werden kann. Hierfür hat sich die Einführung einer vorbereitenden „kleinen Facharbeit" bewährt. Sie setzt zwar inhaltliche und methodische Fähigkeiten voraus, dient aber vorrangig der Einübung und Erprobung wichtiger Methoden und Arbeitstechniken. Die positiven Erfahrungen der „kleinen Facharbeit" lassen sich u. a. in folgenden Punkten erkennen:

- Es zeigt sich, dass die Lernenden eine solche Hausarbeit ernst nehmen und sich dabei von den Lehrenden ernst genommen fühlen. Sowohl zwischen Lehrenden und Kollegiaten und Kollegiatinnen als auch zwischen den verschiedenen Lehrenden eines Faches entsteht eine intensive Kommunikation über Ansprüche und Maßstäbe im Fach.

- Die Schreibenden üben sich in gezielter Auswertung von Texten und in genauer Verwendung von Begriffen, weil sie aufgefordert sind, ihre eigene Fragestellung genau zu formulieren und die Texte im Hinblick auf diese Fragestellung genau zu lesen. Sie können lernen, die Gliederung als Werkzeug zur Organisation ihrer Arbeit zu benutzen.
- Anlässlich einer solchen Arbeit können auch die für das weitere Studium wichtigen Fragen „Soll ich mich auf Wissenschaft einlassen?" und „Was ist wissenschaftliches Arbeiten?" ein Stück weit geklärt werden.
- Die Anforderung, die Arbeit innerhalb einer begrenzten Zeit fertig zu stellen, sowie die Thematisierung des Arbeitsprozesses und der je individuelle Umgang mit der Zeitökonomie bei der Anfertigung der Arbeit hilft den Schreibenden, ihre Arbeitsweise kennen zu lernen und Ansätze zur Verbesserung zu finden.
- In den Naturwissenschaften können die Fähigkeiten, ein Experiment zu beschreiben und auszuwerten oder einen Projektbericht zu verfassen, mit Hilfe eines – wie wir vorschlagen – einheitlichen Rahmenthemas und einer deutlichen Konzentration auf Methodisches vermutlich besser gefördert werden als mit den üblichen individuellen, inhaltlich orientierten theoretischen Fragestellungen.

Aufgrund unserer Erfahrungen mit der „kleinen Facharbeit" empfehlen wir folgende Vorgaben und Vereinbarungen, die der Aufgabe einen sicheren Rahmen geben. Sie scheinen uns auch für die Facharbeit in der Schule nützliche Anregungen zu bieten:

- ein *einheitliches Rahmenthema* für den ganzen Kurs
- eine *einheitliche Materialgrundlage*, die möglichst vom Lehrenden zur Verfügung gestellt wird (2-4 überschaubare Texte, insgesamt etwa 20-40 Seiten)
- die Entwicklung eines *eingegrenzten Themas* und einer differenzierten eigenen Fragestellung innerhalb des Rahmenthemas
- ein *begrenzter Umfang* der Arbeit (z. B. 5-7 Textseiten)
- eine Vereinbarung über die äußere Form (Maschinenschrift, Deckblatt, Gliederung, Literaturverzeichnis)
- eine *begrenzte Bearbeitungszeit* (z. B. 2-4 Wochen) mit einem einheitlichen und festen Abgabetermin
- das Führen eines einfachen *Arbeitstagebuchs*, in dem festgehalten wird, was, wann und wie jeweils gearbeitet wurde und eventuell auch, welche Einsichten entstanden sind
- sorgfältige *Korrektur mit Begutachtung und Rückmeldung seitens des Lehrenden* (teils im Plenum, teils individuell)
- eine *Verbesserung* der eigenen Arbeit, so dass jeder Schreiber und jede Schreiberin am Ende eine „Musterarbeit" hat.

An zwei Stellen stellt dies eine Reduktion gegenüber den Facharbeitsrichtlinien in NRW dar, nämlich bei der Themenwahl und in Bezug auf die Suche nach geeignetem Material. Beide Reduktionen scheinen uns aus folgenden Gründen sinnvoll: Das *einheitliche Rahmenthema* für den ganzen Kurs ermöglicht einen gemeinsamen Einstieg ins Thema. Die ersten Schritte vom allgemein gefassten Thema zur speziellen Fragestellung können gemeinsam vonstatten gehen, und auch bei der nachträglichen Besprechung der Arbeiten können grundlegende Punkte gemeinsam geklärt werden, da alle Kursteilnehmer über gleiche Grundinformationen verfügen. Die *Vorgabe des Materials* durch die Lehrperson hat nicht nur den Zweck, Anforderung und Zeitaufwand für die Schreibenden zu verringern. Vielmehr geht es darum, das zu verwertende Material überschaubar zu halten: Nur so ist es möglich, sich darüber zu verständigen, ob sorgfältig gelesen und vollständig ausgewertet wurde. Bei einem gemeinsamen Rahmenthema für den ganzen Kurs ist es oft sinnvoll, einen Basistext für alle zur Verfügung zu stellen, der durch ein oder zwei weitere Texte, die sich auf die spezielle Fragestellung der einzelnen Schreiberinnen und Schreiber beziehen, ergänzt wird.

Anleitung von Facharbeiten

Folgende Punkte spielen bei der Durchführung von Facharbeitsvorhaben immer wieder eine wichtige Rolle. Sie sollen nachfolgend etwas näher erläutert werden.

Themenfindung und Themeneingrenzung

Sollen die Lernenden bei der Facharbeit selbst ein Thema finden und eingrenzen, oder sollen sie lieber ein vorgegebenes Thema bearbeiten? Es gibt gute Gründe, das Thema der Facharbeit für einzelne oder eine Gruppe von Schülerinnen und Schülern vorzugeben. Andererseits spricht vieles dafür, auch die Themenfindung und -eingrenzung als notwendigen Teil der Auseinandersetzung mit einer Facharbeit aufzufassen. Obwohl wir die Entwicklung der jeweiligen Facharbeitsthemen aus einem Rahmenthema favorisieren, muss die Frage, welche dieser Varianten jeweils angemessen ist, auf der Grundlage der fach- bzw. themenspezifischen Notwendigkeiten bzw. inhaltlich-methodischen Schwerpunktsetzungen abgewogen und entschieden werden (vgl. Hackenbroch-Krafft u.a. 2001).

Beratung und Betreuung

Eine intensive Beratung und Betreuung der Facharbeiten, die den Arbeitsprozess initiieren hilft und ihn fördert, ist – wie unsere Erfahrungen zeigen – notwendig. Die Beratung und Betreuung kann dabei zum einen in der gesamten Kursgruppe erfolgen, wenn es darum geht, grundsätzliche Probleme des Arbeitsprozesses zu thematisieren – so z. B. Eingrenzung eines Themas, logischer Aufbau einer Gliederung, korrektes und sinnvolles Zitieren, Entwicklung eines Argumentationsgangs etc. Zum anderen sind aber individuelle Beratungs- und Betreuungstermine notwendig, bei denen der jeweilige Stand der Arbeit besprochen und auf die individuellen Fragen des jeweiligen Schülers eingegangen werden kann.

Zu Beginn ein Vertrag
Es ist hilfreich, sich schon am Anfang des jeweiligen Beratungs- und Betreuungsverhältnisses zwischen dem Lehrenden und dem Schüler über die beiderseitigen Erwartungen zu verständigen. Folgende Maßnahme kann dabei eine gute Basis schaffen:
Zwischen Lehrendem und Schüler wird ein „Vertrag" geschlossen, der für beide Seiten gültige Absprachen und Vereinbarungen beinhaltet. Die ggf. freie Wahl des Betreuers begründet Rechte für den Schreiber, aber auch Pflichten. Rechte insofern, als er sich jederzeit hilfe- und ratsuchend an seinen Betreuer wenden kann, in Krisensituationen u. U. auch zu ungewöhnlichen Zeiten. Pflichten insofern, als gemeinsam vereinbarte regelmäßige Beratungstermine von ihm und dem Betreuer gewissenhaft wahrgenommen werden müssen.

Gegenstände der Beratung und Betreuung
Dies können einerseits die Erfahrungen des Schreibers mit ihrer Facharbeit sein: Freude über den Arbeitsfortschritt, aber auch Ratlosigkeit in Krisen wie Schreibblockaden, Ideenmangel, Unlust etc. Andererseits orientiert sich die Beratung und Betreuung in inhaltlicher Hinsicht an den Arbeitsschritten, die notwendigerweise bei der Anfertigung einer Facharbeit zu absolvieren sind. Besonderer Beratungs- und Betreuungsbedarf ergibt sich erfahrungsgemäß an folgenden Stellen:
Der Zeitplan: Es ist sinnvoll zu einem frühen Zeitpunkt vom Schreiber die Erstellung eines Zeitplans zu fordern, aus dem deutlich wird, wie die einzelnen Arbeitsschritte in die individuelle Zeit- und Arbeitsplanung sinnvoll eingepasst werden. Dabei geraten mindestens zwei Dinge in den Blick: Zum einen hilft die Beschäftigung mit den institutionellen Rahmenbedingungen einer Facharbeit realistische Vorstellungen von der Funktion dieser Arbeit zu entwickeln und schützt damit sowohl vor einer zu sorglosen Herangehensweise als auch vor überzogenen Erwartungen und Ansprüchen an sich selbst. Zum anderen zwingt ein individueller Zeitplan den Schreiber dazu, seine spezifischen Arbeitsbedingungen und -rhythmen zu reflektieren. Gefördert werden kann so die Fähigkeit, sich selbstständig Arbeits- und Verhaltensziele zu setzen bzw. eine angemessene Arbeitshaltung zu entwickeln.
Die Themeneingrenzung und Entwicklung einer Fragestellung: Oft ist der gewünschte Themenbereich oder das Thema noch sehr vage. Hier gilt es besonders darauf zu achten, dass das Thema eingegrenzt und eine explizite Fragestellung oder Untersuchungshypothese formuliert wird. Geschieht dieses nicht, gerät der weitere Arbeitsgang in Gefahr, wenig zielgerichtet zu verlaufen. Oft hat die fertige Arbeit als Folge davon qualitative Mängel.

Die Gliederung: Sie ist das Ergebnis der Dispositionsbemühungen des Schreibers einer Facharbeit, in ihr zeigen sich Zielsetzung und Vorgehensweise. Weiterhin spiegelt sich in ihr der Argumentationsgang des Verfassers wider, da in ihr die Darstellungslogik erkennbar wird. Hierbei ist es eine wichtige Aufgabe des Betreuers, auf die argumentative und logische Stimmigkeit in der Gliederung zu achten. Man kann den Verfasser bitten, anhand der Gliederung die Schrittfolge der Arbeit zu referieren.

Die Schreibprobe: Eine wesentliche letzte Tätigkeit der Betreuung besteht darin, die Schreibprobe eines fertigen Teils der Arbeit (1–2 Seiten) zu begutachten. Hierdurch kann dem Verfasser rückgemeldet werden, ob seine Schreibintention und der Leseeindruck sich decken oder nicht. Auf folgende Aspekte ist hier vom Betreuer u. a. zu achten: fachlich richtige Formulierungen der Aussagen, Stimmigkeit des Argumentationsgangs, angemessenes und korrektes Zitieren, sprachliche Richtigkeit, Fragen zur Textgestaltung.

Praktische Hilfen

Gerade bei der Betreuung mehrerer Facharbeiten ist es ratsam, die Beratung und auch den Arbeitsprozess gut zu dokumentieren, nicht zuletzt deshalb, weil eine differenzierte Bewertung vorbereitet wird. Die folgenden praktischen Maßnahmen werden empfohlen:

Protokollheft: Die Anlage eines eigenen kleinen Protokollheftes des betreuenden Lehrers ist gut geeignet, um knapp, aber übersichtlich alle Einzelgespräche mit den betreuten Schülern festzuhalten (Termine; Themen der Gespräche; Dauer etc.).

Sammeln von Textproben: Die Kopien einiger Zwischenergebnisse des Arbeitsprozesses (Mindmaps, Dispositionen, Schreibproben, Gliederungsentwürfe etc.) geben Aufschluss über den jeweiligen Stand des Arbeitsprozesses und können den Arbeitsverlauf leichter nachvollziehbar machen.

Abgabe eines „vollständigen Dossiers": Es wird nicht nur die fertige Arbeit abgegeben, sondern auch alle Teile des Konzepts, die während der Anfertigung entstanden sind, sowie die verwendete Literatur. Anhand dieser Papiere ist es dem Betreuer sehr gut möglich, den Entstehungsprozess der Arbeit zu rekonstruieren. Die Maßnahmen sichern außerdem, dass die Facharbeit wirklich eigenständig von dem Verfasser angefertigt worden ist und nicht aus dem Internet stammt.

Korrektur, Bewertung und Rückmeldung von Facharbeiten[2]

Die Bewertung der Facharbeit stellt für Lehrerinnen und Lehrer eine neue Aufgabe dar, die von vielen als Problem gesehen wird. Schwierigkeiten macht neben der Neuheit der Aufgabenstellung der Umfang der zu korrigierenden Arbeiten, aber auch die Offenheit, die sich aus der Individualisierung ergibt, die bei der Facharbeit möglich ist und sie ja gerade als besondere Lerngelegenheit reizvoll macht. Hinzu kommt, dass ein wesentlicher Teil der Leistung im Prozess der Entstehung der Arbeit aufgeht und nur bedingt am fertigen Produkt ablesbar ist. Wie lässt sich diese schwierige Arbeit für die betreuenden Lehrenden erleichtern, und wie kann man die Chancen verbessern, dass der Betreuungs- und Korrekturaufwand lohnt?

Der Bezug zu den Lernzielen
Es ist durchaus sinnvoll, sich nach der Durchsicht einer Arbeit den ersten Eindruck bewusst zu machen und zunächst ganz allgemein zu fragen: Was hat der Schreiber oder die Schreiberin dieser Arbeit geleistet? Natürlich bedarf diese erste, vorläufige Bewertung noch der Überprüfung, aber sie verhindert, dass man sich in der Beurteilung von Details verliert.
Es ist evident, dass sich die Bewertung der Facharbeit auf die mit ihr verbundenen Ziele beziehen muss. Dazu müssen die Ziele in konkrete und erreichbare Anforderungen übersetzt werden, aus denen sich Bewertungskriterien ableiten lassen. Die Richtlinien leisten das nicht, sie bleiben sehr abstrakt und lassen im Übrigen den Eindruck aufkommen, die Schüler müssten schon eine universitäre Seminararbeit erstellen. Das ist nicht hilfreich. Hier müssen sicher Erfahrungen gesammelt werden, die Lehrenden müssen sich in den Fachkonferenzen immer wieder über ihre Ziele und Anforderungen austauschen, sich auf erreichbare Standards einigen, die trotzdem Raum für die Berücksichtigung individueller Gegebenheiten (Leistungen, Defizite, besondere Umstände) lassen.

Transparenz der Bewertungskriterien
Die Ziele müssen den bewertenden Lehrenden bewusst sein, und sie müssen auch den Facharbeits*schreibern* bekannt sein. Die Transparenz der Bewertungskriterien ist die Voraussetzung dafür, dass die Bewertung trotz fehlender direkter Vergleichbarkeit, wie sie bei einer Klausur gegeben ist, als gerecht empfunden wird, und dafür, dass sie ihre wichtigste Funktion erfüllen kann, nämlich: eine differenzierte *Rückmeldung* zu geben, die von den Lernenden akzeptiert wird. Darum ist es unerlässlich, dass man die Ziele und Bewertungskriterien ausführlich mit den Schreiberinnen und Schreibern bespricht; am besten legt man sie ihnen auch in schriftlicher Form vor (s. u.).

Was wird bewertet?
Bei der Facharbeit muss neu überlegt werden, was bei der Bewertung berücksichtigt werden soll. Unserer Meinung nach sollte – im Unterschied zur Klausur – nicht nur das abgelieferte Produkt, sondern auch der Arbeitsprozess als wichtiger Teil der Lernleistung mit bewertet werden. In die Bewertung eingehen sollten also

auch Dinge wie Selbstständigkeit, Ausdauer, Konzentration, Umgang mit auftretenden Problemen und die Fähigkeit, Hilfe zu erbitten und Ratschläge umzusetzen. Praktikabel und nachvollziehbar wird dies, wenn die Betreuung dokumentiert wird. Auch ein Arbeitstagebuch, das die Schreibenden führen und mit abgeben, erleichtert die Sache (s. o., Kap. 1).

Kriterien- bzw. Bewertungsraster
Eine Hilfe bei der Beurteilung von Facharbeiten ist ein Bewertungsraster, also eine Tabelle, in der die einzelnen Bewertungskriterien übersichtlich dargestellt sind und in die man Anmerkungen, ggf. auch Teilnoten einträgt. Letztlich wird man sich das Raster – im Hinblick auf inhaltliche und methodische Schwerpunktsetzungen – selbst herstellen müssen, aber es gibt Grundmuster, die man leicht an die je spezifischen Gegebenheiten anpassen kann. Hierbei gibt es verschiedene Möglichkeiten. Mit einem solchen Kriterienraster lässt sich die komplexe Aufgabe der Bewertung strukturieren. Und das ist natürlich einmal für die Korrekturarbeit selbst nützlich; man kann das Raster aber auch schon bei der Besprechung und Vereinbarung der Anforderungen einsetzen und erst recht bei der Rückmeldung an die Schreiberinnen und Schreiber. Es ist klar, dass das Bewertungsraster die vereinbarten Lernziele widerspiegeln muss.
Tab.1 (s. u.) zeigt ein Raster für allgemeine – d. h. nicht fachspezifische – Bewertungskriterien.[3] Bei der Strukturierung gibt es verschiedene Möglichkeiten, aber im wesentlichen geht es um die Unterscheidung der inhaltlichen und methodischen, sprachlichen und formalen Qualitäten der Arbeit. Auf dem in Tab. 1 gezeigten Beispiel sind die Ziele bzw. Bewertungskategorien *systematisch* dargestellt. Dem gegenüber hat das zweite Modell (Tab. 2)[4] den Vorteil, dass die Anordnung dem Aufbau der Arbeit folgt, so dass man beim Lesen der Arbeit fortlaufend die entsprechenden Anmerkungen machen kann. Am Ende gibt es zusätzlich übergeordnete Gesichtspunkte.
Bei beiden abgebildeten Rastern beziehen sich die Kriterien auf eine *Literaturarbeit*, also auf eine Arbeit, die sich auf die Auswertung und Verarbeitung von Texten stützt. In dem Band „Facharbeit und besondere Lernleistung im naturwissenschaftlichen Unterricht" von Martin-Beyer/ Mergenthaler-Walter (1999, S. 111) gibt es ein Raster, das die besonderen Gegebenheiten experimenteller Arbeiten berücksichtigt, außerdem einen Vorschlag für die Gewichtung der einzelnen Leistungsbereiche enthält.

Rückmeldung und Verbesserung
Die Rückmeldung sollte sich deutlich auf die vorher besprochenen Ziele der Facharbeit beziehen. Wenn bei der Korrektur ein klares Bewertungsraster verwendet

wurde, kann das *Gutachten* sich darauf konzentrieren, die wichtigsten Pluspunkte und Mängel noch einmal zusammenzufassen.

Eine individuelle Besprechung der Facharbeiten ist sehr wichtig. Dabei kann das ausgefüllte Kriterienraster als *Leitfaden* dienen. Auch das Arbeitstagebuch kann bei Bedarf herangezogen werden. Die Schreiberin oder der Schreiber hat Gelegenheit zum Nachfragen, und es wird eine Vereinbarung über eine sinnvolle Verbesserung der Arbeit getroffen. In der Regel ist es empfehlenswert, die Verbesserung auf besonders wichtige und auf ganz konkrete Punkte zu beschränken wie z. B. die Gliederung, aber auch auf formale Dinge wie Zitierweise oder Literaturverzeichnis. Wir sind übrigens der Meinung, dass die Qualität der Verbesserung durchaus in die endgültige Note eingehen sollte; allerdings sollte dies für die Schule oder für die Fachkonferenz einheitlich vereinbart werden.

Präsentation

Facharbeiten stellen besondere Leistungen dar. Sie ragen aus den normalen schulischen Arbeiten deutlich heraus. Auch die Schüler empfinden das so. Es ist schade, wenn nur der begutachtende Lehrer die Facharbeiten zu sehen bekommt. Daher ist es sinnvoll, Facharbeiten auch Mitschülern, dem Kollegium und weiteren interessierten Personen vorzustellen. Dies kann z. B. in der Form einer „Facharbeitsmesse" geschehen. Die Schüler können dabei ihre Arbeit in Form eines kurzen Vortrags, einer Poster-Vorstellung und durch Ausstellung ihres Produkts präsentieren. Dabei kann auch ein öffentlicher Austausch über Lernerfahrungen – z. B. in Form einer Gesprächsrunde – stattfinden. Jüngere Schüler, die ihre Facharbeit noch vor sich haben, erhalten dabei wertvolle Hinweise, wie man die Sache angeht oder vielleicht besser nicht angeht. Im Rahmen solcher Präsentationsveranstaltungen können die vortragenden Schüler ihr Expertenwissen zeigen und bekommen Anerkennung und inhaltliche Rückmeldung. Dort, wo die Präsentationen regelmäßig zur Facharbeit gehören, können in die Benotung Urteile über die Prozessleistung, die Produktleistung und die Präsentationsleistung eingehen.

Anmerkungen

[1] Die Ausbildung dauert vier Jahre und ragt in das Grundstudium hinein.
[2] Es handelt sich um das – leicht bearbeitete – Kapitel zur Bewertung von Facharbeiten aus Hackenbroch-Krafft u. a. 2001.
[3] Es basiert auf einer Handreichung der Arbeitsgruppe „Training Deutsch" des Oberstufen-Kollegs, die in den Vorschlag der Soester Empfehlungen (Landesinstitut für Schule und Weiterbildung 1999) eingegangen ist; hier um die Kategorie „Arbeitsprozess" ergänzt.
[4] Dieses Modell zeigt zugleich die Möglichkeit unterschiedlicher Akzentuierung. Es stammt von der Kollegin G. Obst, vgl. Hackenbroch-Krafft u. a. 2001.

Kriterien/berücksichtigte Aspekte	Anmerkung/Bewertung
Inhaltlicher und methodischer Aspekt	
• Eingrenzung des Themas und Entwicklung einer Fragestellung • Strukturiertheit und Differenziertheit der Gliederung (und der Auseinandersetzung mit dem Thema) • Souveränität im Umgang mit den Materialien und Quellen • Logik und Stringenz der Argumentation • Beherrschung/Anwendung fachspezifischer Methoden	
Sprachlicher Aspekt	
• Verständlichkeit • Grammatische Korrektheit • Rechtschreibung und Zeichensetzung • Genauigkeit und Differenziertheit des Ausdrucks • Sinnvolle Einbindung von Zitaten in den Text	
Formaler Aspekt	
• Vollständigkeit der Arbeit (mit Deckblatt, Inhaltsverzeichnis/Gliederung und Literaturverzeichnis) • Sauberkeit und Übersichtlichkeit des Schriftbildes, auch Einhaltung des vereinbarten Schreibformates • Zitiertechnik • Korrektheit des Literaturverzeichnisses • Nutzung von Bildmaterial, Tabellen, Grafiken als Darstellungsmöglichkeiten	
Arbeitsprozess	*(während der Betreuung zu notieren)*
• Selbstständigkeit • Zeitplanung, Organisation (Arbeitstagebuch) • Umgang mit auftretenden Problemen • Ausdauer, Durchhaltevermögen • Einholen und Nutzen von Hilfestellung/Beratung • Verbesserung	
Gesamtbewertung:	Note:

Tab. 1: Allgemeines Kriterien- und Bewertungsraster für Facharbeiten

1. Dem Aufbau der Arbeit folgende Beschreibung und Bewertung	zu berücksichtigende Aspekte	Anmerkungen
Titel/Thema	• Anspruchsniveau des Themas • Grad der Selbstständigkeit (Bezug zum Kurs, benutzte Literatur/Medien/Methoden) • Zeugt die Titelformulierung von einer sinnvollen Eingrenzung des Themas?	
Inhaltsverzeichnis	• Formale Richtigkeit (Nummerierung, Seitenzahlen, Überschriften) • Strukturierung der Fragestellung in einzelne Aspekte?	
Einleitung	• Klarheit der Fragestellung? • Motivation? • Erläuterung und Reflexion des Aufbaus der Arbeit?	
Hauptteil	• Sachliche Richtigkeit und Differenziertheit der Behandlung des Themas? • Methodische Angemessenheit? • Umfang und Art der benutzten Materialien/Medien? • Umgang mit Literatur/Medien? („bloßes" Zitieren oder kritische Auseinandersetzung?)	
Schluss	• Systematische Zusammenfassung der Ergebnisse? • Rückbindung der Ergebnisse an die Fragestellung?	
2. Zusammenfassende Gesichtspunkte		
Wissenschaftliche Arbeitstechnik/ Arbeitshaltung	• Formal: Aufbau/Gliederung; Zitierweise; Literaturverzeichnis • Inhaltlich: wissenschaftliche Distanz; Unterscheidung Darstellung – Bewertung; ethodenreflexion; Engagement	
Sprachliche Darstellung	• Formal: Layout • Inhaltlich: Schreibstil (Alltagssprache, Wissenschaftssprache, Flüssigkeit/Lesbarkeit), Richtigkeit hinsichtlich R, Gr, Sb, A.	

Bemerkungen:

Tab. 2: Kriterienraster zur Beurteilung von Facharbeiten

Literatur

Hackenbroch-Krafft, Ida u. a. (Hrsg.): Auf dem Weg zur Facharbeit. Erfahrungen und Beispiele aus verschiedenen Fächern. Bielefeld (Oberstufen-Kolleg) 2001

Landesinstitut für Schule und Weiterbildung (Hrsg.): Empfehlungen und Hinweise zur Facharbeit in der gymnasialen Oberstufe. Bönen 1999

Martin-Beyer, Wolfgang/ Mergenthaler-Walter, Brigitte: Facharbeit und besondere Lernleistung im naturwissenschaftlichen Unterricht. Stuttgart 1999

Stückrath, Jörn: Der verborgene ‚böse Wolf'. Anregungen zum Lesen und Schreiben von Sachtexten. In: Diskussion Deutsch, H. 134 (1993), S. 451-457

Stückrath, Jörn: Die Facharbeit – Überlegungen aus der Sicht des Oberstufen-Kollegs. In: Huber, L. u. a.: Lernen über das Abitur hinaus. Erfahrungen und Anregungen aus dem Oberstufen-Kolleg. Bielefeld 1999, S. 98-103

Karin Engstler

Versuche mit anderen Bewertungsformen – Pensenbuch und Portfolio

Wie kommt eine Schule auf die Idee, ein anderes Zeugnis als ein Notenzeugnis zu geben?

Durch die Veränderung des Unterrichts hin zu offenen Lernformen, zu schülerzentriertem Arbeiten, hin zum projektorientierten, fächerübergreifenden Unterricht sind wir im Laufe unserer mehrjährigen Schulentwicklung vor dem Problem gestanden, dass die ursprünglichen Ziffernnoten nicht mehr zu unserem Gesamtkonzept passten.[1] Die veränderte Schule sieht nicht nur die erbrachten Leistungen, die in Tests und Klassenarbeiten abprüfbar sind, sondern es werden auch die vielfältigen Leistungen der Kinder wahrgenommen und öffentlich gemacht. Eines der wichtigsten Elemente des Unterrichts sind die Präsentationen der eigenen Arbeiten, die auf vielfältige Art und Weise inszeniert werden können. Es kommt zu Rückmeldungen, die erbrachten Leistungen und Arbeitsprozesse werden gemeinsam mit den Schülerinnen und Schülern besprochen, kommentiert und damit natürlich auch beurteilt. „Wenn es irgend möglich ist, wird die direkte, die unmittelbare Konfrontation mit der Leistung gesucht und nicht die Übermittlung eines Codes, in den die Leistung verschlüsselt ist" (Vierlinger 1994).

Das Praktizieren offener Lernformen fordert zum Dialog auf, welcher bei der Beurteilung nicht enden darf. Es werden zunehmend Menschen benötigt, die den rasanten gesellschaftlichen und technischen Veränderungen entwicklungsbereit und weltoffen gegenüberstehen, die gelernt haben zu kritisieren, zu kommunizieren, die sich und ihre Arbeit zu präsentieren verstehen und die es gelernt haben, mit den unterschiedlichen Fähigkeiten der Mitmenschen umzugehen. Dies ist nach unserer Ansicht auch ein wesentlicher Bestandteil von Friedenserziehung.

Welche Möglichkeiten haben Schulen, die mit der Ziffernbeurteilung nicht zufrieden sind?

In vielen Grundschulen Österreichs ist es üblich, dass die Kinder in der Schuleingangsphase (1. und 2. Schulstufe) mit einer alternativen Form beurteilt werden.

In den meisten Fällen handelt es sich dabei um ein verbales Zeugnis oder ein Elterngespräch. Was an alternativen Formen an Privatschulen und in manchen Schulversuchen noch sehr häufig praktiziert wird, nimmt mit höherer Schulstufe aber immer mehr ab. Kaum eine öffentliche Schule auf der Sekundarstufe verzichtet ganz auf die Noten. Die gesetzliche Einschränkung, dass „bei Übertritten mit Noten beurteilt werden muss", verhindert weitere Versuche.
In Österreich besteht die Möglichkeit, um einen „Schulversuch" zur „Alternativen Beurteilung" anzusuchen. Dabei muss eine genaue Beschreibung der Beurteilungsform sowie (wenn vorhanden) ein Erfahrungsbericht des letzten Jahres eingereicht werden. Zusätzlich ist die Zweidrittelmehrheit der Eltern erforderlich, d. h., ohne die Zustimmung der Eltern ist keine alternative Beurteilung möglich. Diese Notwendigkeit hat sich in der Praxis als wichtig herausgestellt, da positiv eingestellte Eltern die Voraussetzung für erfolgreiches Arbeiten sind. Die Rolle der Eltern ist insgesamt sehr entscheidend, da bei zu unterschiedlichen Erziehungsmethoden zwischen Elternhaus und Schule die Arbeit auf beiden Seiten stark behindert werden kann. Stellt die Schule das selbständige Lernen und Erarbeiten in den Mittelpunkt, lässt dem Kind die notwendige, individuelle Zeit, gibt ihm die Möglichkeiten, seine Arbeit selbst einzuteilen, steht dies manchmal im krassen Gegensatz zu den Forderungen der Eltern, die jeden Schritt überwachen und Lernprozesse durch frühzeitiges Erklären stoppen.
Lernzielorientierter Unterricht erfordert eine lernzielorientierte Beurteilung. Bei uns gibt es dafür ein Pensenbuch. Bei einem produktorientierten Unterricht liegt es nahe, das Portfolio einzusetzen („Direkte Leistungsvorlage"). Da wir beide Unterrichtsformen als wesentlich erachten, haben wir uns für die Kombination der beiden Beurteilungsformen entschieden.

Was ist eine lernzielorientierte Beurteilung, ein Pensenbuch?

Ein Pensenbuch (von Pensum) ist die Auflistung von Lernzielen (siehe Anhang 1). In jedem Unterrichtsfach werden nach dem gültigen Lehrplan alle Themen und Teilbereiche als Lernziel formuliert. Im neuen österreichischen Lehrplan wird zwischen Kern- und Erweiterungsstoff unterschieden, deshalb gibt es auch in unserem Pensenbuch Kern- und Erweiterungsziele.
Während des gesamten Unterrichts, auch bei der Planarbeit, sind die jeweiligen Ziele bereits für den Schüler transparent. In unserer Schule wurden die Lernziele von den Fach-Lehrerteams formuliert. In Teilbereichen, zum Beispiel bei der Beurteilung von Projekten, werden die Ziele auch gemeinsam mit den Schülern vereinbart. In höheren Klassen ist es sicher möglich, den gesamten Lernzielkatalog in Zusammenarbeit mit den Schülern zu erstellen. Hat ein Schüler ein Lernziel nicht erreicht, kann er dieses jederzeit nachholen. Das Pensenbuch ist eine sehr transpa-

rente Form der Beurteilung. Aus der Sicht des Schülers ist klar ersichtlich, welche Defizite noch vorhanden sind, welche Ziele als Nächstes angegangen werden müssen. Die Lehrer veröffentlichen den Inhalt ihres Unterrichts, was zu Vergleichen mit anderen Lehrern und Schulen auffordert und zu Diskussionen führt.
Die teilweise penible Ausrichtung des Unterrichts auf Lernziele geriet aber in Gegensatz zu manchen praktizierten Unterrichtsformen. Besonders im projektorientierten Unterricht, wenn es um Arbeitsprozesse oder um die Beurteilung eines Produkts geht, erschien uns die Formulierung in Lernzielen unzureichend, teilweise unsinnig. So kamen wir zur zweiten, gleichwertigen, ergänzenden Beurteilung mittels einer Direkten Leistungsvorlage bzw. eines Portfolios.[2]

Wie wird eine Direkte Leistungsvorlage angelegt? Was sind die Inhalte?

Solche Direkten Leistungsvorlagen können unterschiedlich angelegt und gestaltet sein sowie auf mannigfaltige Weise öffentlich gemacht werden. Wichtig ist, dass jedes Kind die Möglichkeit bekommt, sich, seine Fertigkeiten, seine Fortschritte zu präsentieren. Das verlangt von den Lehrern viel Einfallsreichtum, um die unterschiedlichsten Fähigkeiten anzusprechen.
Einige Beispiele für Portfolios:
Sammlung eines einzelnen Kindes: Ein Kind sammelt alle freien Texte, die entstanden sind, und bindet diese zu einem eigenen Buch. Eine andere Möglichkeit wäre das Beobachten eines Gartens (eines Waldes) während eines ganzen Jahres. Die Fotos, Zeichnungen und aufgeschriebenen Gedanken werden in einer Mappe gesammelt. Besonders interessant sind Portfolios zum Thema Berufsfindung. Besondere Fähigkeiten und Interessen, kennen gelernte Berufe, Zeitungsausschnitte, Protokolle von Firmenbesuchen oder Gesprächen werden gesammelt und machen so einen Prozess sichtbar. Spezialthemen, welche sich als Projektarbeiten über ein ganzes Jahr erstrecken können, bieten auch für einen einzelnen Lehrer eine gute Gelegenheit, eine Direkte Leistungsvorlage auszuprobieren (nicht an *allen* Schulen wollen *alle* Lehrer alternative Formen der Beurteilung ausprobieren).
Sammlungen aller Arbeiten einer Klasse = Projektbücher: Wenn die Schüler im projektorientierten Unterricht exemplarisch zu einem Thema nach der Projektmethode arbeiten (vgl. Frey 1982), können die Bilder, Texte, Zeitungsausschnitte, Internet-Adressen, Literaturhinweise und Projektarbeiten aller Schüler einer Klasse gesammelt werden. Eventuell werden diese auch von Mitschülern oder vom Lehrer kommentiert und dann gebunden. Diese Arbeiten liegen später in der Klasse aus. Es ist festzustellen, dass die Qualität solcher Projektbücher ständig steigt und diese auch immer wieder gerne in den Klassen gelesen werden.
Portfolios, die das Notenzeugnis ersetzen könnten, sind Sammlungen der besten Werke eines Schülers aus allen Fachbereichen, die im Lehrplan der jeweiligen

Schulart vorgesehen sind. Diese können weit über verschriftlichte Formen hinausgehen. So dienen auch Videoaufzeichnungen von Theateraufführungen bzw. von Präsentationen sowie Tonaufnahmen, zum Beispiel im Bereich der Fremdsprachen, zur umfassenden Darstellung des Könnens (vgl. Vierlinger 1999; siehe auch Anhang 2). Wie von Prof. Vierlinger schon seit Jahrzehnten propagiert und von Palme (1999) in einer Studie bestätigt, könnte die Wirtschaft sehr gut mit einer Direkten Leistungsvorlage umgehen. Diese Erfahrungen haben auch wir besonders mit großen Firmen gemacht, die allerdings selbst noch einen Eignungstest durchführen und die Direkte Leistungsvorlage als Ergänzung zu ihren Ergebnissen ansehen bzw. zu ihrem Einstellungsgespräch verwenden.

Wie ist die Reaktion der „Verbündeten" (Schüler, Lehrer, Eltern, Schulbehörde)

Die Angst vieler Lehrer und Eltern, dass gleichzeitig mit einem Infragestellen der Ziffernnoten auch die Leistung selbst in Frage gestellt wird, oder die hinlänglich bekannten Vorwürfe bezüglich „Kuschelpädagogik" stellen auch für uns ein großes Problem dar. Die Leistungsansprüche von außen müssen mit den Fähigkeiten und Fertigkeiten des jeweiligen Kindes in Einklang gebracht werden. Es müssen ganz klare Kriterien ausgehandelt und festgelegt werden, so dass diese auch von allen Beteiligten nachvollziehbar sind. Obwohl wissenschaftlich widerlegt ist, dass die Ziffernnoten messgenau sind, stellen sie für viele noch immer das am besten scheinende System dar, bei dem sie auf ihr Wissen und ihre eigenen Erfahrungen als „Schüler" zurückgreifen können. Die Möglichkeit zu einem einfachen Vergleich mit anderen Kindern (Geschwister, Nachbarskinder ...) fällt bei allen Alternativen ebenso weg wie die heimliche Disziplinierungsfunktion der Note. Auch das Argument, dass manche Kinder den Notendruck brauchen, hören wir immer wieder. Durch unsere beiden alternativen Beurteilungsformen lernen sich unsere Schüler selbst besser einzuschätzen, sie lernen ihre Stärken kennen und wissen sie auch richtig einzusetzen. Sie lernen Ziele zu setzen, vorauszuplanen, durchzuführen und Lernfortschritte zu beobachten. Ein wichtiger Aspekt scheinen auch die Reflexion der Arbeitsmethoden, die Kommunikation über Leistungen und die Wertschätzung der Arbeit oder des Arbeitsprozesses zu sein. Die Eltern schätzen im Besonderen die Sichtbarkeit der Lerndefizite, welche bei einer speziellen Förderung hilfreich ist.
Natürlich sollte der Kontakt zwischen Schule und Elternhaus über die schriftliche Ebene in Form des Zeugnisses hinausgehen. In vielen Elternabenden, Projektvorstellungen, Ausstellungen und öffentlichen Veranstaltungen präsentieren die Kinder ihre Leistungen. Damit kommen die Eltern vermehrt mit der Arbeit der Schule in Berührung, was auch zu einer besseren Kommunikation führt. Ein großer Vor-

teil für unsere Schulentwicklung war sicher, dass alle Lehrerinnen und Lehrer bei der Erstellung der Lernzielkataloge beteiligt waren und seit sechs Jahren, nach einem Konferenzbeschluss, mit den beiden erwähnten Beurteilungsformen arbeiten.

Kritisches zum Schluss

Warum gibt es so wenig Versuche mit Alternativen zur Ziffernnote? Eine mögliche Antwort liegt vielleicht darin, dass eine Öffnung des Unterrichts und transparentere Beurteilungsformen auch der Kritik Tür und Tor öffnen. Was wurde im Unterricht überhaupt gemacht, was wurde wie intensiv „durchgenommen", welche Schwerpunkte wurden gesetzt? Leider sind wir gezwungen, beim Übertritt mit einem Ziffernzeugnis zu beurteilen. Sobald dieses Ziffernzeugnis auftaucht, dezimiert sich leider fast alles auf diese Notenskala. Die ganzen Bemühungen um die höhere Wertschätzung einer Direkten Leistungsvorlage werden mit einem Schlag zunichte gemacht. Diese wird degradiert zu einem Anhängsel, welches mehr Erinnerungscharakter hat, als ernst zu nehmende Alternative zu sein scheint. Die Zweigleisigkeit von alternativer Beurteilung und Ziffernzeugnis scheint für uns nicht sinnvoll. Vielleicht sollten die Wirtschaft und die Universitäten eine Alternative zum Ziffernzeugnis für alle Schulabgänger fordern, damit auf diesem Weg die gesetzlichen Voraussetzungen geschaffen werden können.

Eine grundlegende Änderung scheint noch nicht in Sicht, auch wenn es einzelne Schulen in allen Erdteilen gibt, die von Alternativen nicht nur träumen, sondern diese auch erfolgreich durchführen.

Anmerkungen

[1] Genaueres zu unserem Schulmodell finden Sie auf unserer Homepage: www.hsbuers.at; siehe auch Engstler 1999.

[2] Bereits vor 15 Jahren haben zwei Lehrpersonen der Schule Herrn Prof. Vierlinger bei einem Vortrag im Burgenland zu dieser direkten Leistungsvorlage gehört. Nach dem Studium seiner Bücher zu diesem Thema wurde die direkte Leistungsvorlage an unserer Schule versucht. Deshalb hat sich auch diese Bezeichnung durchgesetzt. Die Bezeichnung „Portfolio" wurde uns erst viel später bekannt.

Literatur

Engstler, Karin: In individuellem Lerntempo erbrachte Leistungen bewerten. In: Praxis Deutsch, H. 155 (1999), S. 40-42
Frey, Karl: Die Projektmethode. Weinheim 1982
Palme, Gerhard: Die Problematik prozess- und produktorientierter Beurteilung. Passau 1999
Vierlinger, Rupert: 5 Thesen gegen das Ziffernnotenzeugnis. In: Schulheft 75 (1994), H. 1
Vierlinger, Rupert: Leistung spricht für sich selbst. Heinsberg 1999

Anhang 1

Rechnen mit Dezimalzahlen	
Ziel	Erreicht
versteht die Beziehungen der Stellenwerte zueinander (Bündeln)	☐
kann die vier Grundrechenarten durchführen	
im Kopf	☐
schriftlich	☑

Rechteck und Quadrat	
Ziel	Erreicht
kann den Umfang von Rechteck und Quadrat berechnen	☑
kann den Flächeninhalt von Rechteck und Quadrat berechnen	☑
kann zusammengesetzte Flächen berechnen (F.)	☐
kann auch mit Formeln rechnen (E)	☐

Strecken, Symmetrie, Koordinatorensystem	
Ziel	Erreicht
kann Parallele zeichnen	☐
kann Normale zeichnen	☐
erkennt Symmetrien und Symmetrieachsen	☑
kann Figuren zu symmetrischen Figuren ergänzen	☐
kann die Streckensymmetrale zeichnen	☐
kann Figuren im rechtwinkeligen Koordinatensystem zeichnen	☑

Pensenbuch Mathematik, 6. Schulstufe

Lesen und Textbetrachtung	
Ziel	erreicht
Kernstoff	
erfasst den Inhalt von Texten	☐
liest ausdrucksvoll vor	
vorbereitete Texte	☑
neue Texte	☑
kann Lyrik vortragen:	
auswendig	☑
ausdrucksvoll	☐
kann sich in der Standardsprache ausdrücken	☑

Rechtschreibung	
Ziel	Erreicht
hat Sicherheit in folgenden Bereichen der Rechtschreibung gewonnen:	
Groß- und Kleinschreibung	☐
Anredefürwörter in Briefen	☑
Satzzeichen der wörtlichen Rede	☑
die allgemeine Rechtschreibleistung ist:	
ausreichend	☑
sicher	☐

Pensenbuch Deutsch, 6. Schulstufe

Anhang 2

Die Direkte Leistungsvorlage (Portfolio) entsteht!

Während des ganzen Jahres können von jedem Kind in einer Mappe und einer Schachtel, die in der Klasse gelagert sind, folgende persönliche Arbeiten gesammelt werden:

- ✓ Schriftliche Prüfungen
- ✓ Schularbeiten (Klassenarbeiten)
- ✓ Arbeitsblätter
- ✓ Freiarbeitspläne
- ✓ Besondere Überlegungen (z. B.: mathematische Herleitungen)
- ✓ Gedichte, Geschichten (aus der Schreibwerkstatt)
- ✓ Projektarbeiten
- ✓ Referate
- ✓ Erlebnisprotokolle
- ✓ Leselisten
- ✓ Liste von Hörbeispielen (Musik)

- ✓ Bilder
- ✓ Plakate
- ✓ Zeichnungen
- ✓ Werkstücke

- ✓ Tonbänder
- ✓ Videokassetten mit Präsentationen oder Theaterstücken, Lesungen ...

- ✓ Fotos von Projekten oder Werkstücken

Direkte Leistungsvorlage

Barbara Rösel

Arbeit, die sich lohnt – Lese-Schreib-Portfolios im Englischunterricht

Seit Ende der achtziger Jahre mehren sich Veröffentlichungen in den USA, in denen eine neue Unterrichtsmethode im Schulunterricht diskutiert wird: das Portfolio (siehe Bräuer 1996). Oberflächlich betrachtet ist das Portfolio ein einfacher Pappordner, in dem Schüler Arbeiten über einen bestimmten Zeitraum sammeln.[1] Das ist nicht neu. Was sich jedoch gegenüber herkömmlichen Materialsammlungen verändert hat, ist die Tatsache, dass bewusst ein Zusammenhang zwischen den Einlagen hergestellt und sichtbar gemacht werden soll. Vom einfachen Abheften und „Abhaken" von Schülerarbeiten soll zur Dokumentation und Kommentierung eines Lern- und Arbeitsprozesses übergegangen werden, der einhergeht mit weitgehend eigenverantwortlicher Zeit- und Arbeitseinteilung, mit der Setzung persönlicher Ziele sowie der kontinuierlichen Überarbeitung und kritischen Selbsteinschätzung der entstandenen Produkte (Bräuer 1998; Tierney/ Carter/ Desai 1991; siehe auch den Beitrag von Felix Winter in diesem Band). Im Folgenden werde ich am Beispiel eines „intermediary level" Englischkurses[2] über den Versuch berichten, die Portfoliomethode praktisch umzusetzen.
Das Thema des Kurses war „Tales of Many Cultures", zu dem ich einen Reader mit Märchen aus verschiedenen Kulturen zusammengestellt und eine Kassette mit unterschiedlichen Vortragsweisen von Märchen aufgenommen hatte (gelesene Märchen, „dramatized versions", frei erzählte und zweisprachig erzählte Märchen etc.). Mit Hilfe der Portfoliomethode habe ich versucht, folgende Kursziele zu erreichen:
- In selbst geschriebenen Texten beschreibendes und erzählendes Vokabular anzuwenden, um die Erfahrung zu machen, dass auch im Fremdsprachenunterricht Sprache kein Selbstzweck ist, sondern dazu dient, Inhalte und Gedanken zu vermitteln.
- Durch das Schreiben von Texten die Grammatik nicht als Selbstzweck zu betrachten, sondern sie als ein Hilfsmittel zum möglichst präzisen Ausdrücken eigener Gedanken im Kontext zu erfahren.

- Durch das Schreiben und kritische Lesen eigener Texte einen Bezug zwischen Lesen und Schreiben als zwei Seiten derselben Medaille herzustellen.
- Schreiben als Mittel zum Erforschen eigener Gedanken über fremde Texte einzusetzen.
- Schreiben als Denk- und Arbeitsprozess kennen zu lernen; die Erfahrung zu machen, dass Texte nicht (wie häufig angenommen wird) von Anfang an „in einem Guss" entstehen und nicht in einem Anlauf mühelos aus der Feder aufs Papier gleiten.

Am Ende der fünfwöchigen Unterrichtsphase sollten die Portfolios folgende Produkte enthalten:

- Ein Märchen, das in Zusammenarbeit mit anderen Kollegiatinnen und Kollegiaten geschrieben und inszeniert (z. B. als Hörspiel oder Readers Theater) wurde. Es konnte sich dabei um eine traditionelle Märchenform handeln, eine moderne Version eines traditionellen Märchens, ein Märchen in einer anderen kulturellen Umgebung etc.
- Ein eigenständig geschriebenes Märchen mit „peer-conference" und „top-sheet".
- Ein Tagebucheintrag aus der Sicht des Kaisers in „The Emperor's New Clothes" nach seiner peinlichen Parade durch die Stadt, wieder mit „peer-conference" und „top-sheet".
- Jeweils ein „reader-response"-Kommentar zu zwei aus dem Reader selbst gewählten Märchen (oder zu einem nicht im Reader enthaltenen Märchen), mit den dazugehörigen „peer-conferences" und „top-sheets".
- Ein „self-evaluation paper", das den gesamten Kursablauf, die erreichten Ziele und die Ziele für den Folgekurs beleuchten sollte.

Wie man sieht, waren eine Reihe konkreter Forderungen vorgesehen, die aber gleichzeitig Wahlmöglichkeiten enthielten. Außerdem waren Leistungsnachweise unterschiedlichen Typs gefordert. Sie umfassten gemeinschaftliche Arbeiten, nachvollziehendes und kreatives Schreiben sowie Reflexionen dazu.

Die für das Portfolio typischen Forderungen nach Eigenständigkeit, Ausprobieren individueller Ansätze etc. haben für mich eine Reihe von methodischen Fragen aufgeworfen hinsichtlich der zu wählenden Unterrichtsform, meiner eigenen Rolle als Lehrerin, der Art, Schülerarbeiten zu korrigieren, und schließlich bezüglich der Beurteilung des Portfolios als Ganzes am Ende des Kurses, um nur die wichtigsten zu erwähnen.

Ich habe für die Durchführung des Portfoliokurses die Form des Workshops gewählt (Atwell 1998; Calkins 1994), weil es meiner Ansicht nach den für das Erstellen eines Portfolios wichtigen Freiraum bietet. Für den Workshop typisch waren „mini-lessons" (Calkins 1994, S. 193-219), die ich an den Anfang jeder Sitzung gestellt habe, um für ungefähr 30 Minuten (je nach Bedarf auch länger) im Plenum ein bestimmtes Thema einzuführen und zu besprechen (z. B. ein bestimmtes Grammatikgebiet; eine Textpassage, um die Beschreibung eines Menschen zu analysieren; um Strukturmerkmale von Märchen zu erarbeiten; oder über „literature response" zu sprechen). Nach diesen kurzen Plenumssitzungen sollten die Lernenden dann eigenständig weiterarbeiten, d. h. schreiben, lesen, sich etwas auf der Kassette anhören, im Team mit anderen arbeiten, die Bibliothek oder das Internet benutzen.

Zum Portfolio gehört auch das *Dokumentieren und Kommentieren* des Lern- und Arbeitsprozesses. Dadurch wurde die freie Arbeit weitgehend vor dem Abgleiten ins Beliebige und vor dem Verschwenden von Zeit geschützt. Vor allem in der Anfangsphase des Arbeitens mit dem Portfolio habe ich jedoch die Dokumentations- und Kommentierungsvorgänge mit Arbeitsblättern relativ kleinschrittig vorstrukturiert. Für „*peer-conferences*" (siehe Anhang 1), in denen die Lernenden gegenseitig ihre Märchen kritisch lesen und dann aus der Sicht des Lesers Veränderungsvorschläge machen sollten, habe ich z. B. eine Reihe von Leitfragen formuliert, um für die Beurteilung eine Orientierungshilfe zu geben. In der Literatur ist der praktische Nutzen von „peer-conferences" zwar umstritten (Calkins 1994, S. 169-171), mir ging es aber vor allem darum, dass die Kollegiatinnen und Kollegiaten beim Schreiben einen Leser vor Augen hatten, um eine zu starke „Schreiberzentrierung" zu vermeiden. Ich wollte ihnen auch die Einsicht vermitteln, dass die erste Fassung noch ganz am Anfang des Schreibprozesses liegt und nicht etwa schon das endgültige Produkt darstellt.

Deckblätter (siehe Anhang 2), auf denen die Kollegiatinnen und Kollegiaten die „Entstehungsgeschichte" ihres Textes reflektieren, das Produkt kritisch betrachten und anschließend Ziele für weitere Schreibprojekte formulieren sollten, habe ich ebenfalls mit Fragen vorstrukturiert. Ich habe z. B. gefragt, welche Ziele erreicht wurden, warum andere Dinge nicht so gut geklappt haben, welche Aspekte besser gelungen waren, und welche Ziele sich für die weitere Arbeit daraus ableiten ließen. Wenn man längere Zeit mit dem Portfolio gearbeitet hat, können und müssen jedoch diese vom Lehrer vorgegebenen Arbeitsblätter durch von den Lernenden selbständig formulierte Reflexionen ersetzt werden. Dies kann z. B. in Form von „journals" und „learning logs" geschehen (siehe Beatrix Ahlswede-Stefaninik in diesem Band).

Die immer wieder im Zusammenhang mit dem Portfolio erwähnte Eigenständigkeit und Selbstverantwortlichkeit hat meine Rolle als Lehrerin verändert und in eine eher beratende Funktion umgewandelt. Außer den erwähnten „peer-conferences" gab es die „*student-teacher conference*" (Calkins 1994, S. 223), welche die Lernenden durch das Gespräch zum kritischen Lesen ihrer eigenen Texte und zu mehr Klarheit über die eigenen Gedanken führen soll. In der Fremdsprache existiert für Lernende die Schwierigkeit, in einem noch nicht sehr geläufigen Medi-

um eine eigene Stimme zu finden und zu lernen, sich differenziert auszudrücken. Für den Lehrer auf der anderen Seite besteht die ständige Versuchung, von Anfang an korrigierend eingreifen zu müssen. Die Frage, wann man was wie „verbessern" sollte und ab wann der Text aufhört, authentisch zu sein, ist ein heikles Problem, für das es, glaube ich, keine allgemein gültige Antwort gibt. Ich habe in meinem Unterricht versucht, während dieser „conferences" mit Kollegiatinnen und Kollegiaten die Ebenen von Inhalt, Struktur und sprachlicher Ausgestaltung in verschiedenen Beratungsgesprächen einzeln zu behandeln und die Verbesserung grammatischer und lexikalischer Fehler ganz ans Ende zu stellen. In der Anfangsphase war diese Reihenfolge für die Lernenden ungewohnt und für viele unbefriedigend. Sie wollten von mir auf schnellstem Wege die sprachlich richtige Lösung hören und sahen die Notwendigkeit, fundierte Texte im Fremdsprachenunterricht zu verfassen, nicht ein. Das „späte" Korrigieren war auch deshalb für mich von äußerster Wichtigkeit, weil psychologisch gesehen für viele Kollegiatinnen und Kollegiaten die Korrektur den Endpunkt ihrer Bemühungen darstellt und somit der Schreibprozess als abgeschlossen angesehen wird (Somers 1996; Macgowan-Gilhooly 1996). Aber gerade im Hinblick auf „Schreiben als Lernen" (Bräuer 1998) ist es auch in der Fremdsprache wichtig, das Verfassen von Texten nicht als inhaltlosen Drill anzusehen, sondern als das Kommunizieren ernst zu nehmender Inhalte. Lucy Calkins sagt dazu: „... if we are going to lure adolescents to care about writing, one way to do this is to encourage them to write about projects, intentions, and purposes. ... We will tap into an enormous energy source when we bring students' interests into the classroom." (Calkins 1994, S. 173). Wichtig für mich war, die Korrekturen (auch und besonders die grammatischen) möglichst häufig im Gespräch zusammen mit den Lernenden zu erarbeiten. Der Zeitaufwand ist zwar enorm, aber man kann in der Praxis immer wieder die Erfahrung machen, die Lucy Calkins folgendermaßen beschreibt: „If the piece of writing gets better but the writer has learned nothing that will help him or her another day in another piece, then the conference was a waste of time" (Calkins 1994, S. 228). Gleiches gilt für die verfrühte und für die Kollegiatinnen und Kollegiaten nicht nachvollziehbare Korrektur.
Eng verknüpft mit Korrekturen steht immer auch die Frage nach der Beurteilung bzw. Notengebung. Am Oberstufen-Kolleg sind wir in der glücklichen Lage, Leistung nicht benoten zu müssen, und haben insofern gute Voraussetzungen, um die Portfoliomethode stringent einsetzen zu können. Die endgültige Bewertung des „Märchen"-Portfolios bestand aus Folgendem: einer Selbstbewertung, d. h. dem anfänglich erwähnten *„self-evaluation sheet"* (siehe Anhang 3), auf dem die Lernenden den gesamten zurückgelegten Arbeits- und Lernweg noch einmal kritisch beleuchten, Bezüge zwischen einzelnen Texten herstellen und die Produkte an einem Kriterienkatalog messen sollten, sowie aus einer von mir erstellten Fremdbe-

wertung (Bräuer 1998). Das „self-evaluation sheet" habe ich wieder durch Fragen zu verschiedenen Kategorien vorstrukturiert, wie z. B. zu Textstruktur und Grammatik, aber auch zu dem ganz wichtigen Gesichtspunkt „effort". Engagement und Einsatz sind subjektive Eindrücke und können deshalb auch der Gegenstand einer „student-teacher conference" sein und verhandelt werden. Bei manchen Kollegiatinnen und Kollegiaten waren der Stolz auf die eigene Arbeit und das Gefühl von „ownership" aber schon rein äußerlich durch die individuelle, künstlerische Gestaltung der Mappe deutlich erkennbar. In einer Art *Abschlussbericht* habe ich meine Sicht jedes einzelnen Portfolios dargestellt, die vor allem aus einer „positiven Bewertungsbotschaft" (Bräuer 1998, S. 128) bestand, in der ich versucht habe, Gelungenes herauszustellen, Veränderungsvorschläge für zukünftiges Arbeiten zu machen und mögliche, teilweise notwendige Ziele für weitere Kurse aufzuzeigen. Durch die Betonung des Prozesses statt des Ziels, der Verbesserung eigener Leistungen statt des Erreichens vorgegebener Standards sowie durch die Berücksichtigung des Einsatzes und Engagements bei der Erarbeitung von Produkten ermöglicht das Portfolio eine gewisse Binnendifferenzierung und die Förderung individueller Entwicklung.

Das Echo bei den Lernenden bezüglich der Portfolioarbeit war recht positiv. Fast alle empfanden die Möglichkeit der freien, weitgehend selbstbestimmten Arbeit als befreiend und motivierend. Andere machten keinen Hehl aus der Tatsache, dass ihnen die Methode schlicht zu arbeitsintensiv war und sie lieber vom Lehrer vorgegebene Aufgaben bearbeitet hätten, die schnell „abgehakt" werden können. Alle waren allerdings der Meinung, der ich mich anschließe, dass eine Kurszeit von nur fünf Wochen, wenn auch mit hoher Stundenzahl, zu kurz ist, um die Portfoliomethode gründlich zu erlernen und ihr großes Potential ausschöpfen zu können.

Anmerkungen

[1] Im Sinne der Unterscheidung von Felix Winter (siehe seinen Beitrag in diesem Band) handelt es sich um ein Kurs-Portfolio.

[2] Der besagte Englischkurs lief über einen Zeitraum von 5 Wochen. Er umfasste 6 Doppelstunden (90 Minuten) pro Woche. An einem Tag gab es sogar 2 Doppelstunden. Es handelte sich um einen Kurs mit dem Niveau 3 (bei 6 Niveaus, die am Oberstufen-Kolleg unterschieden werden). Der Kurs steht an der Schnittstelle zwischen Kursen, die anhand eines Lehrbuchs hauptsächlich Grammatik- und Vokabelarbeit leisten, und Kursen (Niveau 4-6), die speziell die Arbeit mit Texten (Lesestrategien) und das Schreiben kurzer Essays zum Ziel haben.

Literatur

Bräuer, Gerd: Warum Schreiben? Schreiben in den USA: Aspekte, Verbindungen, Tendenzen. Frankfurt a. M. 1996

Bräuer, Gerd: Schreibend Lernen. Grundlagen einer theoretischen und praktischen Schreibpädagogik. Insbruck/ Wien 1998

Atwell, Nancie: In the Middle. New Understandings about Writing, Reading and Learning. Portsmouth, NH 1998

Calkins, Lucy: The Art of Teaching Writing. Portsmouth, NH 1994

Macgowan-Gilhooly, Adele: Fluency First: Reversing the Traditional ESL Sequence. In: Leeds, B. (ed.): Writing in a Second Language. Insights from First and Second Language Teaching and Research. Longman 1996

Somers, Nancy: Responding to Student Writing. In: Leeds, B. (ed.): Writing in a Second Language. Insights from First and Second Language Teaching and Research. Longman 1996

Tierney, R./ Carter, Mark A./ Desai, Laura E.: Portfolio Assessment in the Reading-Writing Classroom. Norwood, MA 1991

Anhang 1

Writing-Reading Portfolio Course *Writer's name:* Frederik
English Level 2 *Reader's name:* Marlene
Spring KP 2K
(Instructor: Barbara Rösel)

Peer Conference Record Sheet

Read your learning partner's writing and find out about the following aspects:
(You can use German to do this exercise!!!)

1. Do you understand what your partner is talking about?
   What is the writer's message? Why did he/ she write that story?
   In my opinion the storyline is really clear. He tell about a boy who wrapped up in memories of the holidays. The story ends with a concluded sentence like on the beginning. „He sit on his oak tree and thought about the holiday"

2. Are the thoughts/ actions/ descriptions presented in such a way that you can follow easily, or do you get lost in the thick of the story?
   I could follow his way to describe his characters' experiences.

3. Do the characters/ places/ actions come alive or do they remain wooden and lifeless?
   a) **Are they individuals or caricatures of real people?**
      I think this Characters come alive, because he tell the story about Danesh's Experiences in this holidays and I like the way, how he let come out the fascination of the boy when he tell things like „There were so much which wanted to be discovered".
   b) **Can you get the feel/ smell/ atmosphere of the places described or do they stay pale and sketchy?**
      In his story he also use the smell and the taste to describe the difference between at home and in holidays.
   c) **Do you get into the actions/ the thoughts of the characters or do you stay on the outside as a relatively passive onlooker?**
      I've said it in the other questions, but I like how he describe the fascination of the boy. Because of these comparisons „... like ants over the earth" the story get more alive, because you can imagine what the writer wanted to express.
4. Work with your partner to make suggestions for change. Would a different structure make understanding easier? Would more details make things come alive? Would a change of perspective add interest to the story? (Use a second sheet of paper to continue with your suggestions!)
   Sorry, Frederic, but for a second time I couldn't tell you some negativ aspects in your story! I really tried to find anything, but that's Barbara's job now!!

No! I also want to find good things in everybody's writing!
(teacher remark)

171

Anhang 2

Reading/ Writing Portfolio *Name:* Frederik Landwehr
English 2 *Koll #:* 996487
(Instructor: B. Rösel) *Date:* 09.04.2000

Coversheet
Narrative/Descriptive Writing
(You may use German to fill in this form!!!)

Title of your writing?
(Why did you choose that title?)
Ich habe meiner Geschichte den Titel „Danesh's Dreams" gegeben. Warum ich diesen Titel gewählt habe, ist in einem Satz zu beantworten. Es geht um den Traum eines 12jährigen Jungen, der Danesh heißt.

What did you try to accomplish in your writing?
Ich wollte versuchen, in Form einer Geschichte ein Problem darzustellen, mit dem viele Menschen aus meiner Umgebung zu kämpfen haben. Dieses Problem ist a) sich selber zu bewegen, selber versuchen, ein Problem zu lösen, auch wenn es unlösbar erscheint, und b) nicht darauf warten bzw. hoffen, dass jemand kommt und das Problem für einen beseitigt, Hilfe ist o. k., aber nicht immer zu bekommen.

Which elements in your writing do you think turned out well and why?
Ich persönlich finde, dass ich es ganz gut geschafft habe, dass, was ich schreiben wollte, bildlich darzustellen. Ich bin mir aber nicht sicher, wie es auf andere wirkt, ich hatte ja immer ganz bestimmte Bilder/ Hintergründe im Kopf.

Where did you find help? (e. g. books, the Internet, your learning partner etc.)
Im Endeffekt hatte ich nur mein Wörterbuch. Manchmal habe ich versucht, in anderen Büchern (English natürlich) Hilfe zu finden. Habe aber nicht das gefunden, was ich suchte.

Which aspects do you need to do more work on in future writings? How do you plan to do this?
Gerade wenn man Geschichten schreibt, dann ist es, zumindest für mich, wichtig, feststehende Ausdrücke bzw. Synonyme zu kennen, um sich etwas geschickter und bildlicher ausdrücken zu können. Wie ich das in Zukunft mache, weiß ich noch nicht.

Teacher's commentary:

Reading/ Writing Portfolio   Name: Frederik Landwehr
English 2   Date: May 2nd, 2000
(Instructor: B. Rösel)

Teacher's Commentary

Title: Danesh's Dream

What I like about your writing.
First of all I like the tremendous work you put into this project and it's presentation. I'm sure that you will soon see that this effort pays off and that your reading and writing abilities will increase rapidly. I also like how you tried to put into practice what you've seen other authors do namely use figurative language to give your story more interest and depth!

What I think was important to you.
You spelled it out for me on your coversheet: how people have to move to solve their own problems and not wait for someone to do it for them! This became very clear in your story!

Suggestions for your next writing project.
In your next project pay attention to *tenses*, don't mix them continuosly. Make up your mind whether you want to tell the story in the present tense or in the past tense and then stick to that. Even in a story that is told in the past tense can there be passages in the present tense, but only if there is a good reason (you want to heigthen suspense for example!). But don't change from sentence to sentence. Problems with vocabulary can be solved best if you read a lot and see how authors use words! So keep on looking for books that might interest you and plan in reading sessions everyday!
Another area that you might want to look at more closely are *prepositions* and *sentence structure*. We will talk about this in class, but you can already out your blue gammas book. Look in the index under prepositions (starting with wit 114). I will have to give you material on sentence structure.

Make sure that you set up a *peer conference* with someone from our class for your next project.

Anhang 3

FS English
Reading/Writing Portfolio
IP Fall 2000
Instructor: Barbara Rösel

Student: Frederik Landwehr
Koll#: g996487
Date: 14.09.2000

Self-evaluation Sheet
(If you prefer you may answer the questions in German!)

1. What were your goals at the beginning of this course?
Wichtig war mir, dass sich meine Grammatik verbessert und ich meinen Wortschatz vergrößere. Ich wollte außerdem versuchen, mehr „Englisch" zu denken, d. h. die Satzstellung, die man vom deutschen her im Kopf hat, ablegen, damit sich die gerne falsch gemachte Satzstruktur gleich beim Schreiben korrigiert. Präpositionen sind immer noch ein Thema, dass ich auch in Zukunft noch verfolgen werde.

2. Which of these goals did you reach?
Mein Wortschatz hat sich, wenn auch nicht zu meiner Zufriedenheit, vergrößert, und was die Grammatik betrifft, so kann ich sagen, dass ich schon der Meinung bin, dass ich an mehr Sachen denke als früher. Trotzdem sind einige bzw. viele grammatische Regeln noch nicht richtig drin.

3. Why didn't you reach the others?
Als zweites habe ich festgestellt, dass die Präpositionen immer noch oft falsch sind und man hier und da den deutschen Satzbau verwendet, besonders wenn man Vokabeln verwendet, die man sich aus dem Wörterbuch heraussucht.
Ich hatte leider wenig Zeit in der Intensivphase (IP), und deswegen habe ich zu Hause zu wenig getan, aber die IP ist generell zu komprimiert und dadurch werden viele Themen nur oberflächlich behandelt.

4. Which one of the artefacts in your portfolio do your consider your best work and why?
Das beste war mein Märchen. Der Grund dafür war, dass ich
1. mir am meisten Zeit dafür genommen habe.
2. fiel mir am meisten dazu ein. Ich weiss nicht, ich habe angefangen zu schreiben, und dann vielen mir tausend Möglichkeiten ein, was ich schreiben könnte. Das Problem war nur, alles ins Englische zu bringen.

5. Which one of the artefacts in your portfolio do you like least and why?
Am schwierigsten fand ich den Literature Response. Das Problem war, dass ich mit der Geschichte nicht viel anfangen konnte (11 Prinzessinnen) und mir keine Verbindungen zu meinem Leben aufgefallen sind. Auch bei meinem 2. Versuch mit la Llorona/ Weeping Woman konnte ich nicht viel anfangen, weil mir die Moral der Geschichte verschlossen blieb. So wird es bei dieser Aufgabe wohl bei einer qualitativ minderwertigen Arbeit bleiben.

6. What are your plans for English 4?
Ist in meinem Fall schwer zu sagen, da ich auf halber Strecke die Pferde wechseln muss (muss ja leider den bzw. die Vorgesetzte wechseln). Aber ich will auf jeden Fall meine Technik verbessern, also Grammatik und Wortschatz. Und ich möchte gerne flüssiger sprechen können. Das Sprechen ist für mich neben dem Verstehen von Texten das wichtigste, weil ich glaube, dass Englisch sprechen und Englisch lesen die Sachen sind, die am meisten im Leben nach der Schule gebraucht werden.

Felix Winter

Ein Instrument mit vielen Möglichkeiten – Leistungsbewertung anhand von Portfolios

Über das, was ein Portfolio sein soll, muss man sich verständigen. Das liegt daran, dass es unterschiedliche Typen von Portfolios gibt und man sie auf verschiedene Weise im Unterricht einsetzen kann. Ein gemeinsames Prinzip der Portfolioarbeit ist es, dass eine Mappe angelegt wird, in der ausgewählte Belege der Arbeit bzw. der Leistung gesammelt werden. Es muss sich nicht nur um Schriftstücke handeln, also etwa eine selbst geschriebene Geschichte, das Ergebnis einer Recherche, der Bericht über die Arbeit einer Gruppe oder eine in der Klausur geschriebene Arbeit. Es werden auch ganz andere Dinge in Portfolios aufbewahrt: Videofilme, Fotodokumentationen, eine Diskette mit einer selbst gestalteten Web-Seite, aber auch Reflexionen und Bewertungen zu Arbeiten, die von Lehrern und Schülern verfasst worden sind.
Es wurde vorgeschlagen, die Einlagen in Portfolios in vier Kategorien einzuteilen (vgl. Barton/ Collins 1997; Brunner/ Schmidinger 2000) und zwar:
- Arbeitsergebnisse, die von der Schule gefordert werden;
- Arbeitsergebnisse, die außerhalb des Unterrichts, z. B. auf Initiative der Schüler entstehen;
- Rückmeldungen bzw. Kommentare von Lehrern;
- Reflexionen von Schülern.

Die Übersicht zeigt, dass das Portfolio geeignet ist, Leistung breiter zu definieren, als Schule das traditionell tut, wenn sie vor allem die Leistungen wertet, die im besonderen Rahmen von Klassenarbeiten erbracht worden sind. Auch die Tatsache, dass hier selbst initiierte Leistungen genannt sind, stellt die Weichen für Leistungen anders als bislang üblich.
Lissmann (2000, S. 292ff.) unterscheidet mit Bezug auf Spandel (1997) fünf Arten von Portfolios
1. Ein *Arbeitsportfolio*, d. h. eine Mappe, in der eine Vielfalt von Einzelarbeiten gesammelt wird, die konkrete Lernprozesse dokumentieren.
2. Ein *Beurteilungsportfolio*, in dem dokumentiert ist, was ein Schüler gelernt hat. Es dient als Grundlage des Bestehens eines Kurses oder Ausbildungsab-

schnitts. Sofern damit eine Prüfung verbunden ist, könnte man auch von einem Prüfungsportfolio („Graduation-portfolio") sprechen (vgl. Darling-Hammond/Ancess 1994).
3. Ein *Vorzeigeportfolio* (oder exemplarisches Portfolio), in dem hauptsächlich Arbeiten gesammelt werden, auf die ein Schüler stolz ist. Die beigegebene Begründung dieser Auswahl ist zusätzlich informativ für denjenigen, der eine solche Mappe durchsieht.
4. Ein *Entwicklungsportfolio*, in dem es v. a. darauf ankommt, Entwicklungsprozesse, also das Wachstum und die Veränderungen eines Schülers sichtbar zu machen.
5. Ein *Bewerbungsportfolio*, in dem eine Auswahl von exemplarisch aussagekräftigen Dokumenten zusammengestellt ist. Dabei sind Gesichtspunkte berücksichtigt, die für eine aufnehmende Institution von Bedeutung sind. Es ist aber auch das Ziel, den Bewerber in ein positives Licht rücken.

Diese fünf Typen sind analytisch voneinander abgehoben und es gibt fließende Übergänge sowie Überschneidungsbereiche zwischen ihnen.

Was in einem Portfolio zusammengestellt wird, hängt sehr von der Funktion ab, die eine solche Mappe haben soll. Eine weitere sinnvolle Unterscheidung ist die zwischen *Kurs-Portfolios* und *Portfolios als kursübergreifende Leistungsmappen* (vgl. Winter 2000b). Kurs-Portfolios werden zeitlich und thematisch begrenzt in einem Einzelkurs eingesetzt. Die Mappe spielt dabei eine wichtige Rolle bei der Orientierung der Schüler über die Lernziele und Anforderungen dieses Unterrichts und hilft, die Leistungserbringung und Leistungsbewertung zu organisieren. Kurs-Portfolios verlangen eine Umstellung des Unterrichts in Richtung offener Arbeitsformen. Mit ihnen wird man in der Regel beginnen, wenn Portfolioarbeit eingeführt werden soll. Auch einzelne Lehrer können dies tun. Portfolios als übergreifende Leistungsmappen erfordern Vereinbarungen im Kollegium, mindestens darüber, wie Leistungsbelege ausgewählt, kommentiert und die Mappen aufbewahrt werden sollen.

In den vergangenen zehn Jahren hat die Arbeit mit Portfolios in den USA sich lawinenartig ausgebreitet. Es gibt dort eine sehr große Zahl von Veröffentlichungen zum Thema Portfolio und inzwischen sind auch massenhaft Schülerportfolios im Internet zu besichtigen. Von etlichen Autoren wird der hauptsächliche Effekt der Arbeit mit Portfolios darin gesehen, dass sie eine didaktische Reform getragen haben, in deren Folge Schüler in größerer Selbstständigkeit und an komplexeren sowie individuelleren Aufgaben arbeiten. Die Rolle der Lehrer wandelt sich dabei tendenziell vom Wissensvermittler zum Begleiter und Berater des Lernens. Über diese Rolle der Portfolioarbeit soll hier aber nur indirekt berichtet werden. Im Brennpunkt dieses Beitrags geht es um die Perspektiven, die Portfolios zur Veränderung der Leistungsbewertung eröffnen. Insgesamt – diese These sei vorangestellt

– ermöglicht das Anlegen von Portfolios einen weit reichend veränderten Umgang mit den Schülerleistungen, der die Mängel und Beschränkungen des tradierten Leistungsbewertungssystems überwinden könnte, ohne gravierende Nachteile zu beinhalten. Vierlinger, ein Pionier dieser Methode, spricht deshalb von einer „kopernikanischen Wende" in der Leistungsbeurteilung (vgl. Vierlinger 1999, S. 79). Im Folgenden sollen einige Punkte genannt werden, die dies deutlich machen können.

Andere Leistungen werden zugelassen

Es klang bereits an, dass es Schülern mit den Portfolios erleichtert bzw. überhaupt erst möglich gemacht wird, längere eigenständige Arbeiten und auch außerschulische Bemühungen als Leistungen abzurechnen. Demgegenüber stützt sich die bisherige Leistungsbewertung fast ausschließlich auf die Ergebnisse schriftlicher Klassenarbeiten und die Mitarbeit im Unterricht. In die zweite Kategorie fallen überwiegend kurze Antworten auf wissensorientierte Lehrerfragen. Von der kognitiv orientierten Lernforschung und seitens der konstruktivistisch orientierten Didaktik wird seit langem gefordert, Schülern mehr Selbstständigkeit zu geben und ihnen vermehrt komplexe, expressiv-gestaltende sowie auch gemeinschaftlich zu bearbeitende Aufgaben zu geben, die in reichhaltigen Kontexten dargeboten werden (vgl. Reusser 1994; Reich 1998). Wie aber soll die Bewältigung derartiger Aufgaben gelernt werden, wenn sie in der Schule nicht vorkommen oder keine Anerkennung bei der Leistungsbeurteilung finden? Das Portfolio bietet die Möglichkeit, Leistungen der oben genannten Art abrechenbar und beurteilbar zu machen (vgl. auch Lissmann 2000, S. 284f.) und ihren Stellenwert in der Schule damit zu erhöhen.

Individualisierung und Standardbildung

Wenn Leistungen in Portfolios abgerechnet werden, eröffnen sich große Möglichkeiten, eine innere Differenzierung oder sogar Individualisierung des Unterrichts vorzunehmen. Schüler können unterschiedlich lang und mit andersartigen Hilfen an ihren Aufgaben oder Projekten arbeiten. Insbesondere für die Grundschule wird dieser Vorzug des Portfolios gesehen (vgl. Brunner/ Schmidinger 2000, S. 23). Diese können auf ihre Stärken und Schwächen der Schüler abgestimmt sein und erlauben ihnen eigene Denkwege und Methoden.[1] Später, bei der Bewertung und Kommentierung der Leistungen, können die Hilfen und Bedingungen genannt werden.

---

[1] Ein Unterricht, der an Kernideen orientiert ist, erlaubt dies in besonderem Maße (vgl. Ruf/ Gallin 1999; Ruf-Bräker 2000).

Schwächere Schüler werden nicht abgehängt und können – ohne Stigmatisierung – die Fortschritte machen, die ihnen möglich sind. Die Schüler lernen, an ihrer Leistung zu arbeiten und Verantwortung für ihre Entwicklung zu übernehmen. Andererseits besteht für Lehrer selbstverständlich die Aufgabe, alle Schüler gemeinsam auf ein bestimmtes Niveau zu bringen. Diese Forderung ist vor allem dem Ziel verpflichtet, dass alle so weit kommen sollten, dass sie erfolgreich weiterlernen können (vgl. Sacher 1996, S. 107 und S. 65ff.). Ein Lehrer, der mit dieser Orientierung differenziert und individualisiert arbeitet, muss daher die Ziele der Ausbildung inhaltlich sehr gut kennen und wissen, wie sich Schüler darauf methodisch flexibel zubewegen können. Dadurch, dass in Zusammenhang mit der Abrechnung und Bewertung von Leistungen im Portfolio häufig Leistungsansprüche und Kriterien inhaltlich zur Sprache kommen und einsehbar werden, können die Schüler sie erkennen und sich selbst gesteuert auf Leistungsstandards zubewegen (vgl. Winter 2000a). Leistungsstandards können dann von einer Sache des prüfenden Lehrers zu einem Produkt gemeinsamer Qualitätsentwicklung werden. Das mag noch ein wenig utopisch klingen. Wenn man aber dahin gelangen möchte, sind Verfahrensweisen nötig, die eine Zusammenarbeit an der Qualität der Arbeit und ihrer Produkte ermöglicht. Das Portfolio ist zweifellos ein Instrument, das dem dient. Die Zentrierung der Leistungsbewertung auf Leistungen, die in Prüfsituationen erbracht und dann benotet werden, verhindert dagegen eine solche Zusammenarbeit an der Qualität relativ zuverlässig.

Auch die Schüler bewerten ihre Arbeit
Portfolios, die Leistungen dokumentieren und zur Bewertung dienen, enthalten außer den Produkten der Schüler üblicherweise noch folgende „Beigaben":
- Ein *Deckblatt*, auf dem der Schüler erklärt, wann und in welchem Zusammenhang die Arbeit entstanden ist und warum sie für das Portfolio ausgewählt wurde (vgl. Barton und Collins 1997; Winter 2000b).
- Eine *Stellungnahme des Schülers* zu seiner eigenen Arbeit, die erläutert, was diese von ihm zeigt oder was er selbst daran als gelungen ansieht. Diese Stellungnahme kann mit auf dem Deckblatt stehen oder auch getrennt davon (und dann noch ausführlicher sein).
- Einen *Kommentar des Lehrers*, der angibt, in welchem Unterrichtszusammenhang die Arbeit steht und ob sie eine für den Schüler kennzeichnende Leistung darstellt. Eventuell kann auch eine Beschreibung dazu, wie diese Leistung im Verhältnis zu anderen Leistungen steht, gegeben werden. Auch eine Benotung der Arbeit ist möglich, wenngleich das Portfoliokonzept von seinen Pionieren als Alternative zur Notengebung gedacht ist (vgl. Vierlinger 1993).
- *Kommentare, Einschätzungen und Bewertungen weiterer Personen*, vor allem von Mitschülern, u. U. auch von Schülern anderer Schulen, die z. B. via Inter-

net ihre Produkte austauschen, oder von weiteren Personen, die das Portfolio angeschaut haben.

Diese Aufzählung zeigt bereits, dass die Wahrnehmung und Bewertung der Schülerleistung nicht mehr nur die Sache des je zuständigen Lehrers ist. Besonders hervorzuheben ist, dass die Schüler selbst aufgefordert sind, Stellung zu ihren Arbeiten zu nehmen. Sie tun dies schon dadurch, dass sie eine Arbeit für ihre Mappe auswählen. Für die Schüler bieten Portfolios der beschriebenen Art vielfältige Möglichkeiten, reflexiv und wertend eigene und fremde Leistungen zu betrachten. Sie erwerben auf diesem Wege Bewertungskriterien und können deren Anwendung üben. Mit der sprachlich formulierten Selbstbewertung tun sie einen wichtigen Schritt in Richtung Selbstständigkeit des Lernens (vgl. Winter 1991, 1996, 2000a). Die Selbstbewertungen der Schüler erleichtern es dem Lehrer, seine Sichtweisen – seien sie bestätigend oder kontrastiv – zuzuspitzen.

Veränderung der Bewertungsarbeit der Lehrer
Auch die Lehrer können ihre Bewertungsarbeit anhand des Portfolios verändern und entwickeln. Sie lernen die Schüler als Diagnostiker ihrer eigenen Arbeit kennen und sie können selbst differenzierte Kommentare geben, die auch Beachtung finden – was sonst nicht ohne weiteres der Fall ist. Die Lehrer können anhand der Leistungsmappen Entwicklungen und auch Stagnationsbereiche ihrer Schüler besser erkennen, weil sie auf frühere Arbeiten zurückgreifen können. Eine besondere Möglichkeit bieten Bewertungskonferenzen zu Portfolios (vgl. Jervis/McDonald 1996, S. 567). Lehrer sprechen dabei anhand der Leistungsmappen konkret über ihre Ansprüche und Kriterien und kommen in produktive Diskussionen um gemeinsame Leistungsstandards. Außerdem können sie sich beraten, wie sie die Entwicklung einzelner Schüler stützen und fördern können.

Sachliche Bewertung, die nützlich ist
Wie in den beiden zuvor behandelten Punkten deutlich wurde, lassen sich anhand der Leistungsnachweise des Portfolios und der Mappe als Ganzes dialogische Formen der Leistungsbewertung entwickeln, die sachlich gehalten sind, mehrere Perspektiven realisieren und im Sinne einer verstehenden Diagnose von Lernprozessen und Lernprodukten nützlich für das weitere Lernen werden können (vgl. Kautter 1998; Bundschuh 1998). Bewertung kann zur Diagnose werden und in die gemeinsame Lernplanung eingehen. Sie realisiert damit eine Forderung der pädagogischen Diagnostik, nicht lediglich Leistungen einzustufen und zu beschreiben, sondern sie mit Blick auf Lernentscheidung zu betreiben.

Öffentlichkeit für Leistungen
In dem Geschilderten wurde deutlich, dass mit dem Portfolio Leistungen nicht mehr im Verborgenen, sprich im Klassenarbeitsheft bleiben. Sie werden dosiert sichtbar gemacht vor allem für Mitschüler, aber auch für weitere Außenstehende. Schulische Leistung ist dann nicht länger eine Angelegenheit nur zwischen dem Schüler und seinem Lehrer. Anhand der Portfolios können beispielsweise gehaltvolle Elterngespräche organisiert werden, in denen die Schüler ihren Eltern vorstellen, was sie in der vergangenen Zeit geleistet haben. Die Rollen sind in solchen Gesprächen gänzlich neu verteilt, was offenbar großen Anklang findet (vgl. Vierlinger 1999, S. 26ff.; s. a. Brunner/ Schmidinger 2000, S. 58). Es bietet sich auch an, mit den Portfolios Ausstellungen zu organisieren, zu denen Klasseneltern, Freunde, Bekannte und weitere Personen aus dem Umfeld einer Schule eingeladen werden, um ihnen Einblicke in die Arbeit der Schüler und der Schule zu geben (vgl. Winter/ Frei 2000). Leistung wird damit zu einem öffentlichen Gegenstand, zu einem Politikum, und zwar auf eine Weise, bei der sie selbst nicht in der Beurteilung und dem Reden über Urteile verschwindet. In bestimmten Bereichen können Schulen so Rechenschaft über ihre Arbeit ablegen und sich auch Anregung und Rückmeldung verschaffen. Besondere Möglichkeiten ergeben sich, wenn gezielt interne oder externe Beurteiler beauftragt werden.

Aussagekräftige Dokumente
Gut geführte Portfolios stellen aussagekräftige Dokumente zum Leistungsstand und zur Entwicklung von Schülern dar. Ein Betrachter muss nicht lediglich Urteile über Leistung zur Kenntnis nehmen, sondern kann sich selbst ein Bild machen. Portfolios können als Direkte Leistungsvorlage (vgl. Vierlinger 1999, S. 126ff.) die Bewerbungs- und Aufnahmesituation an nachfolgenden Schulen, Hochschulen und Betrieben tief greifend verändern. Die aufnehmende Institution kann Leistungsbereiche, die sie interessieren, näher kennen lernen und Bewerber besser vergleichen, weil sie deren Leistungsstand direkt ablesen kann. Viele Validitätsprobleme des herkömmlichen Verfahrens mit Zeugnissen und Noten werden überwunden. Der Bewerber andererseits kann sich vielseitig und persönlicher vorstellen und stärker selbst Einfluss nehmen auf das, was er als Leistung erbringt und von sich zeigen möchte.

Neue Prüfungsformen
Anhand von Portfolios sind neue Prüfungsformen möglich. Schüler können anhand ihrer Mappen und zu ihren Mappen geprüft werden (vgl. Archbald/Newman 1988, S. 23f.; Hammond-Darling/ Ancess 1994; Winter 1999). Diese Prüfungen können auf das Ausbildungsprofil der Schüler zugeschnitten sein, ihre Stärken be-

rücksichtigen oder auch Bereiche abdecken, die im Portfolio zu wenig sichtbar werden. Prüfungen verlieren ihren häufig kritisierten punktuellen Charakter; bisher erbrachte Leistungen können einbezogen werden. Der Prüfling wird als Person und in seiner Entwicklung besser einschätzbar. Die Prüfung macht ihn deutlicher als bisher sichtbar (vgl. Foucault 1994, S. 238ff.) und sie tut dies auf eine Weise, die von ihm selbst vorbereitet und mitgestaltet wird. Er legt Rechenschaft ab und kann noch einmal zeigen, wie er sich im Bildungsgang bewegt und was er in ihm erworben hat. Im Bereich der Lehrerbildung wird in der Schweiz und in Österreich intensiv über das Portfolio als Element oder als Grundlage für Prüfungen diskutiert (vgl. Thonhauser in diesem Band).

Zu den Perspektiven des Einsatzes von Portfolios

Es wurden Möglichkeiten vorgestellt, die sich für die Veränderung der Leistungskultur bieten, wenn man Portfolios einsetzt. Natürlich gibt es auch Bedenken, was ihre Funktion als Instrumente der Leistungsbewertung angeht. Sie richten sich vor allem auf Probleme der Gütekriterien (vgl. Lissmann 2000, S. 316ff.; Stecher/Herman 1997). Offensichtlich ist, dass die Leistungen, die sich in Portfolios zeigen, nicht ohne weiteres vergleichbar sind. Sie sind nicht streng standardisiert. Dies ist z. T. ja gerade ihr Programm. Aber auch Reliabilitäts- und Validitätsprobleme werden gesehen. Stecher und Herman plädieren mit Bezug auf amerikanische Verhältnisse für eine Kombination der Portfolios mit anderen Verfahren (a. a. O., S. 513). Fragen der Gütekriterien, insbesondere die der Validität müssen allerdings bei Portfolios anders betrachtet werden, als dies bei Testverfahren der Fall ist. Insbesondere sind ihre hohe ökologische Validität und ihr Nutzen für das Lernen und den Unterricht sowie für deren Reform auch zu berücksichtigen.

Im deutschen Sprachraum liegen mit Ausnahme Österreichs bislang kaum Erfahrungen mit dem Einsatz von Portfolios vor. Besonders im Bereich der Hochschulen und der Sekundarstufe I und II, also den Bereichen, in denen mit einer hohen Reflexivität der Schüler oder Studenten gerechnet werden kann und selbstständiges Lernen besonders wünschenswert ist, wäre es aber sinnvoll, Versuche zu machen (vgl. Landesinstitut 2000). Will man diese Situation ändern, so muss es vor allem darum gehen, Voraussetzungen für eine breite Erfahrungssammlung und deren wissenschaftliche Begleitung zu schaffen. Insbesondere dürfte es notwendig sein, vorliegendes Wissen aufzuarbeiten und bereitzustellen, Lehrende zu Versuchen zu ermutigen, einen rechtlichen Rahmen für die Erweiterung der Leistungsbewertung zu schaffen und auch Geldmittel zur Verfügung zu stellen. Mit Blick auf die Erfahrungen in den USA und in Österreich kann erwartet werden, dass die Portfoliomethode auch in Deutschland dazu beitragen könnte, die Lehr-Lern-Kultur zu erweitern und zu beleben.

Literatur

Archbald, Doug A./ Newmann, Fred M.: Beyond standardized testing. Reston 1988 (NASSP)
Barton, James/ Collins, Angelo (Hrsg.): Portfolio Assessment: A Handbook for Educators. New York 1997
Brunner, Ilse/ Schmidinger, Elfriede: Gerecht beurteilen. Linz 2000
Bundschuh, Konrad: Analyse behindernder Bedingungen als Grundlage für selbstorganisiertes Lernen. In: Eberwein, H./ Knauer, S. (Hrsg.): Handbuch Lernprozesse verstehen. Weinheim 1998
Hammond-Darling, Linda/ Ancess, Jacqueline: Graduation by Portfolio at Central Park East Secondary School. New York 1994 (NCREST)
Foucault, Michel: Überwachen und Strafen. Die Geburt des Gefängnisses. Frankfurt/ M. 1994
Jervis, Kathe/ McDonald, Joseph: Standards. The philosophical monster in the classroom. Phi Delta Kappan 78 (1996), H. 4, S. 563-569
Kautter, Hansjörg: Das „Thema des Kindes" erkennen. In: Eberwein, H./ Knauer, S. (Hrsg.): Handbuch Lernprozesse verstehen. Weinheim 1998
Landesinstitut für Schule und Weiterbildung NRW (Hrsg.): Förderung selbstständigen Lernens in der gymnasialen Oberstufe. Erfahrungen und Vorschläge aus dem Oberstufen-Kolleg Bielefeld. Soest 2000
Lissmann, Urban: Beurteilung und Beurteilungsprobleme bei Portfolios. In: Jäger, R. (Hrsg.): Von der Beobachtung zur Notengebung. Landau 2000, S. 282-329
Reich, Kersten: Thesen zur konstruktivistischen Didaktik. Pädagogik, H. 7-8 (1998), S. 43-46
Reusser, Kurt: Die Rolle von Lehrerinnen und Lehrern neu denken. Kognitionspädagogische Anmerkungen zur „neuen Lernkultur". Beiträge zur Lehrerbildung 12 (1994), H. 1, S. 19-37
Ruf, Urs/ Gallin, Peter: Dialogisches Lernen in Sprache und Mathematik. Bd. 2: Spuren legen – Spuren lesen. Unterricht mit Kernideen und Reisetagebüchern. Seelze 1999
Ruf-Bräker, Regula: Lernen auf eigenen Wegen. Lernende Schule 3 (2000), H. 11, S. 12-15
Sacher, Werner: Prüfen – Beurteilen – Benoten. Grundlagen, Hilfen und Denkanstöße für alle Schularten. Bad Heilbrunn 1996
Spandel, Vicki: Reflections on portfolios. In: Phye, G. D. (Hrsg): Handbook of academic learning: construction of knowledge. San Diego 1997, S. 573-591
Stecher, Brian M./ Herman, Joan L.: Using portfolio for largescale assessment. In: Phye, G. D. (Hrsg.): Handbook of classroom assessment. San Diego 1997, S. 491-16
Vierlinger, Rupert: Zensur und Zeugnis. Das Elend der traditionellen Schülerbeurteilung und eine Alternative. In: ders.: Die offene Schule und ihre Feinde. Beiträge zur Schulentwicklung. Wien 1993
Vierlinger, Rupert: Leistung spricht für sich selbst. Heinsberg 1999
Winter, Felix: Schüler lernen Selbstbewertung. Ein Weg zur Veränderung der Leistungsbeurteilung und des Lernens. Frankfurt/M. 1991
Winter, Felix: Schülerselbstbewertung. Die Kommunikation über Leistung verbessern. In: Bambach, H./ Bartnitzky, H./ Ilsemann, C. v./ Otto, G. (Hrsg.): Prüfen und Beurteilen. Friedrich Jahresheft. Seelze 1996, S. 34-37
Winter, Felix: Wie soll man Studenten prüfen? Das neue HRG ermöglicht eine neue Prüfungsdidaktik. Das Hochschulwesen 47 (1999), H. 2, S. 60-65
Winter, Felix: Reflexives Lernen und Selbstbewertung von Leistungen. In: Landesinstitut für Schule und Weiterbildung NRW (Hrsg.): Förderung selbstständigen Lernens in der gymnasialen Oberstufe. Erfahrungen und Vorschläge aus dem Oberstufen-Kolleg Bielefeld. Soest 2000a, S. 150-161

Winter, Felix: Guter Unterricht zeigt sich in seinen Werken. Mit Portfolio arbeiten. Lernende Schule 3 (2000b), H. 11, S. 42-46

Winter, Felix/ Frei, Thomas: Präsentation und Wahrnehmung von Leistungen. „Wir würdigen selbstständige Leistungen." Lernende Schule 3 (2000), H. 11, S. 18-20

Josef Thonhauser

Bewusstsein der eigenen Fähigkeit statt Rückblick auf übersprungene Hürden – die Portfolio-Idee in der Lehrerbildung

Der Anlass

Prüfungen an Universitäten und ihre Gestaltung sind häufig Gegenstand der Kritik, sowohl der Studierenden als auch – wenn auch im geringeren Ausmaß – der Lehrenden. Dennoch hat man sich in den letzten Jahr(zehnt)en kaum zu Reformen durchringen können. Der neue Studienplan nach UniStG 1997 bietet in Österreich dafür jedoch einen geeigneten Anlass, zumal er den universitären Gremien einen beträchtlichen Gestaltungsspielraum gewährt. Dieser eröffnet auch Chancen für eine Neugestaltung der Lehramtsprüfung. Zur Erinnerung sei der Status quo kurz dargestellt:
- Die Studierenden haben eine Diplomarbeit aus einem der beiden Unterrichtsfächer zu verfassen
- Der erste Teil der zweiten Diplomprüfung besteht aus der Ablegung aller Lehrveranstaltungsprüfungen, die im Rahmen der Prüfungsfächer vorgeschrieben sind
- Die Studierenden legen nach Erfüllung der erforderlichen Voraussetzungen im zweiten Teil der zweiten Diplomprüfung eine kommissionelle Prüfung über je ein Prüfungsfach pro Unterrichtsfach ab

Langfristigen Beobachtungen zufolge haben die Prüfungsmodalitäten einem Denken Vorschub geleistet, demzufolge Prüfungen vielfach wie Hürden betrachtet werden, die übersprungen und dann – gleichsam bedeutungslos geworden – weggeräumt werden. Die Folge einer solchen Einstellung ist der Verlust an Fähigkeiten, die große Teile und verschiedene Aspekte eines Faches (z. B. deklaratives und prozedurales Wissen, ggf. aber auch Einstellungen) überspannen. Dieses Ergebnis läuft jedoch dem Ziel der universitären Lehrerinnen- und Lehrer-Bildung zuwider, da Lehrende an höheren Schulen nach wie vor weniger als Spezialisten denn als Generalisten in ihrem Fach (und darüber hinaus) tätig sind.

Ein erster Anlauf zur Reform ist am Widerstand aus den Fachwissenschaften gescheitert.

Die von mir (unterstützt von Hans-Jörg Herber und Franz Hofmann) für die zuständige Studienkommission erarbeiteten Vorschläge konzentrieren sich auf einen Teil der Lehramtsprüfung, der stärker berufsbezogen und damit valider gestaltet werden sollte. Sie waren folgenden Inhalts:
- Nach wie vor weisen Studierende des Lehramts mit einer *Diplomarbeit* nach, dass sie ein einschlägiges Thema aus einem ihrer Unterrichtsfächer wissenschaftlich zu behandeln in der Lage sind. Sie zeigen damit, dass ihnen in ihrem Beruf *wissenschaftsorientierter Unterricht* zuzutrauen ist. Für dieses Unterrichtsfach besteht der zweite Teil der zweiten Diplomprüfung aus einer Prüfung in jenem Prüfungsfach, dem die Diplomarbeit zugeordnet ist, und enthält auch eine Disputation über die Diplomarbeit.
- Der zweite Teil der zweiten Diplomprüfung *im zweiten Unterrichtsfach* hat einen *fachdidaktischen Schwerpunkt*. Gegenstand dieser Prüfung sind relevante Leistungen, welche die Studierenden im Laufe ihres Studiums in einem *Portfolio* (für einen Überblick vgl. Lissmann 2000 sowie den Beitrag von Felix Winter in diesem Band) gesammelt haben. Darunter sind sowohl fachliche als auch fachdidaktische und allgemeinpädagogische Leistungen zu verstehen, konkret: Proseminars- und Seminararbeiten, (Auszüge aus) Lerntagebücher(n), Projektberichte und Fallstudien, Videoaufnahmen von eigenen Unterrichtsübungen oder anderen pädagogischen Maßnahmen etc. Diese Sammlung bildet die Grundlage und den Ausgangspunkt für eine Disputation im Rahmen einer kommissionellen Prüfung, an der je ein/e Fachwissenschaftler/in, ein/e Fachdidaktiker/in und ein/e Erziehungswissenschaftler/in beteiligt sind. Das Portfolio bedeutet somit eine thematische Eingrenzung, beschränkt sich jedoch nicht auf ein Prüfungsfach. (Es wäre noch darüber zu diskutieren gewesen, ob für das Portfolio eine Mindestanzahl von Teilen und von Bezügen zu Prüfungsfächern und eine Mindestbeurteilung – z. B. mit „gut" – festgelegt werden sollte.)

Der Vorschlag war wie folgt begründet:
- Einschlägige Leistungen – auch in den Praktika – behalten bis zum Ende des Studiums (und darüber hinaus) ihre Bedeutung und können nicht ohne negative Konsequenzen für die Studierenden quasi wie unnützer Wissensballast abgeworfen werden.
- Im Rahmen der Lehramtsprüfung werden nochmals jene Dimensionen, die *integriert* letztlich die *Profession von Lehrenden* ausmachen, an vorbereiteten Themen zur Geltung gebracht: die *Fachwissenschaft, die Fachdidaktik und die Allgemeine Pädagogik (inklusive der schulpraktischen Erfahrungen)*.
- Die Studierenden werden nicht zu einem (wenig nachhaltigen) saisonalen, sondern zu kontinuierlichem und zudem an schul- bzw. insbesondere unterrichtsrelevanten Kompetenzen orientiertem Lernen angeregt, dessen Ertrag sie in ei-

ner weit gehend vorhersehbaren und damit *fairen* Situation nachweisen können. Diese Situation hat zudem mehr mit der späteren Praxis (in ihrer anspruchsvollen Form) zu tun als die herkömmlichen Fachprüfungen.
- Die Prüfenden müssen sich der Herausforderung stellen, die im Rahmen des Studiums geförderten berufsrelevanten Fähigkeiten mit Bezug auf die durch das Portfolio vorgegebenen Inhalte und in Anerkennung der jeweils komplementären Aspekte der mitprüfenden Kolleginnen und Kollegen im Sinne eines spezifischen Berufswissens von Lehrenden zu überprüfen. Davon ist ein Effekt auf eine positive Entwicklung der Prüfungskultur insgesamt zu erwarten.

Für das Gelingen dieser Innovation wären allerdings einige Voraussetzung unabdingbar gewesen:
- Die drei prüfungsrelevanten Aspekte Fachwissenschaft, Fachdidaktik und Erziehungswissenschaft werden, weil sie zusammen und integriert die Grundlagen für das Professionswissen von Lehrerinnen und Lehrern bilden, von allen als wichtig anerkannt.
- Die Studierenden werden bereits am Beginn ihres Studiums auf die Bedeutung ihrer Portfolien hingewiesen und nehmen diese im Sinne einer kontinuierlichen Vorbereitungsarbeit für ihren Beruf ernst.
- Die Prüfenden setzen sich mit den Portfolien ernsthaft auseinander, so dass sie tatsächlich der Ausgangspunkt der Prüfungsgespräche werden.

Die Annahme dieses Vorschlags scheiterte vor allem an der Sorge der Vertreterinnen und Vertreter der Fachwissenschaften. Es hieß, dass mit jedweder Änderung von Formen der Leistungsbeurteilung die Ansprüche (neuerlich?) reduziert und die fachwissenschaftlichen Grundlagen des Lehramts an Bedeutung verlieren würden. Möglicherweise war diese Sorge auch noch von Angst vor einer Erziehungswissenschaft begleitet, die mit
- einer dringend notwendigen Steigerung der Kompetenz zur Selbstbeurteilung,
- einer eigenen Form professionellen „Lehrer-Wissens" und
- der Notwendigkeit von mehr Praxisrelevanz und größerer Validität von Prüfungen argumentiert und damit nicht leicht zu widerlegen ist.

Die Zeit war, wie man so sagt, für eine Reform dieses Zuschnitts (noch) nicht reif.

Die Rettung eines Versuchsgeländes: Eine abschließende Fachprüfung auf Portfolio-Basis in der pädagogischen Ausbildung

Die Vertreter der Erziehungswissenschaft reduzierten daraufhin ihren Vorschlag, der lediglich die *allgemeine pädagogische* Ausbildung betrifft und nunmehr lautet: *„Die allgemeine pädagogische Ausbildung* wird mit einer *Fachprüfung auf der Basis eines Portfolios* abgeschlossen. Dieses (...) hat mindestens vier Teile zu umfassen. Diese sind Ausgangspunkt für ein halbstündiges Prüfungsgespräch, in dem die mit

dem Portfolio vorgegebenen Inhalte unter verschiedenen Aspekten und womöglich in integrativer Weise behandelt werden.
Ein Portfolio kann folgende Teile enthalten:
- einen qualifizierten *Unterrichtsplan,*
- einen qualifizierten *Beobachtungsbericht* aus der Schulpraxis,
- kommentierte Teile aus *Lerntagebüchern,* aus denen ein entsprechendes Niveau der Reflexion über pädagogisch relevante Lernerfahrungen ersichtlich ist,
- mindestens zwei kommentierte *Videoaufnahmen* über eigene praktische Versuche, aus denen der Zuwachs an praktischer Kompetenz sichtbar wird,
- ein *Additum1* für die Lehrveranstaltungen aus Entwicklungspsychologie bzw. Pädagogische Psychologie,
- ein *Additum* für eine Wahlpflichtveranstaltung,
- eine qualifizierte Ausarbeitung des ‚eigenen Themas' für die Lehrveranstaltung ‚Schulentwicklung' in Form eines Lehrtextes oder eines mindmap o. Ä.,
- ein von Studierenden selbst gewähltes und mit den jeweiligen Lehrveranstaltungsleiter/innen ausgehandeltes Element.

„*Qualifiziert*" bedeutet, dass der eingereichte Teil von der Leiterin oder dem Leiter der betreffenden Lehrveranstaltung durch die Beurteilung mit ‚gut' oder ‚sehr gut' bzw. durch einen besonderen Vermerk als für das Portfolio ausreichend bezeichnet werden muss. Als Prüferin und Prüfer können von den Studierenden Personen gewählt werden, die im zweiten Studienabschnitt zumindest eine Lehrveranstaltung der allgemeinen pädagogischen Ausbildung anbieten."

Mit diesem Vorschlag verbinden sich folgende Hoffnungen:
- Der neue Studienplan wird ein pädagogisch relevantes innovatives Element erhalten.
- Für die Studierenden bleibt die *praktische Begegnung* mit einer als zukunftsträchtig eingeschätzten Form der Leistungsbeurteilung gesichert.
- Die Studierenden haben während der Ausbildung die Möglichkeit, *Schwerpunkte* zu bilden, stehen aber auch unter dem Anspruch, *in Bereichen ihrer Wahl* qualifizierte Leistungen zu erbringen.
- Die Studierenden haben später, nachdem sie absolviert haben, bei Bewerbungen ggf. die Möglichkeit, anhand ihrer Portfolios auf Qualifikationen hinzuweisen, die bisher nicht zu erwarten gewesen wären (z. B. solche, die für *Schulentwicklung* bedeutsam sind). Sie erhöhen damit möglicherweise ihre Anstellungschancen.
- Die Studierenden entwickeln *eine neue Qualität der Beziehung zu Dokumenten ihrer eigenen Leistung(sfähigkeit).*
- Die Studierenden werden angehalten, kontinuierlich an ihrer *Kompetenz zur Selbstbeurteilung* zu arbeiten (dazu ausführlicher auf der nächsten Seite).

- Die Lehrveranstaltungsleiter/innen tragen bei der Betreuung und Beurteilung von portfolioträchtigen Arbeiten eine *besondere Verantwortung*. Das sollte Anlass für eine interne Auseinandersetzung über die Qualität der Leistungsbeurteilung geben.
- Die Beurteilung anhand von Portfolios vermindert das Dilemma, in das Lehrende aller Schularten mit der gleichzeitigen Verpflichtung zur Qualifikationsfunktion und zur Selektionsfunktion, wie sie die herkömmlichen Beurteilungssysteme fordern, unweigerlich gebracht werden.[2]
- Die neue Form der Leistungsbeurteilung könnte, insbesondere dann, wenn sie von den Studierenden als Verbesserung angenommen wird, auch in anderen Bereichen (z. B. in der Fachdidaktik) *Schule machen*.

Wie sind die Hoffnungen zu begründen?

Bisherige Erfahrungen mit der praktischen Umsetzung der Portfolio-Idee

Bereits in den 1970er Jahren hatte Rupert Vierlinger einen einsamen Vorstoß zu Gunsten der Portfolio-Idee, von ihm als *Direkte Leistungsvorlage* bezeichnet, unternommen.[3] Wie nicht anders zu erwarten, begegnete die Idee (auch damals) großer Skepsis. Wie bei anderen Alternativen war die Bildungspolitik auch bei der *Direkten Leistungsvorlage* bemüht, sie mit Leistungsfeindlichkeit zu assoziieren. In Betrieben, also bei Abnehmern von Absolventen, konnte hingegen auch ein positives Interesse beobachtet werden (Vierlinger 1999, S. 16ff.). Immerhin wurde die Idee zu Beginn der 1990er Jahre in einer Reihe von Salzburger und Wiener Volksschulen in die Praxis umgesetzt und hat dort ermutigende Ergebnisse gezeitigt, wie zwei in Anlage und Umfang sehr unterschiedliche Studien belegen (vgl. Kahlhammer 1996 und Fürlinger 1997). Wenn sich Vorstellungen aufgeschlossener Schulaufsichtspersonen durchsetzen, sollte es in nächster Zeit zu einer Ausweitung von Portfolio-Beurteilungen kommen (Brunner/Schmidinger 1997 und 2000). Einige Zeit nachdem Rupert Vierlinger seine Idee der *Direkten Leistungsvorlage* publik gemacht hatte, tauchte sie in den USA unter dem neuen Namen *Portfolio* wieder auf und „entwickelte sich (...) ab 1990 zu einer mächtigen Reformbewegung", die sich dort allerdings vor allem gegen die Dominanz der Tests richtete (Lissmann 2000, S. 283f.). Sie war in den USA von Anfang an nicht auf die Grundschule beschränkt und hat zu einer entsprechenden Vielfalt von Portfolio-Typen geführt.

An der *Universität St. Gallen* wurde das Portfolio-Konzept Mitte der 1990er Jahre im Rahmen der Ausbildung von Handelslehrer/innen in einem *Pilotversuch* erprobt (Jabornegg 1997). Es waren nicht zuletzt dessen Ergebnisse, die die Annahme berechtigt erscheinen ließen, damit einen gangbaren Ausweg aus der Sackgasse gefunden zu haben, in der die Leistungsbeurteilung – an der Universität nicht we-

niger als in den Schulen – schon seit geraumer Zeit steckt. Wie haben die Studierenden den Pilotversuch beurteilt?
- Beurteilung auf der Basis von Portfolio ist eine gute Vorbereitung auf die *praktische berufliche Tätigkeit.*
- Sie sollte *zumindest als Ergänzung* zu anderen Beurteilungsformen angeboten werden.
- Sie erfordert allerdings – sinnvoll angewandt – einen erheblichen Arbeitsaufwand.
- Sie gibt Anlass zu einer vergleichsweise *vertieften Auseinandersetzung mit den Leistungsansprüchen.*
- Sie führt weniger dazu, dass *Dokumente erbrachter Leistungen* (wie bei konventionellen Formen, Tests oder Seminararbeiten etc.) im Rahmen der Beurteilung an die Beurteilenden gleichsam „veräußert" werden, sondern bleiben – als „geistiger Besitz" – *länger im Interessenshorizont der Studierenden* (vgl. a. a. O. S. 422f.).

Der Dialog über Ansprüche sowie Kategorien und Kriterien der Beurteilung als konstitutives Element der Portfolio-Beurteilung

Für die Beurteilung von Portfolios werden die Entwicklung von *Ankerbeispielen für good practice* und andere *benchmarks*, die im Sinne einer curricularen Bezugsnorm zu Vergleichen mit den jeweiligen Portfolios herangezogen werden können, und nicht zuletzt ein *konzeptorientiertes Rating*, dessen Kategorien und Kriterien für Beurteilende transparent gemacht werden, empfohlen (vgl. Goerss 1993).
Insbesondere im Hinblick auf die zuletzt genannte Maßnahme haben wir im Rahmen der allgemeinen pädagogischen Ausbildung bereits einige Erfahrungen sammeln können. Seit langem arbeiten wir in seminaristischen Lehrveranstaltungen auf das Ziel konzeptorientierter Unterrichtspläne und Beobachtungspläne hin, tauschen mit den Studierenden Lerntagebücher aus, kommentieren Video-Sequenzen oder handeln aus, nach welchen Gesichtspunkten von Studierenden selbst gewählte Schwerpunktthemen beurteilt werden.
Weil es erfahrungsgemäß in der Regel relativ leicht ist, mit allgemein gehaltenen Aussagen Eindruck zu machen, seien diese mit dem folgenden Beispiel für die Konkretisierung von Ansprüchen ergänzt:

> *Betrifft: Ansprüche an die Behandlung von Schwerpunktthemen aus dem Bereich Schulentwicklung*
>
> (1) In Betracht kommen einschlägige Themen, die in der Lehrveranstaltung nur kurz angerissen oder gar nicht behandelt werden konnten (Aktionsforschung für Lehrerinnen und Lehrer, das Porträt einer Schule, Konsequenzen einer lernzielorientierten Leistungsbeurteilung für organisatorische Maßnahmen der inneren Differenzierung etc.)
> (2) Die Darstellung muss auf der Basis einer selbstständigen Auseinandersetzung mit Informationen (Literatur, Lokalaugenscheinen, Umfragen etc.) erfolgen
> (3) Aus der Darstellung muss eine persönliche Beziehung zum Thema erkennbar sein (eigene praktische Erfahrungen, Vergleiche mit den Gegebenheiten an der eigenen Schule, aktuelle Defiziterfahrungen an der Universität oder im Schulpraktikum etc.)

Zum Schluss: Warnung vor voreiligem Optimismus

Ein einstimmiger Beschluss der Studienkommission liegt vor. Also ist zu erwarten, dass mit dieser kleinen Innovation in Kürze begonnen werden kann. Damit werden erst einmal Chancen auf eine Verbesserung der Leistungsbeurteilung eröffnet. Damit es tatsächlich zu einer Verbesserung kommt, müssen allerdings Bedingungen erfüllt sein, die sich mit einer Umstellung auf das Portfolio-Konzept nicht automatisch ergeben. Dazu gehören insbesondere

- der konstruktive Dialog zwischen Beurteilenden und Beurteilten über sinnvoll begründbare Leistungsansprüche sowie Kategorien und Kriterien ihrer Beurteilung,
- Sensibilität und Unbestechlichkeit bei der Wahrnehmung von Leistungsindikatoren und
- ein soziales Klima, das die Auseinandersetzung über vorgelegte Leistungen nicht länger quasi als Appendix von Unterricht oder universitärer Lehre, sondern als eine von deren zentralen Komponenten zurückgewinnt.

Vedremo.

Anmerkungen

[1] Hans-Jörg Herber differenziert in seinen Lehrveranstaltungen konsequent zwischen grundlegenden Fähigkeiten (Fundamenta) und Erweiterungen bzw. Vertiefungen (Addita), die besonderen

[2] Interessen der Studierenden entgegenkommen und/ oder zusätzlichen theoretischen bzw. methodischen Ansprüchen genügen.

[2] Vgl. dazu auch Kapitel 3 (Für und wider eine gemäßigte Externalisierung der Leistungsbeurteilung) in Thonhauser 2000.

[3] Vierlinger hat 1999 ein Buch herausgebracht, in dem das Unbehagen mit der traditionellen Form der Leistungsbeurteilung und alle wichtigen Argumente für die Direkte Leistungsvorlage ausführlich dargestellt sind (Vierlinger 1999). Ich verzichte daher auf Hinweise auf frühere Publikationen des Autors.

Literatur

Brunner, I./ Schmidinger, E.: Portfolio – ein erweitertes Konzept der Leistungsbeurteilung. In: Erziehung und Unterricht 147 (1997), S. 1072-1086

Brunner, I./ Schmidinger, E.: Gerecht Beurteilen. Portfolio: die Alternative für die Grundschulpraxis. Linz 2000

Fürlinger, M.: Die Kommentierte Direkte Leistungsvorlage. Ein Schulversuch an Wiener Grundschulen. Unveröffentlichte Diplomarbeit. Universität Passau 1997

Goerss, K. V.: Portfolio assessment: a work on process. Middle School Journal 25 (1993), S. 20-24

Jabornegg, D.: Das Portfolio – Möglichkeiten und Grenzen einer alternativen Prüfungsform. Ein Erfahrungsbericht. In: Dubs, R./ Luzi, R. (Hrsg.): Schule in Wissenschaft, Politik und Praxis. St. Gallen 1997, S. 411-425

Kahlhammer, J.: Schulversuch „Direkte Leistungsvorlage". Interner Bericht. Salzburg 1996

Lissmann, U.: Beurteilung und Beurteilungsprobleme bei Portfolios. In: Jäger, R. S.: Von der Beobachtung zur Notengebung. Diagnostik und Benotung in der Aus-, Fort- und Weiterbildung. Landau 2000, S. 283-329

Thonhauser, J.: Über den Zusammenhang von Leistungsbeurteilung und Qualitätsentwicklung. In: Schulheft 98 (2000), S. 85-102

Vierlinger, R.: Leistung spricht für sich. „Direkte Leistungsvorlage" (Portfolios) statt Ziffernzensuren und Notenfetischismus. Heinsberg 1999

Leistung öffentlich machen: präsentieren und wahrnehmen

Wolfgang Emer, Uwe Horst

Wie wir gearbeitet und was wir erreicht haben – Projektarbeit reflektieren und zertifizieren

Was lernt man eigentlich anderes in der Projektarbeit, anderes als zum Beispiel im Lehrgang? – Wir beginnen mit dieser Frage, weil ihre Beantwortung Voraussetzung ist für eine angemessene Leistungsbewertung. Projektarbeit geht von einem Problem in einer gesellschaftlichen Situation aus (Hänsel 1986, S. 31) und zielt auf Verränderung und Vermittlung durch Handeln (Duncker/Popp 1994, S. 154ff.); das ist bei einem Lehrgang nicht der Fall. Vergleicht man die Lernkultur von Lehrgang und Projektarbeit, so ergeben sich zugespitzt folgende Gegensätze:

Lernkultur im Lehrgang	Lernkultur der Projektarbeit
• lehrgangsorientiert (fachsystematisch) • vergangenheitsorientiert • individualisiert • wissenschaftsorientiert	• problemorientiert • zukunftsorientiert • gruppenorientiert • anwendungsorientiert

Die tabellarische Gegenüberstellung macht deutlich, dass Projektarbeit einen anderen Ausgangspunkt hat als der Lehrgang: Sie ist auf Gruppenleistung angewiesen. Die Lehrenden sind im Projekt nicht alleiniger Besitzer von Wissen und Methodik; alle am Projektprozess beteiligten Personen nehmen vielfältige Rollen ein (Duncker 1989, S. 54ff.). Wissenschaft soll im Projektunterricht auf ihren Anwendungszusammenhang hin und nicht um ihrer selbst willen herangezogen werden. Durch die Zukunftsorientierung und die Offenheit des Projektprozesses kann neues Wissen erforderlich werden oder entstehen; vielfältige Bildungsprozesse können in Gang gesetzt werden. Im Lehrgang besteht dagegen die Gefahr einer Monokultur des lehrergesteuerten Unterrichts; dies ist wenig hilfreich für die Verwirklichung moderner Bildungsziele. Junge Erwachsene müssen Gelegenheit haben, selbstständiges Lernen, stärkere Eigenaktivität und Teamwork einzuüben (Bildungskommission NRW 1995, S. 241f. u. Steffens 1995, S. 25 und 29). Projektarbeit kann in dieser Hinsicht die folgenden Bildungsziele vermitteln:

> Ziele und Chancen der Projektarbeit Bereicherung der Lernkultur durch:
>
> - Schlüsselqualifikationen
> - Prozesswissen
> - Demokratisches Handeln
> - Selbstwirksamkeitsüberzeugung
> - Nachhaltigkeit

Schlüsselqualifikationen: Mehr als in anderen Unterrichtsformen werden im Projektunterricht Selbstständigkeit, Teamwork, Umgang mit ungefächerter Realität, Kreativität und vernetztes Denken erforderlich (vgl. Bildungskommission NRW 1995, S. 52 u. 113).

Prozesswissen: Projektarbeit vermittelt und macht eine andere Art des Wissens, d. h. Orientierungswissen, notwendig: Wissen, wie man plant, entscheidet, Konflikte löst, kooperiert, Rollen definiert und einnimmt.

Demokratisches Handeln: Mehr als sonst sind Entscheidungsfindung, Gruppendiskussion und Anwendung von Wissen in einem sozialen Kontext mit entsprechender Abstimmung und Einpassung nötig. Auf diesem Weg wird demokratisches Handeln eingeübt.

Selbstwirksamkeitsüberzeugung: Die Lernpsychologie hat diesen Begriff verwendet, um damit die subjektive Gewissheit, schwierige Anforderung erfolgreich zu meistern, zu bezeichnen (Edelstein 1997, S. 9ff.). Selbstwirksamkeitsüberzeugung kann im problemlösenden Handeln erworben werden. Projektarbeit erweist sich hier als besonders günstig.

Nachhaltigkeit: Projektarbeit fördert die Möglichkeit, Wissen zusammenfließen und gesellschaftlich produktiv werden zu lassen; durch diese Ressourcennutzung trägt sie zur Nachhaltigkeit bei.

Die skizzierten Möglichkeiten des Projektlernens führen notwendigerweise auch zu andersartigen Formen der Leistungserbringung. Sie machen andere Formen der Leistungsbewertung notwendig, das heißt, es müssen auch andere Kriterien zur Leistungsbewertung herangezogen werden können.

Nach welchen Kriterien lässt sich Leistung in Projekten bewerten?

Die folgenden Überlegungen gehen von den am Oberstufen-Kolleg entwickelten sieben Kriterien für den Projektunterricht aus (Emer/Horst/Ohly 1994, S. 9f.). Sie lassen sich – entsprechend dem Prozessverlauf eines Projekts – auf drei Ebenen zusammenfassen und dienen hier jeweils als Rahmen für die Vorschläge zur Leistungsbewertung. Diese Vorschläge stellen weder einen vollständigen Katalog dar, noch lassen sie sich als eine Art obligatorisch abzuarbeitende Liste verwenden. Es sind aus der eigenen Theoriebildung und Praxis erwachsene Überlegungen und Anregungen.

Ausgangspunkte in jedem Projekt sind der Bezug zu gesellschaftlich relevanten Problemen und zur Lebenspraxis der Lernenden (lebensweltliche Interessen). Daran anknüpfend lässt sich für die Leistungsbewertung das *Kriterium des Relevanzfilters* entwickeln: Was ist allgemeingesellschaftlich und individuell-persönlich bedeutsam an dem geplanten Thema? Von dieser Frage her lassen sich eine Reihe von detaillierten Bewertungskriterien formulieren:
- welches Reflexionsniveau besitzt die Themenauswahl bzw. -formulierung,
- welches Problembewusstsein ist erkennbar,
- in welchem Ausmaß werden sachangemessene (Problem-)Fragen gestellt,
- wie entfaltet ist die Interessensartikulation?

Im Verlauf eines Projekts sind drei Arbeitsformen konstitutiv: Es sind dies das selbstbestimmte Lernen (Mitgestaltung des Lernprozesses und damit Veränderung der Lehrer- und Schülerrollen), das ganzheitliche Lernen (Lernen mit „Kopf, Herz und Hand") und das fächerübergreifende Arbeiten (Integration von Problemen, Methoden und Inhalten unterschiedlicher Fächer). Hier geht es also um das *Kriterium der Prozessbedeutung*: Wie sind einzelne Aspekte des gemeinsamen Arbeitsprozesses zu bewerten? Ausgehend von den drei Arbeitsformen lassen sich wiederum detaillierte Bewertungskriterien vorschlagen:
- Bewertung des Prozesslernens (Wie gelingt individuell und gemeinsam beispielsweise die Planung, Organisation, Entscheidungsfindung, Konfliktregelung und Teamarbeit?),
- Bewertung des Handlungslernens (Wie werden unterschiedliche Kompetenzen – etwa intellektuelle, kreative, organisatorische, erfinderische, produzierende – eingebracht und realisiert?),
- Bewertung des Anwendungslernens (Welche Kompetenzen, Inhalte und Methoden werden aus verschiedenen Fächern umgesetzt?).

Für den Zielhorizont sind bei der Projektarbeit zwei Elemente relevant: Die Produktorientierung zielt auf einen Mitteilungs- und Gebrauchswert des Ergebnisses (Lernen nicht nur für die Note). Mit der Kommunikabilität des Produkts ist eine Vermittlung auch in der außerschulischen Öffentlichkeit gemeint. Damit ist das *Kriterium der öffentlichen Wahrnehmung* angesprochen: Wie werden die Ergebnisse vermittelt und kommuniziert? Welche Formen der Projektpräsentation werden gewählt? Daraus ergeben sich folgende Bewertungskriterien:
- Bewertung der Präsentation (Wie wird was mit welchem Grad der inhaltlichen Differenziertheit und formalen Qualität vorgestellt?),

- Bewertung der Vermittlung (Wie präzise, interessant, vollständig, formal ansprechend werden die Ergebnisse vermittelt?),
- Bewertung der Kommunikation (Wie verständlich, plausibel, reaktionsfähig, standhaltend und argumentativ verläuft die Kommunikation?).

Will man Projektleistungen angemessen darstellen und bewerten, so braucht man also sehr spezifische, auf den Charakter des Projektlernens zugeschnittene Darstellungs- und Bewertungsformen. Die müssen pragmatisch nutzbar sein. Zeitpunkte, Orte und Formen der Präsentation müssen vorbereitet und vereinbart sein.

In welchen Formen lässt sich Leistung präsentieren und wahrnehmen?

Die Präsentation von Ergebnissen ist ein entscheidender Bestandteil der Projektarbeit. Dabei haben sich im Laufe einer langjährigen Praxis am Oberstufen-Kolleg und im Austausch mit anderen Schulen vor allem zwei Formen herausgebildet, die einander ergänzen: die Projektversammlung und der Produkttag. Der Abschlusstag am letzten Tag der dreiwöchigen Projektphase wird insgesamt als Produkttag bezeichnet, an seinem Beginn steht die Projektversammlung. Zunächst der Zeitplan eines solchen Produkttages:

08.30-10.45 Uhr: letzte Vorbereitungen der Präsentation
11.00-12.30 Uhr: Projektversammlung (Kurzvorstellung aller Projekte)
12.30-13.00 Uhr: Imbiss an einzelnen Ständen und in der Cafeteria
13.00-15.00 Uhr: Präsentationszeit für die einzelnen Projekte
evtl. Spätnachmittag/Abend: größere Aufführungen

Die *Projektversammlung* bildet den Auftakt des gesamten Produkttages; als „Tag der offenen Tür" bietet er Eltern und der interessierten Öffentlichkeit auch Gelegenheit zur Information über das Oberstufen-Kolleg. Zu der meist sehr farbigen und abwechslungsreichen Versammlung treffen sich alle an der Projektphase Beteiligten und Interessierten. Die Projektversammlung stellt damit ein wichtiges Element des Schullebens dar; sie hat die Funktion, einen kurzen Überblick über alle Projekte zu geben. Damit sind auch die Anforderungen an diese Präsentationsform deutlich: Bei insgesamt ungefähr 25 bis 30 Projekten bleiben für die Vorstellung jedes einzelnen nur einige Minuten; in dieser eng begrenzten Zeit und vor meist mehreren Hundert Zuschauern soll das jeweilige Projekt so „werbewirksam" vorgestellt werden, dass sich in der folgenden Präsentationszeit auch möglichst viele Besucher bzw. Zuschauer am Platz des Projektes einfinden. Das setzt – soll es sich nicht nur um einen stockend vorgetragenen Bericht des Projektablaufs handeln – eine präzise und kreative Vorbereitung voraus, die nach den oben genannten Kriterien bewertet werden kann.

Den Schwerpunkt des *Produkttages* bildet dann die Präsentationszeit, in der die einzelnen Projekte das Ergebnis ihrer Arbeit im Detail vorstellen. Das kann von der

Theateraufführung oder Demonstration eines naturwissenschaftlichen Experiments über eine Ausstellung oder Vorstellung einer Broschüre bis hin zu öffentlichen Aktionen bzw. Demonstrationen reichen – entsprechend unterschiedlich sind die konkreten Anforderungen. Immer jedoch geht es – neben der inhaltlich und formal angemessenen Präsentation – um die Organisation, den rechten Umgang mit zeitlichen bzw. materiellen Ressourcen und um die konkrete Fertigstellung (das ‚finish') des Produkts. Für den gesamten Produkttag lassen sich dabei Leistungen im Rahmen der oben dargestellten Kriterien bewerten.

Produkttag und Projektvorstellung stehen also ganz im Zeichen der Präsentation, die allerdings auf sehr unterschiedliche Weise wahrgenommen werden kann. Sich die unterschiedlichen Formen der Wahrnehmung des Vorgestellten zu verdeutlichen spielt für die Bewertung eine nicht unerhebliche Rolle. Einer Anregung von Felix Winter folgend, lassen sich mindestens drei Ebenen des Wahrnehmens unterscheiden, die jeweils unterschiedlichen Zwecken oder Absichten dienen:

- die Unterhaltung und Belebung des Schullebens,
- die Rechenschaftslegung (Was ist erreicht worden, wie haben wir gearbeitet?),
- die Bewertung und Auszeichnung (durch Gutachten, Rückmeldung, Preisvergabe, Zertifikat o. Ä.).

In welchen Formen lässt sich Projekt-Leistung bewerten?

Im Folgenden sollen nur zwei Bewertungsformen vorgestellt werden, die am Oberstufen-Kolleg in der Erprobung sind: der Reflexionsbogen und die ‚*Bescheinigung über Projektarbeit*'.

Der Reflexionsbogen ist entstanden aus der Erkenntnis, dass Bewertung, Anerkennung und Reflexion von Leistung – das, was Dewey mit dem ‚Judging' gemeint hatte – oft zu kurz kommen. Die Dynamik des Projektgeschehens lässt der Reflexion des einzelnen und der Gruppe zu wenig Raum, besonders am Ende eines Projekts, wenn Produkt und Präsentation den Takt angeben und ihre Leistungen fordern. Deshalb haben wir den Reflexionsbogen als weiteren Leistungsnachweis eingeführt. Er umfasst vier Seiten. Drei davon sollen von den Kolleginnen und Kollegiaten ausgefüllt werden zu vorgegebenen Kategorien: Auf der ersten Seite wird als Gruppenleistung eine Beschreibung des Projekts in seinen Arbeitsschritten festgehalten. Auf den beiden Innenseiten werden, persönliche Initiative und Beiträge, der Bezug zu den Fächern und der Lebenserfahrung erfragt und die Lernerfolge, Probleme, Höhepunkte und das Feed-back an die Lehrenden erhoben.

Auf der letzten Seite schätzen die Lehrenden den Ablauf des Projekts ein und nehmen bewertend Stellung speziell zum Arbeitsbericht und zur Mitarbeit der Kollegiatinnen und Kollegiaten. Nach anfänglichen Widerständen ist der Reflexionsbogen ein von den Lernenden akzeptierter Leistungsnachweis, der zur Reflexion anleitet, den Lehrenden wichtige Informationen und Sichtweisen vermittelt und für sie ein Instrument der speziellen Rückmeldung an jeden Einzelnen ist. (Das grafisch gestaltete Formular kann am Oberstufen-Kolleg nebst einer kurzen Beschreibung angefordert werden.)

Die ‚*Bescheinigung über Projektarbeit*‘ sollte Zertifikat heißen, wurde aber aus schulrechtlichen Gründen zunächst für die Erprobungszeit als ‚Bescheinigung‘ eingestuft. Sie soll ein zeugnisartiges Dokument sein, das Kollegiatinnen und Kollegiaten ihrem Zeugnis bei späteren Bewerbungen beilegen können oder erst einmal schulintern in einem Portfolio sammeln, das sie dann zur Abschlussprüfung vorlegen. Diese Bescheinigung wird nur für einzelne Lernende ausgestellt, die sich durch besonderes Engagement und die Demonstration besonderer Projektkompetenzen ausgezeichnet haben. Die Entscheidung darüber liegt bei der Projektleitung (Lehrende und Planungsgruppe), sollte aber mit den AntragstellerInnen und wenn möglich mit der Projektgruppe insgesamt besprochen werden. Die Kriterien der gesamten Bewertung sind orientiert an den alternativen Leistungsformen der Projektarbeit, an gesellschaftlich zentralen Schlüsselqualifikationen und an Kompetenzen der Projektarbeit im idealtypischen Phasenverlauf eines Projekts.

Allgemeine Projektkompetenzen	Zugeordnete Kompetenzen
1. Kreativität	erfinden, gestalten, Ideen entwickeln
2. Planung, Organisation und vernetztes Denken	planen, organisieren, entscheiden, systemisch interdisziplinär denken, Methoden kennen, im Team arbeiten
3. Kommunikationsfähigkeit (Kommunikative Kompetenz)	entscheiden, informieren, Konflikte lösen
4. Handlung und Problemlösung	durchführen, handeln, Problem lösen, gestalten mit allen Sinnen
5. Präsentation	visualisieren, auditive Gestaltung, Produktkompetenz
6. Vermittlung und Bewertung	verantworten, vermitteln, dokumentieren, evaluieren

Auf dem ‚Zertifikat‘ sollten nicht mehr als zwei allgemeine Projektkompetenzen mit spezifisch projektbezogener Beschreibung bescheinigt werden.[1]

Anmerkungen

[1] Das Formular ist am Oberstufen-Kolleg erhältlich, ein ähnliches gibt es auch für die Sekundarstufe I. Es wurde von Reinhold Weber entwickelt, vgl. Emer 2000, S. 57, dort auch Adresse von Reinhold Weber.

Literatur

Bastian, Johannes u. a.: Theorie des Projektunterrichts. Hamburg 1997
Bildungskommssion NRW: Zukunft der Bildung. Schule der Zukunft. Neuwied Kriftel 1995
Duncker, Ludwig/ Popp, Walter.: Kind und Sache. Weinheim 1994
Duncker, Ludwig: Projektlernen kultivieren. In: Pädagogik 50 (1989), H. 7/8, S. 54-59
Edelstein, Wolfgang: Selbstwirksame Schulen. Bericht zum Modellversuch. Heidelberg 1997
Emer, Wolfgang: Zertifikat für Projektarbeit. In: Lernwelten 2000, H. 1, S. 57
Emer, Wolfgang / Horst, Uwe/ Ohly, Karl Peter (Hrsg.): Wie im richtigen Leben ... Projektunterricht für die Sekundarstufe II. Bielefeld ^{2}1994
Hänsel, Dagmar (Hrsg.): Das Projektbuch Grundschule. Weinheim 1986
Steffens, Rudolf: Über ein erweitertes Lernverständnis oder ‚Das Lernen von den Lernenden her neu denken und organisieren'. In: Schwerpunkte der pädagogischen Weiterentwicklung der Gesamtschule und ihre Stützung durch die Lehrpläne (Tagungsdokumentation). Soest 1995, S. 17-34

Gerlind Frink, Karolina Furmanczyk

Leistung kann sich sehen lassen – Leistungspräsentation als Leistungsmotivation[1]

Im Bereich Deutsch/Germanistik und im Bereich ‚Ästhetische Bildung' gibt es ein Lernziel, das einfach scheint und doch „schwer zu machen ist" (Bert Brecht): Das ist die Erkenntnis, dass Form und Inhalt nicht zwei verschiedene Dinge sind, die sich dichotomisch zueinander verhalten, sondern dass sie – im Gegenteil – sich gegenseitig bedingen und in enger Wechselbeziehung zueinander stehen. So leuchtet es beispielsweise ohne Mühe ein, dass es einen Unterschied macht, ob ein Autor oder eine Autorin eine Liebeserfahrung in einem lyrischen Text (d. h. in einem Gedicht) oder in einer Kurzgeschichte oder in einem szenischen Produkt (z. B. in einem Einakter) präsentiert. Auch wenn Stoff und Thema gleich sind, ändert sich mit der Form, hier also mit der anderen Textsorte, sofort auch der Inhalt, d. h., die Texte sind jeweils ganz andere. Obwohl das selbstverständlich scheint, gibt es bei Lernenden häufig große Vorbehalte gegenüber der besonderen Beachtung von formalen oder auch ästhetischen Aspekten. Sie verdächtigen die Form der leeren Äußerlichkeit, der Angepasstheit an gesellschaftliche Normen, manchmal sogar der Heuchelei. Und sie haben in bestimmter Weise sogar recht damit, vor allem dann, wenn ihnen von der Schule vorgehalten wird, dass es nur eine richtige Form, nur eine angemessene Außenseite gibt. In der Verteidigung und in der Abwehr solcher Ansprüche geht dann die Dialektik von Form und inhaltlicher Vorstellung, von Bedeutendem und Bedeutetem, von Signifikant und Signifikat verloren. Eine Zielvorstellung für den Unterricht, die sich „Leistung präsentieren und wahrnehmen" nennt, muss diese Dialektik vermitteln und zugleich mit den Ambivalenzen der gesellschaftlichen Normiertheit von Formen umgehen.

Zwei Facharbeiten im Wahlfach Deutsch/Germanistik

Ich möchte hier zwei Produktionen vorstellen, in denen es meiner Ansicht nach gelungen ist, die Form-Inhalt-Beziehung bewusst zu gestalten und dabei sowohl dem normativen Anspruch an die Form gerecht zu werden, als auch gleichzeitig die eigene Individualität und Subjektivität ins Spiel zu bringen. Es handelt sich um zwei Facharbeiten im Wahlfach Deutsch/ Germanistik, die im Januar 2000 abgegeben wurden. Die beiden damaligen Kollegiatinnen, Lotta von Kutzleben und Laura Stanko, haben im darauf folgenden Sommer ihre Abschlussprüfung gemacht und das OS verlassen. In einem Interview haben sie sich zu ihren Erfahrungen mit dem Arbeitsprozess und der Bedeutung der Präsentation für ihre Arbeit geäußert. Über diese Interviews berichtet Karolina Furmanczyk im zweiten Teil dieses Textes.

Das Thema: „Leistung sehen, fördern, werten", in dessen Kontext die Arbeiten präsentiert werden, gebietet es, sich zu beschränken und den Focus nur auf die Frage nach der Bedeutung der Präsentation für den Aspekt der Leistung zu richten. Die Frage hat drei Teile und sie soll lauten: Welche Bedeutung hat die hier präsentierte Form der Leistung für diejenigen, die die Leistung erbringen müssen, sowie für die, die sie begleiten und bewerten müssen, als auch für die, die sie im schulischen und außerschulischen Raum wahrnehmen können?
Die Antwort soll zunächst in Form einer These gegeben werden: Alle an der Leistung Beteiligten erfahren durch die besondere Präsentation dieser Arbeiten eine Bereicherung und eine Förderung ihrer eigenen Leistungsmotivation. Leistungsmotivation durch Präsentation – das ist die Formel, auf die ich diese These bringen möchte.
Aber zunächst sollen die Produkte und die Art der Präsentation erläutert werden: Die Kollegiatinnen und Kollegiaten am Oberstufen-Kolleg müssen in ihrem siebten und vorletzten Semester in einem ihrer beiden Wahlfächer die so genannte Facharbeit schreiben. Dazu haben sie offiziell, d. h. nach der Anmeldung des Themas, acht Wochen Zeit. Lotta von Kutzleben und Laura Stanko haben diese Arbeit in ihrem Wahlfach Deutsch/Germanistik geschrieben. Für Lotta mit dem zweiten Wahlfach Jura war dies seit langem so geplant, für Laura, deren Priorität auf der Ausbildung in ihrem anderen Wahlfach Musik lag, geschah dies zunächst eher gegen ihre eigenen Erwartungen.

Facharbeit 1:
Otter, Kröte, Fledermaus – Metamorphosen des weiblichen Ichs. Zum Tiermotiv in der Lyrik von Gertrud Kolmar (Lotta von Kutzleben)
Lotta von Kutzleben wusste ziemlich genau, dass sie „irgend etwas mit Interpretation" machen wollte sowie möglichst etwas, was sich nicht auf die Textarbeit beschränkte. Sie kannte frühere Facharbeiten aus meinen Kursen, in denen die Kollegiatinnen und Kollegiaten zusätzlich zu ihrer wissenschaftspropädeutischen Arbeit auch künstlerisch-praktisch gearbeitet hatten, und sie kannte die visuellen und akustischen Produkte aus einem von mir veranstalteten Unterrichtsprojekt zu Lyrik der deutsch-jüdischen Dichterin Gertrud Kolmar. Sie hatte also im Laufe ihrer Ausbildung solche Arbeiten, d. h. solche Präsentationen, wahrgenommen und war von ihnen zu eigenem Tun angeregt worden.

Die Entscheidung für Gertrud Kolmar als Autorin, deren Schicksal im Nazi-Deutschland in ganz besonderer Weise berührt, die Eingrenzung des Themas auf den Aspekt der Tierdarstellung und Pläne für das methodische Vorgehen, aber vor allem die Vision eines Produktes, das aus mehr als einem gedruckten Text bestehen sollte, waren Ergebnisse von Arbeitsgesprächen, die Kollegiatin und Lehrerin in gleicher Weise beflügelten. Das Ergebnis des zweimonatigen Arbeitsprozesses ist eine sorgfältige wissenschaftspropädeutische Auseinandersetzung mit dem Tiermotiv in Gertrud Kolmars Lyrik, exemplarisch dargestellt an vier Gedichten. Hier das Inhaltsverzeichnis der Arbeit:

1. Einleitung
„Die Wahrheit kam nicht nackt zur Welt ..."
2. Notizen zu Biografie, Werk und Rezeption
„Du hörst, was spricht. Vernimmst du auch, was fühlt?"
3. Kommentare zum Tiermotiv
„Wir werden es gewahr als unbegreifliches Leben ..."
– Die Kröte
– Die Ottern
– Fledermaus
4. Interpretation: „Fischkönig"
„Da will ich dich setzten, dich allein,
Und die Wasser über dir schließen"
5. Beziehung lyrisches Ich und Tier
„Ich bin die Kröte und trage den Edelstein"
6. Schlussreflexion
Verwendete Literatur
Anhang

Die Besonderheit dieser Arbeit ist aus dem Inhaltsverzeichnis nicht ablesbar. Sie verbirgt sich hinter dem letzten Gliederungspunkt: „Anhang". Das Gesamtprodukt beschränkt sich, wie es Lottas Wille war, nicht auf die reine Textarbeit, sondern besteht aus dem Text und einer Reihe visueller Elemente, die hier leider nur knapp beschrieben werden können. (Das Thema „Präsentation" – so zeigt es sich hier – verlangt eigentlich auch eine andere Art der Präsentation als die hier mögliche.)

Lotta hat für ihr Produkt eine Integration von verbalem und bildnerischem, von wissenschaftlich orientiertem und künstlerisch-kreativem Material vorgenommen. Diese Verknüpfung ist möglich durch eine bestimmte, eigenwillige Perspektive auf das Thema, die bereits im Einleitungskapitel deutlich wird:

„Ich werde also die Porträts und die Interpretation der ausgewählten Tiermotiv-Gedichte auch aus dem Blickwinkel der lexikonlesenden Gertrud Kolmar rekonstruieren. Hier liegt für mich der Angelpunkt zur Interpretation, es ist das Tertium, das gemeinsame Dritte, was ich mit Gertrud Kolmar herstellen kann. Daraus erhoffe ich mir über die Hilfestellung der

Sekundärliteratur hinaus eine Art ‚originale Begegnung' mit einem Blick Kolmars auf ihre Welt.
Die ausgewählten Gedichte werden immer dann, wenn offenbar ein Lexikonbegriff oder -bild zu Grunde liegt (z. B. ‚Heliotrop' oder ‚Beryll') mit einem Faksimile des Bildmaterials illustriert, das auch vor Gertrud Kolmar auf dem Tisch gelegen und sie inspiriert haben mag. Ich benutze dafür ‚Meyers großes Konversationslexikon' in einer Auflage von 1895, die im Bücherschrank von Gertrud Kolmars Vater gestanden haben könnte. (Auch mir ist es aus dem Bücherschrank meiner Großmutter vertraut)".

Die visuellen Elemente der Arbeit befinden sich zum einen in der gedruckten Textfassung: Es sind neben illustrativen Elementen zum Text (z. B. eine von Günther Grass gezeichnete Unke) vor allem die ganzseitigen Bildtafeln aus dem erwähnten Lexikon. Über dieses eher kommentierende Bildmaterial hinaus gibt es ein Objekt aus sechs Farbtafeln zu dem Gedicht „Fischkönig", in denen die besonderen Charakteristika des Gedichts farbmetaphorisch dargestellt werden. Über den einzelnen Tafeln liegen durchsichtige Folien, die mit aufkopierten Wörtern aus dem Gedicht, einem Foto von Gertrud Kolmar, einem Foto der Autorin, mit Material aus einem Biologiebuch und aus Brehms Tierleben auf die vielfältigen Bezüge zwischen Text, Dichterin und Interpretin verweisen.
Textfassung und Farbtafeln sind als Teil einer öffentlichen Präsentation im Oberstufen-Kolleg geplant und realisiert worden. Auch ohne dass die Betrachter die literaturwissenschaftliche Argumentation im Einzelnen zur Kenntnis nehmen mussten, konnten sie wahrnehmen, mit welcher Sorgfalt, mit welchem Engagement und mit welcher Originalität dieses Gesamtprodukt hergestellt wurde.

Facharbeit 2:
Walther von der Vogelweide (Laura Stanko)
Laura Stanko, deren große Liebe der Musik gilt, hatte zu Beginn des siebten Semesters Feuer gefangen, als sie in einem Deutschkurs mit dem Titel „Grundlagen der mittelhochdeutschen Sprache und Literatur" am Beispiel des Minnesangs die enge Verknüpfung von Text und Musik erfuhr. Die Zusicherung, dass sie auch in einer Facharbeit Deutsch/ Germanistik fächerübergreifend arbeiten dürfe, und mein Vorschlag, dass sie als Anlage zum Text eine eigene CD mit ihrer schönen Stimme besingen könne, begeisterte sie nach anfänglicher Skepsis sehr. Sie wusste um die Hürden, die es bei diesem ehrgeizigen Projekt zu nehmen galt, aber die Vision eines solchen Gesamtproduktes machte große Lust. Während ihres anschließenden Arbeitsprozesses war deutlich zu beobachten, wie der Qualitätsanspruch, den sie an die musikalischen Teile anlegte, auch auf die literarischen und die historischen Kapitel, auf die Textinterpretationen und auf die optische Gestaltung der Arbeit und der CD übersprang. In diesem Anspruch wurden die einzelnen Kapitel immer wieder miteinander in Beziehung gesetzt, so dass am Schluss ein wissenschaftspropädeutisches und künstlerisch-praktisches Produkt entstanden war, dessen Einzelteile nicht rein additiv ne-

beneinander gesetzt sind, sondern das vielmehr ein komplexes Phänomen, nämlich das Phänomen Walther von der Vogelweide und seine Rezeption durch die Autorin der Facharbeit, in seiner Vielschichtigkeit kognitiv und sinnlich vermittelt. Hier das Inhaltsverzeichnis der Arbeit:

1. Einleitung
2. Leben und Zeit
2.1 Die politische Situation
2.2 Biografischer Überblick
3. Die musikalische Situation im 12. und 13. Jahrhundert
3.1 Zur musikalischen Situation allgemein
3.1.1 Die kirchliche Musik
3.1.2 Die weltliche Musik
3.2 Zur Überlieferung der Melodien zu Walthers Liedern
4. Fünf ausgewählte Texte
4.1 Texte und Kommentar
4.1.1 Alrêrst lebe ich mir werde
4.1.2 under der linden
4.1.3 ich hân mîn lêhen
4.1.4 Dô der sumer komen was
4.2. Text und Interpretation
4.2.1 Si wunder wol gemachet wîp
5. Zusammenfassung
6. Literaturverzeichnis
7. Anhang: CD

Die beiden Elemente der Arbeit, die Textfassung und die CD, sind auf eine begutachtende Öffentlichkeit hin angelegt und mit entsprechender Sorgfalt gestaltet: Die Textfassung ist angereichert mit farbigen Illustrationen zu den einzelnen Kapiteln; die CD enthält außer einem sehr schön und informativ gestalteten Booklet ein Cover.

Die beiden angeführten Beispiele veranschaulichen und verdeutlichen die oben genannte These, dass die Aussicht auf Präsentation die Leistungsmotivation steigert. Dabei motiviert die Festlegung auf eine Leistungspräsentation, auf die sinnlich wahrnehmbare Form einer Leistung, in dreifacher Hinsicht:

- Als Idee, als Vision ermutigt und beflügelt sie diejenigen, die die Leistung erbringen müssen – sie spornt sie an.
- In ihrer realisierten, gelungenen Form regt sie andere, die die präsentierte Leistung wahrnehmen, zu eigenem Tun an. Der sichtbare Erfolg zeigt, dass es sich lohnt, um der Sache willen auch größere Mühen auf sich zu nehmen.
- In ihrer antizipierten und in ihrer anschaulich gewordenen Form offenbart sie den Lehrenden die vitale, lust machende, das Selbstbewusstsein stärkende Seite der Leistungsanforderungen und -möglichkeiten. Sie kann aus dem Gegenüber

Anlage zur Facharbeit „Walther von der Vogelweide" von Laura Stanko

1. Zeitzeichen
2. Under der Linden
3. Palästinalied
4. Ich was ein chint so wolgetan
5. Hymne für die Weihnachtsvesper
6. Ordo virtutum
7. Viderunt omnes
8. Kalenda Maya
9. A chantar m-er de so q'ieu no voldria
10. Tempus est iocundum
11. Miri it is
12. Abschied am Morgen
13. Saltarello

von Lehrern und Schülern ein Miteinander machen; sie kann in den anstrengenden Alltag Überraschung, Lebendigkeit und Freude bringen und so das Gefühl für den Sinn der eigenen Arbeit spürbarer werden lassen.
In dieser Hinsicht ist eine zu engagiertem Tun motivierende Leistungspräsentation einer der besten Garanten für die so genannte Qualitätssicherung und -entwicklung. Es versteht sich von selbst, dass dies nur unter fruchtbaren Arbeitsbedingungen gelingen kann, die Menschen nicht dauerhaft überfordern, sondern für die Entfaltung der Persönlichkeit von Lernenden und Lehrenden gedeihlich sind.

Interviews mit den Autorinnen

Im Folgenden sollen Interviewäußerungen der beiden Kollegiatinnen vorgestellt werden. Damit wollen wir die Funktion und Bedeutung, die die Arbeitsprozesse und ihre Ergebnisse für die Autorinnen hatten, hervorheben. Als Erstes soll die Form der Leistungspräsentation näher betrachtet werden.

Es handelt sich in beiden Fällen keineswegs um Arbeiten, die im Fachunterricht Deutsch üblich sind. Die Kollegiatinnen entschieden sich, ihre Leistungen in einer von der traditionellen Form abweichenden Art und Weise zu präsentieren. Es entstanden zwei Arbeiten, die theoretisches und künstlerisch-praktisches Tun miteinander verflochten haben. Die wissenschaftsorientierten Teile der Arbeiten entsprechen allen gängigen Erwartungen an eine Germanistin. Betrachtet man jedoch die ästhetischen Anteile, so lassen sich Ausflüge in die Bereiche Kunst und Musik erkennen. So schuf eine der Kollegiatinnen neben Gedichtinterpretationen eine Reihe von sehr beeindruckenden Bildern. Bedenkt man an dieser Stelle, dass die für die Arbeit zur Verfügung stehende Zeit nur acht Wochen beträgt, so erscheint die Verbindung von wissenschaftlicher und künstlerisch-praktischer Arbeit fast als eine Meisterleistung. Nun fragt man sich, was die Kollegiatinnen motivierte, diese komplexe Form für die Präsentation ihrer Leistungen zu wählen?
Dazu Lotta:

„Die Arbeit sollte auch zum Anfassen sein, also auch optisch anregen. Ich wusste auch, dass alle meine Bemühungen nicht umsonst sind, und dass sie zum Schluss geschätzt werden und Anerkennung finden würden."

Besonders wichtig waren jedoch die Fragen, wie die Kollegiatinnen den Arbeitsprozess mit seiner doppelten Aufgabe erlebt hatten und welche Bedeutung dabei der Perspektive zukam, dass ihre Produkte öffentlich präsentiert werden. Zunächst Laura:

„Man kann ruhig von einem Leistungsansporn sprechen, denn die Idee, auch eine CD aufzunehmen, motivierte mich sehr. Teilweise habe ich gemerkt, dass es während der Arbeit nur so sprudelte. Andererseits hatte ich oft auch das Gefühl, es wird mir zu viel. Ich hatte zwar ein konkretes Produkt angestrebt, doch während der theoretischen Arbeit verlor ich es immer wieder aus den Augen, so dass ich oft nicht mehr weiter wusste. In solchen Situationen schmiedete ich Pläne, wie ich die CD gestalten würde und schöpfte so neue Kräfte. Die Tatsache, dass ich neben dem wissenschaftsorientierten Teil mich auch musikalisch ausleben durfte, ermöglichte es mir überhaupt erst meine Facharbeit im Fach Deutsch/ Germanistik zu schreiben. Ich dachte lange nach, wie ich die Theorie mit der Praxis verbinden könne, denn ich wollte nicht bloß nebenbei zwei Lieder aufnehmen, sondern insgesamt ein gutes Produkt abliefern."

Lotta äußerte sich zu den genannten Fragen folgendermaßen:

„Von Anfang an war mir klar, dass ich mich keinesfalls nur mit Theorie beschäftigen wollte. Der praktische Teil sollte einen Ausgleich zu dem theoretischen schaffen.

Das Material, das mir zur Verfügung stand, erwies sich als sehr umfangreich und obwohl ich von Anfang an Lust zu arbeiten hatte, bekam ich zunächst noch Schwierigkeiten. So dachte ich angesichts der Fülle, dass ich mich etwas übernommen hätte. Als ich dann begann, mich mit den Gedichten auseinander zu setzen, bekam ich wiederum Schwierigkeiten mit ihrer Interpretation. Ich hatte das Gefühl, ihren Inhalt nicht zu begreifen. So bekam ich Angst, nicht mehr voran zu kommen. Noch gab ich nicht auf. Parallel zu meinen Interpretationsversuchen las ich die spannende Biografie von Gertrud Kolmar und bemerkte, dass mir auch dort vieles unverständlich blieb. So begann ich wieder zu forschen und irgendwann hat es bei mir ‚Klick' gemacht. Aber als es darum ging, die handgeschriebenen Notizen schwarz auf weiß auszuformulieren, kam ich wieder nicht voran. Irgendwie wollte es nicht klappen. So begann ich die Bilder zu malen und es machte mir unglaublichen Spaß. Dabei entstanden viele neue Ideen und langsam begann es auch mit dem theoretischen Teil aufwärts zu gehen. Ich arbeitete dann nur noch abwechselnd. Ab und zu wechselte ich sogar meinen Arbeitsort, da ich beim Malen so expandierte, dass in meinem Arbeitszimmer kaum Arbeitsfläche mehr vorhanden war. Letztendlich erwies sich der ästhetische Teil als meine Hauptmotivation."

Zusammenfassend kann man sagen, dass sich das Wagnis, die traditionellen Formen der Leistungsnachweise zu sprengen, lohnt. Die hier zitierten Äußerungen lassen erkennen, dass sowohl der künstlerisch-praktische Anteil der Arbeiten als auch die Vision ihrer Präsentation immer wieder stimulierend auf den Arbeitsprozess einwirken und so auch über schwierige und entmutigende Phasen hinweghelfen.

Anmerkungen

[2] Der erste Teil der Arbeit stammt von Gerlind Frink, Karolin Furmanczyk hat den Abschnitt zu den Interviews aufgezeichnet.

Irene Below

Gelebte Zeit in Worten, Fotos und Bildern – Arbeiten von Kollegiatinnen und Kollegiaten für die Öffentlichkeit

Produktive Arbeit in Schule und Hochschule?

Der größte Horror meines Daseins als Lehrerin ist es, wenn ich in einem meiner Kurse den Eindruck habe, „wir spielen Schule". Das kann es auch am Oberstufen-Kolleg geben. Obwohl dort in den Ausbildungsgängen (bisher noch) Sekundarstufe II und Grundstudium integriert sind und der Unterricht von Lernenden und Lehrenden gemeinsam geplant werden kann, gelingt eine wirkliche Kommunikation nicht immer.
Beim „Schulespielen" tue ich so, als ob ich überzeugt sei, dass genau das, was jetzt dran ist, gelernt werden müsse – ich bin mir aber gar nicht sicher, ob die Lernenden damit jemals mehr anfangen können, als es dafür zu nutzen, den Kurs zu bestehen. Und die Kollegiatinnen und Kollegiaten tun so, als ob sie bemüht und eifrig dabei seien, aber eigentlich sind sie mit ihren Interessen und Gedanken ganz woanders. So sehen ihre „Leistungsnachweise" dann auch aus – sie sind Pflichtübungen, die ich pflichtschuldig ernst zu nehmen habe, obwohl ich eigentlich vor Wut über die vertane Zeit platzen könnte. Die heimliche Übereinkunft des „als ob" hat aber auch Vorteile: Sie spart Energie und Arbeit und sie ist in gewisser Weise auch ganz bequem, denn alle kennen das Spiel und seine Regeln: Die Lehrende sagt, was zu tun ist, und die Lernenden tun das – mehr oder weniger. Allerdings hat das Spiel einen gravierenden Nachteil: Es verhindert, dass sich Lernende und Lehrende gemeinsam auf produktives Lernen und Forschen in einem kommunikativen Prozess einlassen. Leuchtende Augen und Lust am Denken fördert „Schulespielen" jedenfalls nicht.
Für Schule und Hochschule hat Reinhard Kahl kürzlich die Folgen „der tristen Einwegkommunikation der Belehrung" beschrieben: „...schon ein Blick in die Schülergesichter zeigt, dass sich die meisten irgendwie fehl am Platz fühlen. Befunde der Lernforschung belegen diesen Eindruck. Die Hirnaktivität von Schülern, fand eine kanadische Studie, ist den ganzen Tag lang nie schwächer als während des

Unterrichts." Seine Schlussfolgerung: „Neue Formen praxishaltigen Lernens sind heute mehr denn je nötig." Und er plädiert dafür, Schulen als Produktionsorte zu nutzen, an denen Schüler Produkte herstellen und diese dann auch auf dem Markt anbieten (Kahl 1999). Damit verfolgt Kahl Ideen, die in den Werkstätten des Weimarer und Dessauer Bauhauses schon in den 1920er Jahren erprobt wurden. Die wechselvolle Geschichte der Werkstätten bietet reiches Anschauungsmaterial, welche Impulse von der Integration produktiver, am realen Markt orientierter Arbeit ausgehen können. Sie zeigt aber auch, wie viel Freiheit und Unabhängigkeit von wirtschaftlichen Zwängen für innovatives Lernen nötig ist (Bauhaus Archiv 1991, S. 70ff., S. 14ff.).

Kooperationsprojekte und Produkte für eine außerschulische Öffentlichkeit

Produktorientiertes fachspezifisches und interdisziplinäres „forschendes Lernen" – möglichst in Kooperation mit Institutionen, die an den Ergebnissen interessiert sind – ist für mich ein Weg geworden, um den geheimen Regeln des Schulespielens und der Belehrungskultur an Schule und Hochschule zu entkommen. Häufig haben die Lernenden und ich dabei Themen und Probleme aufgegriffen, die anderswo nicht beachtet wurden: im Jahr 1987 die Frage nach der Marginalisierung Bildender Künstlerinnen des 20. Jahrhunderts in der Kunsthalle Bielefeld. Als die beteiligten Kollegiatinnen und Kollegiaten feststellten, wie schnell aus Recherchen im Unterricht ein Politikum wurde, das sogar den städtischen Kulturausschuss beschäftigte, bekam das, was sie taten, einen neuen Sinn. Statt der ursprünglich geplanten Ausstellung stellten sie ihre Untersuchungsergebnisse in einem Reader zusammen und in der Bielefelder Volkshochschule einem außerschulischen Publikum vor (Im Depot 1988).
Ein positives Außeninteresse an den Vorhaben und Ergebnissen sowie Kooperationen mit außerschulischen Institutionen können zum Motor der Interessenentwicklung von Lernenden werden und zu produktiven und innovativen Arbeiten und Ergebnissen führen. Die geleistete Arbeit erhält ihren Wert durch die Anerkennung, die sie in einer außerschulischen Öffentlichkeit findet. Schulische bzw. hochschulische Bewertungen und Gratifikationen treten demgegenüber in den Hintergrund.
Die Erfahrungen bei einem Projekt über Dessauer Siedlungen der 20er Jahre waren da ein Schlüsselerlebnis. Wir präsentierten unsere Recherchen im Rahmen des halbjährlichen Projekttags des Oberstufen-Kollegs, dabei ging unsere Ausstellung in der Fülle weiterer interessanter Beiträge unter. Die geringe Resonanz entwertete die geleistete Arbeit. Als aber wenig später das Dessauer Bauhaus unsere Ergebnisse für wichtig hielt und die Ausstellung im Bauhausgebäude zeigen wollte, führte das zu regelrechten Arbeitsschüben, zu einer erstaunlichen Beharrlichkeit aller Betei-

ligten bei der Überarbeitung der ersten Ausstellung, bei der Entwicklung eines innovativen und bezahlbaren Ausstellungsdesigns und bei weiteren Recherchen, die zu veritablen kunsthistorischen Entdeckungen führten (Below 1995, S. 23–26). Mindestens so befriedigend wie die Ergebnisse waren die Formen der Kooperation und Kommunikation zwischen allen Beteiligten – im Rahmen eines gemeinsamen Vorhabens wurde engagiert, selbstverständlich und selbstbestimmt gearbeitet.

Ich erlebe Kollegiatinnen und Kollegiaten in solchen Situationen als eigenständige und kompetente Gestalter von Arbeitsprozessen. Sie sind stolz auf das gemeinsame Produkt und auf ihre individuellen Leistungen,

- wenn sie mit selbst gefertigten Kostümen beim Carnival der Kulturen in Bielefeld, Berlin und London auftreten und anschließend eine Fotoausstellung über den Carnival der Kulturen und über ihre Teilnahme präsentieren (Below 1996/97, S. 40f.),
- wenn sie sich am Aufbau und der Präsentation der Ausstellung „Paper Prayers Kunst gegen Aids aus Südafrika" (Paper Prayers 2000) in der Bielefelder Stadtbibliothek beteiligen und dort eigene Poster zeigen, auf denen sie allgemein über Aids, über die unterschiedlichen Auswirkungen der Krankheit in Europa und im südlichen Afrika sowie über Geschichte und zeitgenössische Kunst Südafrikas informieren. Martin und Veit haben diesen Stolz in einem Haiku, der im Rahmen einer Kursreflexion entstanden ist, so ausgedrückt:

Die Poster
Schaut die Plakate,
   sind diese nicht wunderschön?
   Oh ja – das sind sie.

Zweierlei ist allerdings bei diesen Formen von Lehre/Unterricht problematisch: Für Lernende wie für Lehrende ist gemeinsames produktorientiertes forschendes Lernen außerordentlich zeit- und arbeitsintensiv, zumal wenn man dabei mit anderen außerschulischen Institutionen kooperiert.

Lernende orientieren sich an Bewertungsmaßstäben, die von der gesamten Lerngruppe im Hinblick auf außerschulische Adressaten und deren Anforderungen entwickelt werden. Für die Entwicklung und Artikulation individueller Sicht- und Darstellungsweisen ist das nicht immer förderlich. Wie können Lernende ihre eigenen Maßstäbe entwickeln, und das bei einer Aufgabe, die nicht primär durch den schulischen Rahmen definiert ist? Ist es möglich, etwas zu finden, womit die/der Einzelne sich für eine potenzielle Öffentlichkeit artikuliert und gleichzeitig ihre/seine spezifische Sicht auf ein Thema darstellen kann?

Erst als ich Sigrid Sigurdssons Reisebücher entdeckt und damit auch in Kursen gearbeitet hatte, wurde mir bewusst, dass sich solche Fragen stellen.

Leistungsnachweise in einem Reisebuch aus Sigrid Sigurdssons Bibliothek „Vor der Stille"

Die Installation „Vor der Stille" von der 1943 in Oslo geborenen und heute in Hamburg lebenden Künstlerin Sigrid Sigurdsson entstand seit 1988. Dieses erste von mehreren „offenen Archiven", die sich mit dem Nationalsozialismus und den Formen individuellen und gesellschaftlichen Gedächtnisses auseinander setzen, ist heute im Hagener Karl Ernst Osthaus-Museum zu sehen (vgl. Sigurdsson 1995). In Regalen, die die Wände des gesamten Raums bis zur Decke einnehmen, findet man von der Künstlerin gestaltete Bücher, Schaukästen und Buchobjekte. An zwei Tischen gibt es Stifte zur Arbeit in Besucherbüchern. Weiter gehören zu dem Projekt 500 Reisebücher – Bücher von 300 oder 600 Seiten im Format DIN A3, die Interessierte für einen längeren Zeitraum ausleihen und bearbeiten können. Sie bleiben Eigentum des Museums und werden nach ihrer Rückkehr in die Installation integriert.

Abb. 1: Karl-Ernst Osthaus-Museum

Ein solches Reisebuch habe ich im November 1999 mit dem entsprechenden Vertrag ausgeliehen. Anlass war zum einen der Wunsch, die akute Bedrohung des Reformversuchs Oberstufen-Kolleg zu dokumentieren, zum anderen wollte ich es im Unterricht verwenden als Beleg für unseren bisherigen Experimentalspielraum und die spezifischen Arbeitsmöglichkeiten – beides im Sinn der Intention der Künstlerin, wie sie sie auf der ersten Seite des Buches notiert hat:

„Gelebte Zeit in Worten, Fotos, Bildern mitgeteilt, nicht verschwunden, verhüllt, vergessen. Die Reisebücher der Bibliothek ‚Vor der Stille' sollen persönliche, politische, alltägliche Themen aufnehmen, die durch das Individuum mitgeteilt einen authentischen Ausdruck von Zeitgeschehen ergeben! Eine Handschriftensammlung, deren Themen und Gestaltung ganz dem Benutzer überlassen bleiben."
(Sigrid Sigurdsson 18.7.93)

Abb. 2: Kollegiatin beim Eintrag ins Besucherbuch des Karl Ernst Osthaus-Museums

Benutzt habe ich das Buch in dem Kurs „Kunstvermittelnde Institutionen" im Rahmen der Wahlfachausbildung Künste in zwei aufeinander folgenden Jahren. Thematisch konzentriert sich dieser Kurs darauf, unterschiedliche Museen, Kunstvereine, Galerien, KünstlerInnenhäuser in Bielefeld und darüber hinaus möglichst aus eigener Anschauung kennen zu lernen und auf dieser Basis den gegenwärtigen Kunstbetrieb, seine Mechanismen und Tendenzen sowie unterschiedliche Konzepte von Ausstellungsinstitutionen zu analysieren. Das Reisebuch wurde zu einem Ort, an dem die Kollegiatinnen und Kollegiaten und auch ich selbst unzensiert Erfahrungen und Erlebnisse artikulieren und den anderen zugänglich machen konnten.

Zu Beginn des Kurses habe ich das Reisebuch, in dem ich schon mehrere Seiten gefüllt hatte, vorgestellt. Während des Kurses lag es auf meinem Arbeitsplatz aus. Die KursteilnehmerInnen konnten dort darin arbeiten, nach Absprache auch zu Hause. Jede Kollegiatin/jeder Kollegiat sollte einen Leistungsnachweis in dem Buch machen – einen Bericht über den Besuch in einer Institution, über eine Ausstellungseröffnung o. Ä. Sie konnten mich bei der Arbeit konsultieren oder aber ihre Seite ganz frei nach eigenen Vorstellungen gestalten. Ich selbst dokumentierte und kommentierte in dem Buch wöchentlich den Kursverlauf mit handschriftlichen Notizen und Kursmaterialien. Im Kurs wurde hin und wieder darauf hingewiesen, dass es etwas Neues im Buch gab, aber die Seiten wurden weder gemeinsam besprochen noch beurteilt.

Mit beiden Kursen besuchte ich das Karl Ernst Osthaus-Museum und wir sahen dort auch Sigurdssons Installation und damit den Ort, an den das Reisebuch zurückkehren würde. Vor allem beim zweiten Mal hielten sich die Kollegiatinnen und Kollegiaten lange in dem Raum „Vor der Stille" auf. Sie nutzten die Möglichkeiten, unterschiedliche Bücher und Objekte aus den Regalen zu holen, die Arbeit der Künstlerin und die Äußerungen anderer zu verfolgen und selbst Spuren in den Besucherbüchern zu hinterlassen. In beiden Kursen ließen sich drei bzw. vier Teilnehmerinnen ein eigenes Reisebuch aushändigen und schlossen mit dem Museum einen entsprechenden Leihvertrag.

Bemerkenswert fand ich die Entwicklung, die sich schon im ersten Kurs bei den Leistungsnachweisen im Reisebuch vollzog. Am Anfang entsprachen sie im Wesentlichen dem Üblichen – das Protokoll von einem gemeinsamen Galeriebesuch z. B. gab den Verlauf wieder, war ordentlich getippt, enthielt sich aber aller subjektiven Einschätzungen und ließ kein besonderes Engagement erkennen. Erst auf meine Anregung wurde noch eine Einladungskarte zur Veranschaulichung eingeklebt. Doch dann wurden die Beiträge zunehmend eigenwilliger: Die Einzelnen entwickelten immer mehr Mut, sich und ihre Einschätzung der jeweiligen Institution zu zeigen und/ oder die Wirkung des von ihnen besuchten „events" auszudrücken. Zunehmend aufwändiger und liebevoller wurden die Seiten gestaltet – so beispielsweise die des KEOM (Karl Ernst Osthaus-Museum) von Vicky Branster, in der sie Bild- und Textinformationen des Museums mit der eigenen, handschriftlich in die Initialen von Osthaus eingeschriebenen Darstellung kombinierte; oder eine Zeichnung der Kunsthalle Bielefeld von Felix Dietz als „Ex-Richard-Kaselowski-Haus" und damit Bezug nehmend auf den kurz zuvor durch eine Umbenennung beendeten Streit um die Namensgebung nach dem Schwiegervater des Konzernchefs R. A. Oetker, Richard Kaselowsky, Mitglied der NSDAP und des Freundeskreises Reichsführer SS Heinrich Himmler; oder der Kommentar von Karola Wehmeier zu einer Ausstellungseröffnung in Form von gestisch wilder Malerei mit darauf aufgebrachten gefalteten farbigen Papieren, so dass Beschreibungen und Kommentare erst beim Auffalten lesbar wurden.

Mehrfach lernte ich dadurch Kollegiatinnen und Kollegiaten persönlich und fachlich von Seiten kennen, die ich sonst nicht wahrgenommen hatte beziehungsweise die sie bisher nicht zeigen konnten oder wollten. Der frei gestaltbare Raum, der mit der Arbeit in dem Buch gegeben war, eröffnete im ersten und verstärkt im zweiten Kurs die Möglichkeit zu aktiver und eigenständiger Beschäftigung und Auseinandersetzung. Welche Rolle dabei die Vorstellung gespielt hat, dass das Buch wieder in die Installation „Vor der Stille" integriert wird, ist nicht leicht auszumachen. Ich vermute, dass ohne diesen Kontext nicht so viele interessante, für die Einzelnen bedeutsame Arbeiten zu Stande gekommen wären.

Das Beispiel hat mir Mut gemacht, mit solchen Formen der Leistungserbringung für eine über die Schule/Hochschule hinausgehende Öffentlichkeit zu experimentieren. Im Karl Ernst Osthaus-Museum in Hagen gibt es noch genug Reisebücher. Es lassen sich aber sicher auch weitere Formen entwickeln, die individuelle Äußerungen in einem bewertungsfreien Raum erlauben und öffentlich wahrnehmbar bündeln. Arbeitsformen wie die hier skizzierten, nämlich das Anfertigen von Produkten, die auch außerschulische Bedeutung erlangen, und frei gestaltbare Werke wie das Reisebuch können zur Entwicklung eines anderen Verständnisses von Leistung beitragen. Kriterien dafür wären selbstständiges Lernen, lustvolle und kreative Auseinandersetzung mit Sachverhalten sowie Ergebnisse, die fachliche Kompetenz, Eigeninteresse und eine Orientierung an Nützlichkeit sowie an Adressaten außerhalb von Schule und Hochschule aufweisen. Betrachtet man Reforminstitutionen wie das Bauhaus in Weimar und Dessau während der 20er Jahre des letzten Jahrhunderts oder auch das Oberstufen-Kolleg, so kommt man allerdings zu dem Schluss: Ganz neu sind solche Kriterien nicht. Doch es wird Zeit, sie wieder neu zu entdecken.

Literatur

Bauhaus Archiv (Hrsg.): Magdalena Droste, bauhaus 1919-1933. Köln 1991
Below, Irene: Es gab nicht nur das bauhaus. wohnen und haushalten in dessauer Siedlungen der 20er Jahre. In: Pädagogik 4 (1995)
Below, Irene: Die Carnival-Gruppe des OS beim Carnival der Kulturen in Berlin, Bielefeld und London. In: Oberstufen-Kolleg Bielefeld, Einblicke. Das Studienjahr 1996/97
Im Depot – Künstlerinnen des 20. Jahrhunderts in der Kunsthalle Bielefeld als Unterrichtsgegenstand. In: Kritische Berichte 16 (1988), H. 1
Kahl, Reinhard: Vom Belehren zum Lernen. In: die tageszeitung, 2.12.1999
Paper Prayers Papiergebete. Kunst gegen Aids aus Südafrika. Ausstellung sowie Begleitprogramm in der Stadtbibliothek Bielefeld, 23. Mai-16. Juni 2000
Sigurdsson, Sigrid: Vor der Stille. Ein kollektives Gedächtnis. Hrsg. Fehr, M./ Schellewald, B. Köln 1995

Ulrike Trumpf

Wie viele Punkte hat eigentlich ein Marienkäfer? – Forscherzeit an einer Grundschule

An der Grundschule Bonfeld, einer kleinen einzügigen Grundschule im ländlichen Raum, ist die Forscherzeit ein fester Bestandteil des rhythmisierten Vormittages. Neunzig Minuten täglich haben Kinder aller Klassen hier Gelegenheit, ihren eigenen Lernfragen nachzugehen.
Die Vorstellung vom Lernen als eigenaktive und Sinn konstruierende Tätigkeit, wie sie beispielsweise Konzeptionen von Selbstgesteuertem oder Entdeckendem Lernen zu Grunde liegt, stellt den Kerngedanken der Forscherzeit dar.[1] Die unterrichtliche Realisierung findet im Rahmen einer offenen Unterrichtsorganisation als projektorientiertes Arbeiten bzw. freie Arbeit statt.

Die Forscherzeit als unterrichtlicher Rahmen und Lernform

Zunächst vereinbaren Kinder und Lehrerin ein Rahmenthema, meist aus dem Bereich des Sachunterrichts: Wasser, Wetter, Frühling, Fahrzeuge, Pflanzen, Ernährung ... Auf einem Info-Tisch sammeln daraufhin alle Beteiligten, oft auch Eltern, Materialien zum Rahmenthema. Aus der Beschäftigung mit diesen Materialien entwickeln Kinder und Lehrerin erste Fragen an das Thema. Diese etwa einwöchige Vorbereitungsphase wird mit einem Kreisgespräch abgeschlossen. Hier werden Fragen und Interessen gesammelt, eventuell Partner gesucht, Organisatorisches besprochen und erste Ideen zum Nachgehen der Fragen und zur Strukturierung der Vorhaben geäußert.

Beim Thema Fahrzeuge möchte Nicole ein Fahrrad bauen und vor allem will sie wissen, wie eigentlich die Räder funktionieren. Thomas und Melanie sind fasziniert und wollen mitmachen.
Wie viele Punkte hat eigentlich ein Marienkäfer?, fragen Elke und Sibel zum Thema Frühling. Julian nimmt die Idee auf: Bekommen sie mehr Punkte, wenn sie älter werden?

Für die Dauer von zwei bis drei Wochen gibt die Forscherzeit Gelegenheit, diesen Fragen und Interessen alleine oder mit Partnern nachzugehen. Den Verlauf ihrer

Vorhaben strukturieren die Lernenden dabei weit gehend selbst. Gruppen können sich entweder innerhalb einer Klasse bilden oder, wenn mehrere Klassen zum gleichen Rahmenthema arbeiten, auch altersgemischt. Die ersten Fragen stellen dabei oft den Schlüssel zur Sache dar, sie ändern sich im Laufe der Beschäftigung. Am Ende eines Lern- und Arbeitsprozesses sind nicht selten andere Aspekte zentral geworden.

Thomas, Melanie und Nicole beschäftigen sich schließlich mit der Kettenschaltung eines Fahrrades, die sie dann auch als Modell aus Knex nachbauen. Weiterhin entdecken sie am Fahrrad den Kettenspanner, den sie selbst als Schaltkurve bezeichnen. Durch Versuche an Fahrrad und Modell gewinnen sie Erkenntnisse über seine Funktion.
Elke und Sibel stoßen bei ihrer Suche nach Hinweisen zu den Marienkäferpunkten im Internet auf verschiedene Arten von Marienkäfern. Zufällig entdecken sie später, dass ganz junge Marienkäfer gelb sind, was wiederum zu Fragen nach der Entstehung und Entwicklung der Tiere führt.

Leistungen der Forscherzeit dokumentieren, präsentieren und bewerten

Zur Konzeption der Forscherzeit gehören unterschiedliche Formen der mündlichen und schriftlichen Leistungsdokumentation und -präsentation. Sie gewährleisten, dass der gesamten Forschungsgemeinschaft (Kindern und Lehrerin) die individuellen Lern- und Arbeitsprozesse sowie ihre Produkte immer wieder zugänglich gemacht werden können.

Forschertagebuch
Täglich notieren die Kinder, was ihnen als Bilanz des Morgens wichtig erscheint: was sie herausgefunden haben, welche Probleme sich ergeben haben oder welche neuen Fragen entstanden sind. Gelegentlich wird auch die eigene Leistung oder die Zusammenarbeit in der Gruppe kommentiert und gewertet.

Bernd, Nils und Robin schreiben zum Thema Fahrzeuge:
Wir haben ein Sörwiswagen gebaut Unsre lenkun funkzunirt nicht ganz Die Reder Sind zu kros. so das sie immer an der Unterkarosei schleifen.
In ihr persönliches „Wasserbüchlein" notiert Meike:
mir haben jetzt unser Blakat fertig. Ich mene unser Sepfertchen Plakat. und ich habe forgelesen das Seepferdchen nur 5 Zentemeter Kros werden und die Bebys nor 1 halben Zentimeter.
Tim schreibt zum gleichen Rahmenthema:
ich und Julian haben mer herausgefunden als mir gedacht haben. ich habe gelernt vür was Schleusendasint ich habe Nicht gewust das Sepferdchen Kimen haben.

Andreas in seinem Wasserbüchlein:
ich habe mit Robin und Thomas An unserem Boot weiter gemacht. wir Haben brobleme gehabt weil Jeder ales Nicht machen wollte.

Die äußere Form der Forschertagebücher ist dabei so unterschiedlich wie die Forscher und ihre Fragen und Vorhaben selbst. Es werden Themenhefte angelegt oder Einzelpapiere beschrieben, die später wiederum zu Büchern gebunden werden oder sich auf Informationsplakaten wiederfinden. Oft werden sie ergänzt durch Zeichnungen und Illustrationen. Auch Konzepte für spätere Vorträge entstehen auf diese Art und Weise.
Für die Forschenden können die Notizen eine den Lernprozess strukturierende Funktion erfüllen: Erarbeitete Lernzuwächse werden festgehalten und geordnet. Offene Fragen zeigen, wo am nächsten Tag angeknüpft werden kann. Der Lern- und Arbeitsprozess kann reflexiv betrachtet werden. Nicht selten dienen die Forschungsnotizen auch als Aufhänger für die Kommunikation mit der Gesamtgruppe: Viele Kinder lesen daraus im Gesprächskreis vor oder machen sie zu einem späteren Zeitpunkt den Mitforschenden über Plakate, Büchlein etc. zugänglich.
Für die Lehrerin bieten die Forschungsnotizen eine Möglichkeit, auch außerhalb der Forscherzeit Einblicke in stattfindende Lern- und Arbeitsprozesse zu bekommen, und bilden somit gleichzeitig Anknüpfungspunkte für ein Gespräch über das weitere Vorgehen. Als eine verbindliche Aufgabe haben sie darüber hinaus eine Rechtfertigungs- und Legitimationsfunktion. Sie dokumentieren, womit die Forschenden die ihnen zur Verfügung stehende Zeit verbracht haben. Auch stellen sie eine mögliche Grundlage zur späteren Beurteilung und Bewertung durch die Lehrerin dar.

Gesprächskreise

Zu Beginn und bei Bedarf auch zum Ende der täglichen Forscherzeit kommen alle zum Anfangs- bzw. Schlusskreis zusammen. Hier wird berichtet, was man sich für den Tag vorgenommen hat, es werden Ergebnisse vorgestellt, Fragen erörtert, Probleme besprochen, Organisatorisches geklärt und gelegentlich auch Spannungen innerhalb der Gruppen thematisiert. Grundsätzlich entscheiden die Forschenden selbst, ob und was sie berichten und beitragen. Hin und wieder haben alle Forscherteams die Aufgabe, über ihren momentanen Stand zu berichten, etwa um die Dauer der weiteren Beschäftigung mit einem Rahmenthema festzusetzen.
Die Kreissituation stellt die Forschenden vor die Aufgabe, ihr Vorhaben einer Öffentlichkeit darzustellen und mündlich zu präsentieren. Über Nachfragen der Zuhörer ergeben sich oft lebhafte Diskussionen über ein Thema sowie wertvolle Hilfen und Hinweise zum weiteren Vorgehen. Die Rückmeldungen können aber auch

Wertungen enthalten, Lob für das Erreichte oder Kritik.
Täglich schreibt ein Kind Protokoll über die Gesprächskreise, hält das für wesentlich Erachtete fest und macht damit Besprochenes für alle immer wieder zugänglich:

Anfangskreis 27.01.2000:
Elke und Sibel Zeigen eine Kutsche bei der die Hinteren Reder höher sind wie die vorderen. Weil nimand das von uns weis schreiben sie einen Brief an das 2 Rad Museum Sinsheim. Saskia und Carmen haben ein Auto gebaut und uns gezeigt. Heute wollen sie es ferbessern.

Abschlusspräsentation

Am Ende der Beschäftigung mit einem Thema haben die Forschenden den verbindlichen Auftrag, eine Präsentation zum eigenen Vorhaben zu erarbeiten. Für diese vorbereitete und geübte Darstellung wählen die Kinder aus ihrem Arbeits- und Lernprozess das aus, was ihnen rückblickend wichtig erscheint. Auch hier gibt es je nach Thema und Frage vielfältige Präsentationsformen: Vorträge werden gehalten, Theaterstücke aufgeführt, Tänze und musikalische Darbietungen vorgestellt, Info-Plakate erläutert, Bilder und Produkte gezeigt und erklärt. Nicht selten wird das Publikum mit allen Sinnen an der Präsentation beteiligt, dann gibt es nicht nur etwas zu sehen und zu hören, sondern auch zu schmecken, riechen oder tasten.
Neben entstandenen Produkten und wichtigen Forschungsergebnissen erhalten die Zuschauer auf diese Weise Einblick in die jeweiligen Arbeits- und Lernprozesse.

Beim Thema Pflanzen hat Saskia sich mit Heilkräutern beschäftigt. Für ihre Präsentation hat sie verschiedene Heilkräuter ausgestellt und diese mit Schildern, die über Namen und Wirkungsweise aufklären, versehen. In einem freien Vortrag informiert sie die Großgruppe über das, was sie herausgefunden hat.
Robin und Nils haben sich beim Thema „Unser Ort" besonders für die Kirche interessiert. Sie haben auf ihrem Info-Plakat eine Inschrift in römischen Ziffern dargestellt, die sie dem Publikum „übersetzen". Darüber hinaus lesen sie einen Abschnitt aus dem Heimatbuch vor.

Mit der Präsentation bringen die Forschenden nicht nur die Beschäftigung mit ihrem Thema zum Abschluss, sie stellen sich auch gleichzeitig einer kritischen Würdigung durch das Publikum. Neben Rückfragen haben Kinder und Lehrerin die Möglichkeit, eine Wertung zur Präsentation und zum Lern- und Arbeitsprozess abzugeben. Die Verständlichkeit und Klarheit eines Vortrags, die Übersichtlichkeit eines Plakates, der Informationsgehalt der Präsentation, die Frage nach der Zusam-

menarbeit in der Gruppe und der Erarbeitung der gestellten Lernfrage, vieles kann hier thematisiert werden. Saskia bekommt unter anderem folgende Rückmeldungen:
Ich fand die Präsentation sehr sehr schön un ich bin jetzt viel viel schlauer als vorher. (Julian)
Ich hab wirklich alles verstande, du hasch laut geredet. (Sibel)
Also ich fand des arg schön mit dene Blume, wie du des erklärt hasch un ich hab au alles gut verstande. (Elke)
Robin und Nils erhalten zum Beispiel diese Stellungnahmen:
Ich hab des net genau verstande, wo ihr des Gedruckte da unte vorgelese habt. (Tanja)
Des war au langweilig. (Tim)
Ihr habt gut zusammegearbeitet un euch au abgesproche wer was vorliest. (Vanessa)

Für die Vortragenden ergibt sich über die Vielzahl der Beiträge von Kinder- und Lehrerinnenseite die Möglichkeit, ein differenziertes Bild über die eigene Leistung zu entwickeln und dieses mit den eigenen Einschätzungen zu konfrontieren. Darüber hinaus kann selbst Stellung genommen werden zu den Wertungen und das eigene Vorhaben gegebenenfalls argumentativ verteidigt werden. Im praktischen Umgang lernen Vortragende und Publikum auf diese Weise eine Menge über gelungenes Darstellen und Präsentieren, aber auch über eine sachliche und faire Wertung von Leistungen.

Anmerkungen

[1] Zu den Hintergründen des Konzepts der Forscherzeit siehe: Zocher 2000, S. 12-34; Ernst 1996; Konrad/ Traub 1999, S. 9-21; Wallrabenstein 1991.

Literatur

Ernst, Karin: Den Fragen der Kinder nachgehen. In: Die Grundschulzeitschrift, H. 98 (1996), S. 6-12
Konrad, Klaus/ Traub, Silke: Selbstgesteuertes Lernen in Theorie und Praxis. München 1999
Wallrabenstein, Wulf: Offene Schule – Offener Unterricht. Reinbek bei Hamburg 1991
Zocher, Ute: Entdeckendes Lernen lernen. Donauwörth 2000

Klaus-Dieter Lenzen

Schülerleistungen finden ein Publikum – Leistungspräsentation und szenische Darstellung

Leistung wird in der Schule gewöhnlich auf Papier präsentiert. Sie wird alltäglich in Klausuren dokumentiert, als Hausaufgabe vorgelegt, in Klassenarbeiten erbracht. Sie ist lediglich für den Augenblick der Leistungskontrolle von Bedeutsamkeit und findet nur eingeschränkt und kurz Beachtung. Nicht der Lernprozess wird dargestellt, sondern ein Lernergebnis. Es wird in der Regel individuell erbracht, nicht in der Gruppe. Auf diese Weise dokumentierte schulische Leistungsnachweise laufen Gefahr, in dem Augenblick zu verfallen, indem sie in Zensuren transformiert werden. Dann nämlich ist erreicht, worauf es in der Schule vor allem ankommt: durch eine gute Leistung eine gute Zensur zu bekommen und damit Zugangsberechtigungen zu Berufschancen und Schullaufbahnen zu erhalten.

Anders die Formen der Leistungspräsentation bei projektorientierten Arbeitsweisen. Sie weichen von der papierenen, punktuellen und individuellen Form der Leistungsabfrage in mehrfacher Hinsicht ab.

- Sie werden nicht nur auf Heftseiten geschrieben, sondern auch in anderen Medien formuliert, etwa in Form von Ausstellungen, als Werkstücke, Broschüren, Theateraufführungen oder im Kontext von Vorträgen und Podiumsdiskussionen.
- Sie dokumentieren nicht nur das Ergebnis, sondern auch den Prozess des Lernens.
- Sie zeigen nicht nur die Leistungen einer einzelnen Person, sondern immer auch die Leistung von handelnden und lernenden Gruppen, die ein Problem gemeinsam zu lösen versuchen.
- Sie unterliegen vermutlich einer geringeren Verfallszeit sowohl im Bewusstsein derjenigen, die etwas geleistet haben, als auch im Bewusstsein derjenigen, die diese Leistung wahrnehmen.
- Auch die Leistungsobjekte selbst haben eine größere Beständigkeit: Eine Ausstellung kann in Ruhe angesehen werden, eine Facharbeit wird wieder durchgeblättert, eine Podiumsdiskussion hat möglicherweise Auswirkungen in der Öffentlichkeit der Schule und auch darüber hinaus.

Szenische Präsentation von Unterrichtsergebnissen

Leistungen im Projektunterricht können auf sehr unterschiedliche Weise dokumentiert und attestiert werden. Eine Präsentationsform stelle ich im Folgenden vor; es ist die szenische Präsentation, eine etwas ungewöhnliche Form. Wir haben diese Form in der Primarstufe der Laborschule entwickelt; sie steht in einem besonders dichten Bezug zum Projektunterricht. Die szenische Präsentation lässt sich allgemein als Konzept erklären und konkret anhand von Beispielen. Ich beginne mit der Erläuterung des Konzepts; es folgen Beispiele.

Das Konzept lässt sich – sehr verkürzt – als „szenisches Lernen" (Schaffhausen 1995) bezeichnen; wir selbst haben es – etwas umständlicher– als „szenisches Auslegen von Sachzusammenhängen" (Lenzen 1996) bezeichnet. Gemeint ist damit eine *Arbeitsform, in der Sachlernen und szenisches Arbeiten systematisch miteinander verknüpft werden.* Jede Theaterarbeit beginnt danach als Auseinandersetzung mit einem typischen Grundschulthema. Die Themen haben ihren Schwerpunkt einmal im Bereich des Sachunterrichts, ein anderes Mal im Bereich des Sprachunterrichts oder auch des Sportunterrichts. Jeder Themenkreis wird, von diesem fachlichen Zentrum ausgehend, auch angrenzende Fachbereiche berühren: Das Sachunterrichts-Thema „Körper, Ernährung, Gesundheit" wird auch im Sportunterricht aufgegriffen und bietet Anlässe für bildliches Gestalten. Das „Märchen"-Thema ist zunächst ein literarisches, dem Sprachunterricht zugeordnetes Thema. Es führt über das Schreiben eigener Märchen aber auch zur Illustration und zum Theaterspiel. Das im Sachunterricht behandelte „Eine Welt"-Thema kreist um den Anbau von Kaffee und Bananen, die in Nicaragua, dem Land unserer Partnerschaftsschule, angebaut werden; es handelt davon, wie diese landwirtschaftlichen Produkte erzeugt, geerntet und vertrieben werden. Wir arbeiten mit Bildmaterial und Rollenspielen – und legen auch in diesem Unterrichtsprojekt die Nähe zur szenischen Präsentation an.

Die drei genannten Beispiele zeigen: Im Zentrum des Unterrichts stehen jeweils Themen, an denen die Kinder längerfristig fächerübergreifend arbeiten. Jedes einzelne Unterrichtsprojekt enthält im Verlauf schon spielerische Elemente, an die wir später anknüpfen. Jedes Unterrichtsprojekt – es bestimmt mehrere Wochen lang (mit jeweils einigen Stunden) das Geschehen in einer Gruppe – hinterlässt Material-Spuren, die in der abschließenden szenischen Präsentation aufgegriffen werden. Im Unterricht entstehen in ihrem Verlauf Gedichte, Bilder, Texte, Rollenspiele. Es werden Sachtexte gelesen, Lieder gesungen, Interviews geführt. Die szenische Präsentation zeigt dann – der idealtypischen Phasenaufteilung des Projektunterrichts folgend –, was nach einer Planungs- und einer Handlungsphase am Ende erreicht wurde. Die „Materialspuren" des Projektunterrichts werden szenisch aufbereitet, dramatisiert, noch einmal in Erinnerung gerufen, überarbeitet und für die Bühne eingerichtet.

Das dramaturgische Gesamtarrangement der szenischen Präsentation besteht aus einer losen Reihung von Szenen. Es folgt einer sehr einfachen Dramaturgie, ähnlich der Programmabfolge eines Zirkus. Wir nennen diese Form „Revueform" und verstehen darunter: eine additive, möglichst abwechslungsreiche Abfolge von szenischen Beiträgen. Lieder wechseln mit Geschichten, Einzelszenen mit Massenszenen, Tänze mit rezitierten Texten, Pantomimen mit Schattenspielen etc. Sie alle sind eingebunden in eine Art Rahmengeschichte. Die Szenenfolge wird zum Beispiel von Station zu Station fortschreitend, als eine Art Reise beschrieben. Oder sie erscheint als ein Traum mit vielen Einzelbildern. Ein verbindendes Bildmotiv geistert durch die Einzelszenen, eine Musik bindet disparate Einzelbeiträge aneinander. Diese Form szenischer Reihung (Revue-Form) ist komponiert unter dem Gesichtspunkt von Farbigkeit und Abwechslungsreichtum; sie nimmt – wie ein Schwamm – die unterschiedlichsten Beiträge in sich auf. Sie ist multimedial, wechselt zwischen Tanz, Sprechszene, Lied und Rezitation, Einzel- und Massenszene beständig hin und her. Die Szenenfolge nimmt Beiträge in sich auf, die möglichst prägnant und kurz sind; es soll nicht langweilig werden.

Versucht man, diese Form des „szenischen Lernens" bzw. des „szenischen Auslegens von Sachzusammenhängen" in ein Bildschema zu bringen, so kommt man etwa zu der folgenden Darstellung:

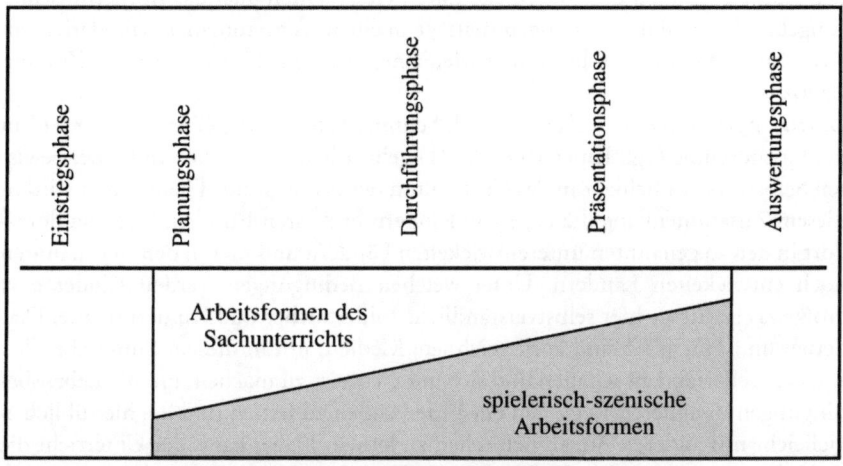

Das Schema lässt sich von links nach rechts (von der Seite des Sachthemas hin zum Theaterthema) aus so lesen: Die Auseinandersetzung mit einem bestimmten Themenbereich läuft auf eine szenische Darstellung zu. Von der Seite der szenischen Produktion aus betrachtet heißt das umgekehrt: Jeder szenischen Präsentation geht eine intensive Auseinandersetzung mit dem verhandelten Thema voraus.

Beispiele für szenische Präsentationen

Wer sich Beispielsammlungen für den Projektunterricht (Hänsel 1986, 1997) und Sachunterricht in der Grundschule (Kiper 1997, Kaiser 1998) daraufhin ansieht, welches spielerische und szenische Potenzial in ihnen steckt, wird schnell finden, dass es fast in jedem Themenbereich Materialien, Medien und Arbeitsverläufe gibt, an die eine theatralische Ausarbeitung anschließen kann. Um den Übergang vom Sachunterricht zur szenischen Präsentation zu zeigen, geben wir im Folgenden zwei Beispiele aus der eigenen Praxis.

Gesundheit – ein kerngesundes Spektakel! Das Thema Gesundheit ist in der Grundschule ein wichtiges, auch sehr häufig behandeltes Thema. Der Unterricht kreist ums Pausenbrot, ums Kochen und Backen, um Sport und Bewegung, um das gesunde Frühstück und das „gesunde Klassenzimmer". Das Unterrichtszentrum liegt im Bereich des Sachunterrichts, es werden aber auch Aspekte wichtig, die im Sportunterricht oder im Deutschunterricht eine Rolle spielen. Als Unterrichtsmedien stehen zu diesem Thema Bilderbücher, Sachgeschichten und Videos reichlich zur Verfügung. Aus den vielen Texten, Bildern, Tänzen und Liedern, die im Verlauf der Unterrichtsarbeit entstehen, wird am Ende wieder eine szenische Vorführung zusammengestellt. Wir sehen (und hören) einen Tanz der Skelette, die Reise durch den Körper, ein Lied über die „dicke Luft", Geschichten über das Körpermuseum. Eingebunden sind die vielfältigen Beiträge in einen „Ärzteroman"; es moderiert ein aus Film und Fernsehen bekannter Mediziner (Lenzen/ Lintzen/ Schulz/ Zimmer 1996).

„*Dritte Welt in der Grundschule*" (vgl. Schmitt 1989) bzw. „*Eine Welt Lernen*" in der Grundschule (vgl. Kiper 1997, S. 81) gehört heute eigentlich mit einer gewissen Selbstverständlichkeit in das Curriculum der Primarstufe. Thematisiert wird in diesem Zusammenhang die Lage von Kindern und ihren Familien hier und dort – dort in den so genannten unterentwickelten Ländern und hier in den so genannten hoch entwickelten Ländern. Unter welchen Bedingungen werden Kinder dort groß, was ist für sie hier selbstverständlich? Bilderbücher und Kinderromane, Dia-Serien und Hörspiele sind ausgezeichnete Medien, um in diesem Sinne über den eigenen Tellerrand zu schauen und sich auf die Reise zu machen, um die Lebensbedingungen in anderen Regionen der Erde kennen zu lernen und die hier üblichen vielleicht mit anderen Augen neu sehen zu lernen. Dabei kann der Unterricht die Erfahrungen von Kindern aufgreifen, die bei uns zu Gast sind; er kann an Brief- oder Schulpartnerschaften anknüpfen. Die Szenen unserer Präsentationen haben in diesem Sinne immer wieder aus den Geschichten und aus dem Bilderarsenal der vorliegenden Medien zitiert. Wir haben Sachgeschichten dramatisiert und die wirtschaftlichen Beziehungen zwischen so genannter Erster und Dritter Welt auf der Bühne dargestellt.

Schattenspielszene: Frühstückssituation

Ein Übergang von der eigentlichen Unterrichtsarbeit zur szenischen Präsentation gelingt völlig mühelos, wenn schon während der Sachunterrichts- und Projektphasen darauf geachtet wird, welche Materialien und welche Zwischenergebnisse dazu taugen, später überarbeitet, ausgebaut und in Szene gesetzt zu werden. Die szenische Präsentation erscheint dann als ein sehr nahe liegendes Verfahren. Betrachten wir diese Nähe der szenischen Präsentation zu den Verfahren projektorientierter Leistungspräsentation abschließend etwas genauer.

Merkmale szenischer Leistungspräsentation

Jede Theaterproduktion ist ein Projekt. Sie bringt mehrere Leute zur Bearbeitung eines gemeinsamen Problems zusammen. Sie alle steuern auf ein gemeinsames Ziel zu; sie wollen einen vorgefundenen oder eigenen Text, eine Bühnenidee oder ein Stück szenisch realisieren. Ihr gemeinsames Bemühen, das Theater spielen, inszenieren und organisieren, läuft – soweit es nicht ein situatives Rollenspielvergnügen bleibt – mit größter Selbstverständlichkeit auf eine Präsentation hinaus. Die Arbeit hat gelohnt, wenn die Aufführung gelingt und Beachtung und Beifall findet. Der gesamte Probenprozess bleibt einem Publikum zwar gewöhnlich verborgen, die

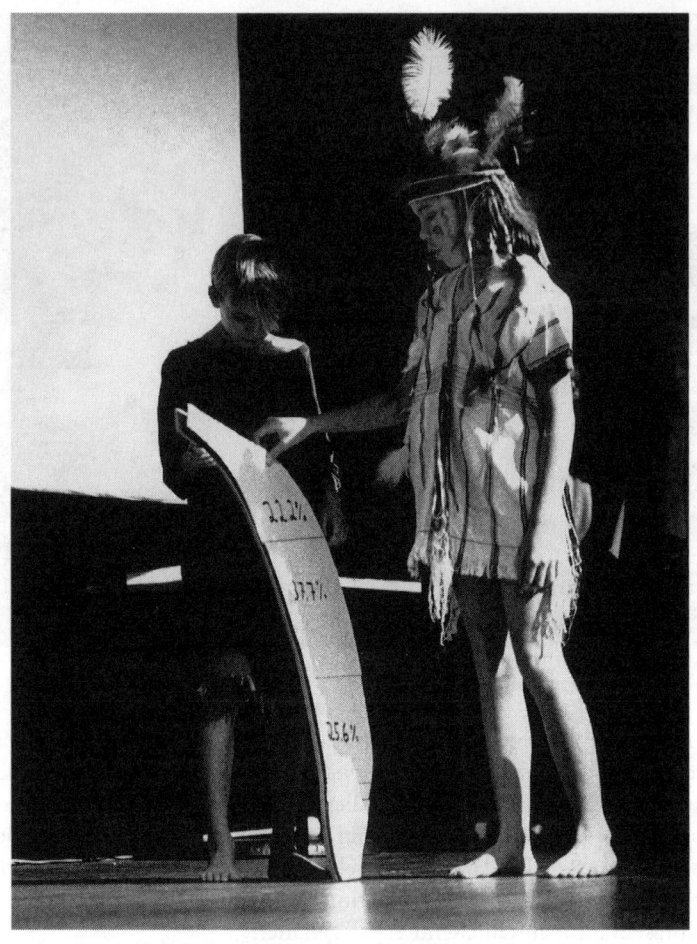

Szene: Wer verdient was bei dem Verkauf einer Banane?

Akteure aber überschauen ihn. Beide Seiten sehen in dem Ergebnis der Aufführung die Leistung aller: die Leistung der Darsteller, des Dramaturgen, der Bühnenmusiker, des Regisseurs. Mit anderen Worten: Das Theaterspiel ist – auch außerhalb der Schule – per definitionem eine leistungsorientierte und präsentationsorientierte Darstellungsform.

Die Arbeitsphasen einer Theaterproduktion lassen sich in den Phasenmodellen beschreiben, die Projektdidaktiker bei der Beschreibung von Projektunterricht unterscheiden. Die Form der szenischen Präsentation ist projektorientiert. Sie ist eine der Projektmethode besonders affine Form. Sie wird zwar seltener genutzt als

Präsentationsformen wie „Buch", „Broschüre" oder „Ausstellung". Dies hat aber, so vermute ich, mehr mit der Ausbildung von Lehrerinnen und Lehrern, mit ihren Sehgewohnheiten, den „auf die Papier-Lage" konzentrierten Arbeitsweisen zu tun als mit der Sache selbst. Wird diese Form der szenischen Präsentation erst einmal ausprobiert, so zeigt sich sehr bald, was sie im Vergleich zu anderen Formen leistet und was nicht. Sie hat – wie andere Formen der Leistungspräsentation auch – eine Reihe von typischen Merkmalen, auch von Stärken und Schwächen. Einige dieser Stärken und Schwächen will ich abschließend nennen:

- Die szenische Präsentation bedient sich vor allem dramatischer Techniken. Sie arbeitet mit dialogischen Elementen, bezieht den Körperausdruck mit ein, nutzt die Wirkung von Masken, arbeitet mit Lichteffekten und Projektionen. Vorhänge fallen, eine Schattentheaterleinwand wird aufgezogen, Rollenspiel und Pantomime werden als Ausdrucksformen genutzt. Das macht die Sprache der szenischen Präsentation besonders expressiv. Es ist allerdings eine Sprache, die zunächst nicht so geläufig ist wie die Sprache der Schrifttexte.
- Die szenische Präsentation ist relativ einmalig. Sie bleibt nicht so präsent wie eine Ausstellung. Sie läuft ab vor einem Publikum von Eltern und Kindern. Diesem Publikum wird gewissermaßen gesagt: Seht her, das haben wir erreicht, dies sind unsere Ergebnisse. Wir brauchen natürlich euren Beifall, aber vor allem eure Aufmerksamkeit. Die szenische Präsentation bringt Leistungen gebündelt auf die Bühne und zieht die ganze Aufmerksamkeit der Lernbegleiter (Eltern, Lehrer) auf sich. Der szenischen Leistungspräsentation ist allerdings die Flüchtigkeit von Theateraufführungen eigen.
- In der Form der szenischen Präsentation spielen die Akteure des Lernprozesses noch einmal eine besondere, aktive Rolle: Sie beschreiben nicht und stellen keine Abbildungen her, sondern sie treten auf die Bühne und agieren selbst. Dieser Durcharbeitungs- und Wiederholungsprozess geschieht sehr körpernah und handlungsorientiert; es ist ein „Lernen mit allen Sinnen".
- Die Form der szenischen Präsentation ist in besonderem Maße geeignet, nicht nur ein Endergebnis vorzuzeigen, sondern auch Zwischenergebnisse aus dem Projektverlauf lebendig werden zu lassen. In eine abschließende szenische Präsentation kann man Phasen aus dem zurückliegenden Lernprozess zurückholen.
- Die szenische Präsentation gibt Anlass zu einer besonders lebendigen und intensiven Form des Wiederholens. Wiederholt und überarbeitet werden diejenigen Szenen aus dem Lernprozess, die für das Projekt besonders wichtig waren. Eine Selektion des Materials geschieht allerdings auch unter dem Gesichtspunkt des Unterhaltungswertes, nicht nur unter dem Gesichtspunkt der Lernleistung.

- Die szenische Präsentation kann sehr einfach ausfallen oder so aufwändig werden, dass sie wiederum zu einem eigenen Projekt führt. Eine szenische Präsentation kann also das Sachunterrichtsthema knapp abschließen oder sie kann in ein größeres Theaterprojekt überleiten. In jedem Falle bietet sie Gelegenheit zur interdisziplinären und fächerübergreifenden Arbeit.
- Die szenische Präsentation ist vermutlich eine vielen Lehrerinnen und Lehrern zu aufwändig erscheinende Form der Leistungspräsentation. Sie erfordert Aufmerksamkeit für spielerische Prozesse und ein gewisses Geschick in der szenischen Gestaltung.

Präsentationen des Projektunterrichts können natürlich auch in der Form einer Lesung, einer Zeitung und einer Ausstellung geschehen. Wir wählen die Form der szenischen Präsentation in der Grundschule so häufig, weil sie dem Bedürfnis nach spielerischer Darstellung nahe kommt, ohne in belanglose Spielerei abzugleiten. Das Theater stellt sehr ernsthafte Ansprüche. In ihm wird leistungsorientiert und projektorientiert gearbeitet. Theaterproduktionen können insofern als Formen projektorientierter Leistungspräsentation begriffen werden. Für sie sind die Merkmale kennzeichnend, die wir zu Beginn dieses Beitrags auch für projektorientiertes Arbeiten aufgezeigt haben. Sie werden nicht nur auf Papier gezeigt, sondern in einem anderen Medium. Sie werden nicht abgegeben wie Hausarbeiten oder Klausuren, sondern bilden in jeder Produktion einen spannenden Lernprozess ab und zeigen dessen Ergebnis prozessoffen. Sie zeigen in der Regel nicht das Arbeitsergebnis einer einzelnen Person, sondern immer das eines Lern-, Spiel- und Aktionsensembles. Sie bilden insofern eine ernst zu nehmende Alternative und Ergänzung zu den Formen traditioneller Leistungsdarstellung.

Literatur

Hänsel, Dagmar (Hrsg.): Das Projektbuch Grundschule. Weinheim/ Basel 1986
Hänsel, Dagmar (Hrsg.): Handbuch Projektunterricht. Weinheim/ Basel 1997
Kaiser, Astrid: Praxisbuch handelnder Sachunterricht. Hohengehren 1998
Kiper, Hanna: Sachunterricht Kindorientiert. Hohengehren 1997
Lenzen, Klaus-Dieter: Spielen und Verstehen. Vier Lehrstücke über den Sachunterricht und die Arbeit mit Literatur, Film und Theater. Weinheim/ Basel 1996
Lenzen, Klaus-Dieter/ Lintzen, Brigitte/ Schulz, Gerhild/ Zimmer, Brunhild: Gesundheit lernen. Ein Projekt zur Gesundheitserziehung und Gesundheitsförderung in der Grundschule. Weinheim/ Basel 1996
Schafhausen, Helmut (Hrsg.): Handbuch szenisches Lernen. Theater als Unterrichtsform. Weinheim/ Basel 1995
Schmitt, Rudolf: Dritte Welt in der Grundschule. Frankfurt a. M. ^{3}1989

Verzeichnis der Autorinnen und Autoren

Ahlswede-Stefanink, Beatrix; Jg. 1949
Oberstufen-Kolleg Bielefeld
Arbeitsgebiete: Interkulturelles Lernen, Emotionale Intelligenz

Altenburg, Erika; Jg. 1943
Studienseminar Primarstufe Düren
Arbeitsgebiete: Konzeption für Ausbildung, Vermittlung grundlegender fachlicher Standards

Becker, Kai; Jg. 1966
Oberstufen-Kolleg Bielefeld
Arbeitsgebiete: Sozial-, Gesellschafts- und Kulturgeschichte

Below, Dr. Irene; Jg. 1942
Oberstufen-Kolleg Bielefeld
Arbeitsgebiete: Interkulturallität und Geschlechterdifferenz, Ästhetische Bildung, Kunst und Kulturpolitik, Künstlerinnen des 20. und 21. Jh.

Böhning, Stud. Prof. Dr. Peter; Jg. 1936
Oberstufen-Kolleg Bielefeld
Arbeitsgebiete: Geschichte, Alte Kulturen und Mythen

Emer, Dr. Wolfgang; Jg. 1945
Oberstufen-Kolleg Bielefeld
Arbeitsgebiete: Geschichte, Französisch, Projektunterricht

Engstler, Karin; Jg. 1957
UNESCO-Hauptschule Bürs
Arbeitsgebiete: Lehrerweiterbildung, Offenes Lernen, Integration von Behinderten, Schulentwicklung

Frink, Gerlind; Jg. 1942
Oberstufen-Kolleg Bielefeld
Arbeitsgebiete: Literaturwissenschaft, Ästhetische Bildung

Furmanczyk, Karolina; Jg. 1974
Universität Bielefeld
Arbeitsgebiete: Geschichte, Osteuropäische Studien, Ästhetische Bildung.

Glänzel, Hartmut; Jg. 1943
Stadt-als-Schule Berlin
Arbeitsgebiete: Reformpädagogik, Freinet-Pädagogik

Groeben von der, Dr. Annemarie; Jg. 1940
Laborschule Bielefeld
Arbeitsgebiete: Schulpädagogik und Didaktik

Hackenbrock-Kraft, Dr. Ida; Jg. 1942
Oberstufen-Kolleg Bielefeld
Arbeitsgebiete: Facharbeiten, Sprachförderung Deutsch

Henn, Bettina; Jg. 1947
Rudolf-Steiner-Schule Bochum
Arbeitsgebiete: Französisch und Russisch in der Primarstufe

Höhmann, Dr. Katrin; Jg. 1961
Laborschule Bielefeld
Arbeitsgebiete: Organisationsleiterin, Schulinnovation durch Curriculumentwicklung, Begabungsförderung

Horst, Dr. Uwe; Jg. 1940
Oberstufen-Kolleg Bielefeld
Arbeitsgebiete: Geschichte (Mittelalterliche Sozialgeschichte), Faschismus, Projektunterricht

Huber, Prof. Dr. Ludwig; Jg. 1937
Universität Bielefeld; Wissenschaftlicher Leiter des Oberstufen-Kollegs
Arbeitsgebiete: Hochschuldidaktik, Hochschulsozialisation, Fächerübergreifender Unterricht, Oberstufenreform

Jung-Paarmann, Dr. Helga; Jg. 1941
Oberstufen-Kolleg Bielefeld
Arbeitsgebiete: Geschichte des 20 Jh. (besonders der Sowjetunion), Museum der Schulprojekte

Kaiser, Ingrid; Jg. 1941
Helene-Lange-Schule Wiesbaden
Arbeitsgebiete: Päd. Leiterin, Klassenlehrerin einer 9. Klasse in den Fächern Deutsch und Gesellschaftslehre

Lange, Dr. Günther; Jg. 1933
Göttinger Zentrum für Deutschlehrerinnen und Deutschlehrer
Arbeitsgebiete: Schreibdidaktik, Projekt-Didaktik

Lenzen, Dr. Klaus-Dieter; Jg. 1946
Laborschule Bielefeld
Arbeitsgebiete: Sachunterricht, Ästhetische Erziehung, Projektunterricht

Mann, Friedlinde; Jg. 1939
Helene-Lange-Schule Wiesbaden
Arbeitsgebiete: Klassenlehrerin einer 6. Klasse mit den Fächern Deutsch, Religion, Gesellschaftslehre, Musik und Offenes Lernen

Rauschenberger, Prof. Dr. em. Hans; Jg. 1928
Universität Kassel
Arbeitsgebiete: Erziehungstheorie, Unterricht

Rösel, Barbara; Jg. 1956
Oberstufen-Kolleg Bielefeld
Arbeitsgebiete: Englisch, Lese- und Schreibportfolios

Ruf, Prof. Dr. Urs; Jg. 1945
Universität Zürich
Arbeitsgebiete: Dialogisches Lernen, Komplexe Lehr-Lern-Umgebungen, Funktionen der Sprache beim dialogischen Aufbau von Fachkompetenzen

Ruf-Bräker, Regula; Jg. 1952
Primarstufe Wetzikon
Arbeitsgebiete: Schulleiterin, Lehrerin der Primarschulstufe (3.-6. Schuljahr), Lehrerfortbildungskurse für dialogisches Lernen

Sacher, Prof. Dr. Werner; Jg. 1943
Lehrstuhl für Schulpädagogik Universität Erlangen
Arbeitsgebiete: Pädagogische Diagnostik, Unterrichtsforschung, Medienpädagogik, Pädagogische Historiografie

Schwarz, Hans-Hermann; Jg. 1949
Oberstufen-Kolleg Bielefeld
Arbeitsgebiete: Leistungsbewertung, Mini-Facharbeit

Stockey, Dr. Andreas; Jg. 1958
Oberstufen-Kolleg Bielefeld
Arbeitsgebiete: Experimentelle Facharbeit, Anleitung zum selbständigen Arbeiten, Methodenlehre im naturwissenschaftlichen Bereich (Biologie, Ökologie, Umweltwissenschaften)

Thonhauser, Univ. Prof. Mag. Dr. Josef; Jg. 1939
Universität Salzburg
Arbeitsgebiete: Allgemeine Pädagogik, Schulforschung, Lehrer/innen-Bildung

Trumpf, Ulrike; Jg. 1969
J. W. Goethe-Universität Frankfurt am Main
Arbeitsgebiete: Offener Unterricht, Qualitative Schul- und Unterrichtsforschung

Uesseler-Melde, Dr. Winfried; Jg. 1953
Stadt-als-Schule Berlin
Arbeitsgebiete: Individuelle Begleitung von Schülern, Praxislernprojekte

Vierlinger, Prof. em. Rupert; Jg. 1932
Universität Passau
Arbeitsgebiete: Unterrichtswissenschaft, Schulentwicklung

Vohmann, Dieter; Jg. 1941
Oberstufen-Kolleg Bielefeld
Arbeitsgebiete: Mathematik-Didaktik, PC-Nutzung und Facharbeiten in Mathematik, Fragen von Schulleitung

Winter, Dr. Felix; Jg. 1948
Oberstufen-Kolleg Bielefeld
Arbeitsgebiete: Selbständiges Lernen, Leistungsbewertung

Wunder, Dr. Dieter; Jg. 1936
Ehemals Vorsitzender der GEW (1981-1997)
Arbeitsgebiete: Politische Probleme der Bildungspolitik, Lehrerbildung, Schulreform